天下文化
BELIEVE IN READING

精準選股

Nothing But Net

10 Timeless Stock-Picking Lessons
from One of Wall Street's Top Tech Analysts

Mark S.F. Mahaney

馬克・馬哈尼——著

呂佩憶——譯

目錄

給我的兒子，諾亞（Noah）、卡特（Carter）、
艾登（Aidan）和麥爾坎（Malcolm）
我愛你們……直到永遠

懷念羅柏和歐嘉・馬哈尼（Robert and Olga Mahaney）
我永遠感激你們

致我的手足布蘭登（Brendan）和艾莉克絲（Alex）
我永遠感謝你們

致艾比學院（Abbey）的男孩們
「從智慧中找到平靜」

各界讚譽

馬克的書能夠幫助所有投資人，從新手散戶到經驗豐富的法人都能凝聚信心，在今天投資未來。《精準選股》提供的重要投資課程我從來沒忘記過，而且多虧有他的分析，我永遠也不會忘記。

凱西・伍德（Cathie Wood）
方舟投資（Ark Invest）創辦人、執行長、投資長

人們總是問我，哪些投資書籍可以幫助他們了解評估科技股的方法。我很久以前就放棄給他們建議了；這是市場最重要的類股，卻沒有人懂得夠多、經驗夠豐富。後來馬克・馬哈尼出了《精準選股》這本書，問題終於解決了，我也有了答案。請閱讀這本書，這是我看過解釋科技股最完整、最

自謙、最有見解的一本書：作者在整個科技股時代都在發表研究報告，報告哪些股票上漲、哪些股票下跌。我還以為自己很了解這些股票，結果看了這本書又學到很多，你也可以學到很多。

吉姆・克雷默（**Jim Cramer**）

《瘋錢》（*Mad Money*）主持人、

投資金融網站 **TheStreet.com** 共同創辦人

華爾街分析師馬克・馬哈尼看著網路時代的網路股起落，令投資人深感困惑。在這本文筆精煉又有趣的書中，馬哈尼反思個人傳奇生涯中精準的判斷和失誤的判斷，同時提供重要的小祕訣，告訴你該如何評估科技公司、何時進場，以及如何保持理智。

布萊德・史東（**Brad Stone**）

《貝佐斯新傳》（*Amazon Unbound*）作者

關於股票、經營團隊，以及公司值得投資的原因，這本書的深入見解都經得起時間考驗，下個世代的投資人都該讀這本書。

史考特・蓋洛威（**Scott Galloway**）

紐約大學史登商學院行銷學教授

這本有趣、資訊豐富的書就像彼得・林區（Peter Lynch）結合麥可・路易斯（Michael Lewis）。我認識的馬克・馬哈尼一直都是一流的市場參與者、思想家、分析師、投資人與很棒的人，現在我還發現他也是很厲害的作家。他的書充滿洞見又非常實用，請趕快讀這本書。

艾德・海曼（**Ed Hyman**）

Evercore ISI 董事長，財經雜誌《機構投資人》（*Institutional Investor*）票選 **40** 年來第一名的經濟分析師

過去 10 年來，馬克都是在我主持的節目中最敏銳、最聰明、最可靠的分析師。他的《精準選股》又更進一步，是一本非常有個人風格、慧黠、有趣又充滿資訊的書。你會邊笑邊學，不只提到科技股的選股，還有關於世界上最活躍、最有價值的公司迅速崛起的故事，以及它們未來的走向。

艾蜜莉・張（**Emily Chang**）

《彭博科技》主持人兼執行製作人、

《男子烏托邦》（*Brotopia*）作者

華爾街最資深的網路股分析師

我是華爾街最老、待得最久的網路股分析師。而且我的運氣很不錯，可以說非常幸運。近25年來，我的工作是追蹤網路股，寫研究報告、建立模型、分析、討論和解釋華爾街最多變而有趣的投資產業。我有機會去追蹤過去25年來最有創造力的一些公司，包括阿里巴巴、亞馬遜、美國線上、eBay、Expedia、Facebook、Google、LinkedIn、Netflix、Pandora、Priceline、Snap、Spotify、Twitter、Uber、Yahoo!、Zillow等等。我有幸見過並認識這些年來重要的創業家和執行長（有些人不算熟，有些人則很熟），包括傑夫・貝佐斯（Jeff Bezos）、里德・海斯汀（Reed Hastings）、梅格・惠特曼（Meg Whitman）、史帝夫・凱斯（Steve Case）、馬克・庫班（Mark Cuban）、艾力克・施密特（Eric Schmidt）、傑克・多西（Jack Dorsey）、

傑夫・波伊德（Jeff Boyd）、達拉・科斯羅薩希（Dara
Khosrowshahi）、提姆・威斯特格林（Tim Westergren）、
伊凡・斯皮格（Evan Spiegel）和道格・萊布達（Doug
Lebda），這些只是其中的幾個人而已。而且我的選股有失
誤的時候，但也有大賺的時候。

　　過去10年，大部分的時候我給Google的評等都是「買
進」，公司的股價也攀升465％，從2010年的310美元漲到
2020年的1,750美元；在Facebook上市後股價修正50％時，
我把公司的評等調升至「買進」，而且之後一直重申買進的
評等，公司的股價也飆漲1,265％，從20美元漲到2020年底
的273美元；過去10年來，我也給Netflix「買進」評等，股
價則是飆漲超過2,000％，從2011年初期的25美元漲到2020
年底的541美元；我也連續15年給亞馬遜「買進」評等，
股價則暴漲7,300％，從2005年初的44美元漲到2020年的
3,257美元，使亞馬遜成為地球上最有價值的公司。這4檔
股票是過去幾年來最賺錢的投資組合（Facebook、亞馬遜、
Netflix和Google，合稱尖牙股）。而且我一路走來都一直在
追蹤它們。這需要很多技巧，還有很多好運。

　　我也有運氣不好的時候。我在摩根士丹利待了5年，
成為傳奇分析師瑪麗・密克（Mary Meeker）手下最好
的員工，卻在2003年時因為網路股泡沫而被裁員。我也
曾被惡名昭彰的避險基金經理人拉傑・拉賈拉特南（Raj
Rajaratnam）的大帆避險基金公司（Galleon）開除，我在那

個交易界的蛇穴鼠窩拚了一年，卻因為「不夠厲害」而被開除。（事後看來那次被開除其實是好事，但被開除並不是有趣的事。）我在花旗銀行努力工作7年，建立起華爾街頂尖的網路研究部門，卻因為違反花旗銀行的公司媒體揭露政策而被解雇，這件事對我的事業和生活都是很痛苦的經驗。

　　回顧我的職業生涯，我在網路泡沫時得到工作（1998年eBay上市的時候，股市在高點）、在網路泡沫破滅時被解雇（Yahoo!的股價在2000到2001年修正90％，股市在低點）、網路復興後又找到工作（2004年Google上市，股市在高點）、網路充滿爭議時被解雇（2012年Faceboo上市，股市在高點）、網路興起時又找到工作（現在Google、亞馬遜和Facebook是全世界市值最大的公司，股市在高點）。

　　這些年來，我一直都「隨時緊盯網路」（All Net, All the Time）、「除了網路股，什麼都不看」（Nothing But Net）*，以及「永遠上線」（Always Online），這些都是過去25年來，我的電子郵件簽名欄的座右銘。就像過去20年來「長大」的人一樣（我現在已經超過50歲），網路與我的生活密不可分。當我的長子諾亞（Noah）出生且患有唐氏症時，我請求紐約市立醫院（NYC hospital）讓我使用電腦，在亞馬遜訂購所有和唐氏症有關的書，並且加入Yahoo!為用戶所發起的每一個唐氏症支持團體。每年我父母的忌日，

---

* 編注：Nothing but net 還有一個意思，就是打籃球的空心球。

我都會在Facebook上重新發表我在他們的葬禮上唸的悼辭。（沒錯，這本書有很多關於我的私事。）我也是最早開始並持續使用Gmail、Netflix串流、Facebook、Twitter、Kindle、Alexa裝置、Google眼鏡、Snapchat Spectacles、亞馬遜的Fire Phone、Stitch Fix、Oculus Virtual Reality頭戴裝置與Uber等服務和產品的人，部分是因為對新的服務與產品感到新奇，部分是因為需要知道追蹤產業的最新情況。然後我的4個兒子（並非每次都是有意）也提供在Instagram、Snapchat和抖音等最新的社群網路中最好的見解。

　　分析師會做很多奇怪的事，例如在奇怪的地方尋找相關性。例如，我的長子諾亞在2000年3月12日出生，就在那斯達克創下5,048高點後兩天。我幾乎是在他一出生就暱稱他「小熊」，當時我完全沒發現他的生日竟然是科技股多年空頭市場的開端；然後卡特在2001年11月20日出生了，我給他的小名是「袋鼠」。如果你從卡特的生日開始看那斯達克的走勢圖會看到什麼？很多起起伏伏；然後是艾登，他在2003年8月5日出生，他的小名是「小兔子」。仔細看，你就會發現從他出生那天開始，那斯達克的走勢圖就有很多大幅的跳動；最後是麥爾坎，他在2007年4月4日出生，小名叫「小猴子」。沒錯，從那天開始，那斯達克的走勢圖大部分的時候都呈現上升走勢。總之就像我說的，分析師會做很多奇怪的事。

　　因為我的所有工作都在研究網路股，還有因為科技和網

路股的重要性一直增加，因此我成爲交易界的名人。過去10年來，我接受CNBC、彭博電視（Bloomberg TV）、福斯電視（Fox TV）和其他電視台的節目訪談總計超過500次。那段時間，我還接受上千次的平面媒體訪談，包括《華爾街日報》（*Wall Street Journal*）、《紐約時報》（*New York Times*）、《聖荷西信使報》（*San Jose Mercury News*）、《今日美國》（*USA Today*）、《舊金山紀事報》（*San Francisco Chronicle*）與許多刊物，其中還有一個不是很知名的法國商業雜誌（好像叫《資本》，*Le Capital*），結果導致我被花旗銀行開除。兩年前，《商業內幕》（*Business Insider*）刊登一篇文章〈科技股分析師的36小時〉，內容就是介紹我的生活。如果你上Google搜尋「性感網路分析師」（sexy Internet analyst），會很快找到一個《紐約時報》文章的連結，介紹我和兩位分析師。那篇文章和我們的性吸引力無關，除非你喜歡Excel試算表，否則我們眞的沒有什麼吸引人的地方。文章的內容主要是關於我們對上市股票的影響力有多大。如果你在Twitter上搜尋，就會發現一張把我畫成馬屁股的梗圖，因爲我給Twitter「賣出」的評等。是的，我的知名度滿高的。大部分的形象是好的，也有不好的。

　　我已經追蹤網路產業將近25年，資歷比一些客戶和同事的年紀還要大，讓我感覺自己很老。但這是一個絕佳的機會，我有幸觀察、追蹤和分析整個新產業的誕生與成長。就像1920年代，當汽車開始受到歡迎而且普及時的汽車分析

師，也有點像1950年代，搭飛機旅遊的黃金年代時期的航空業分析師，還有1970年代，當有線電視擴展到主要城市和都會區時的有線電視產業分析師。

我的成功與失敗判斷

過去25年來，我的工作是提供網路股投資評等，包括買進、持有或賣出。我的工作是要回答跟網路股有關的問題，像是要買哪些股票？何時買進？在哪個價位買進？激勵股價的因素是什麼？哪些經營團隊看起來很棒？哪些經營團隊看起來很可疑？最大的競爭風險是什麼？市場機會多大或多小？（還有這些年來我學到）也許最重要的是，最棒的產品／服務創新在哪裡？最糟的又在哪裡？

追蹤網路股的確給我很好的回憶，包括（1）和馬克·庫班一起目瞪口呆盯著Broadcast.com的股價在上市當天暴漲249％，這在當時是新股上市當日的最大漲幅。庫班有因為把錢留給投資人賺而懊惱嗎？沒有，他把這件事視為行銷公司的好機會。（2）1999年西雅圖「投資人日」晚餐會上，看著貝佐斯和亞馬遜當時的財務長喬伊·科維（Joy Covey）比腳力，不過我實在不記得是誰贏了，但的確很有趣。（3）2000年在亞歷桑納史卡特斯戴爾市（Scottsdale）的摩根士丹利科技股投資大會（Morgan Stanley Tech Investment conference）上，看著eBay執行長梅格·惠

特曼慶祝 eBay 市值首次超越 Yahoo!（但時間很短）。沒錯，企業執行長都會互相比較。（4）網景（Netscape）創辦人、現在則是全球最有影響力的創投家馬克・安德里森（Marc Andreessen）2005 年在產業大會上提醒我，微軟絕對不會讓 Google 成功。

還有（5）多次和知名投資人彼得・林區（Peter Lynch）通電話。

2015 年時，林區打了好幾通電話給我，他在研究網路折價券／購物折扣資訊公司 Groupon。Groupon 可以說是標準的林區股票。當時，很多科技股的投資人很討厭它，沒去關注，所以股價遠遠落後同業和大盤。但是公司的財務非常穩健，而且可能就快要開始獲利了。林區對我提出的問題非常詳盡而且深入，他完全是在挑戰我的看法。然後我也向他下戰帖，叫他別買 Groupon，去研究 Google 和亞馬遜。我不知道林區是否決定要投資網路股，但回憶起那些談話仍是歷歷在目，只有對他充滿敬意。

我對很多股票都做出評等。有很多判斷正確、有很多不怎麼樣，也有很多很糟的判斷。其中幾個很棒的判斷包括：

1. 從 2013 年至今都給 Netflix「買進」評等，而且不斷提供買進理由。長期來看，根據 CNBC 的資料，從 2010 年到 2019 年的 10 年間，Netflix 是 S&P 500 指數中表現最好的股票，漲幅將近 4,200%。

2. 從2005年至今都維持亞馬遜的「買進」評等。亞馬遜的股價從2004年12月31日的44.29美元，一直漲到2020年底的3,257美元，漲幅高達7,254％。我根本懶得去查證下面這句話：亞馬遜是非常、非常長期、過去15年來，S&P 500指數中績效最好的股票。（當然，多虧Netflix一直到2010年才被納入S&P 500指數。）

3. 從2008年到2018年建議「買進」Priceline（公司現在的名稱是Booking.com），股價從107美元漲至1,738美元，飆漲1524％。

糟糕的選股則包括：

1. 網路餐點外送公司Blue Apron上市後不久，我在2017年7月初次關注這家公司，當時股價6.55美元，我給予「買進」評等，目標價10美元。等到2020年12月，如果把Blue Apron的報價找出來，會看到股價是6.50美元，你可能會想：「馬克，你的評估還不算太糟。」但是上Google搜尋一下就會發現，Blue Apron在2019年中曾經將15股合併為1股。意思就是說，我給Blue Apron的「買進」目標價應該是98.25美元。這表示投資人在我推薦時買進Blue Apron的話，會虧損93％。**這實在太糟了。**

2. 2016年9月建議「賣出」Twitter，以目標價18.49美元來看，股價被高估，而且基本面正在惡化。然後在一年半後，我在2018年2月調升至「持有」，目標價31.22美元，股價已經漲了69％。眞是的，這個建議也很糟。

3. 在我生涯中最糟的判斷是：在2004年10月Google第一次公布財報前給予「賣出」評等。Google上市後，股價已經飆漲50％。我認爲已經超漲了。我錯誤的認爲Yahoo!是基本面比較好的標的。我錯在想要在財報公布前下注，卻低估Google的創新能力以及市場機會有多麼驚人。雖然我建議賣出，但Google的季報表現非常強勁，隔天股價漲了15％，而且繼續大漲一年，因爲搜尋廣告橫掃整個廣告市場，而且Google掌控整個市場。

我給過多少評等？一個計算方式是，我每一季都有機會重新評估我的評等，目的是確定我的評等是否正確，要調升，或是要調降。所以，純粹好玩來算，過去20年來有80個季報，我追蹤大約30檔股票，那就是2,400個評等！但是這樣的計算並不正確。因爲股價隨時在波動、而且隨時都有消息傳出，所以每天都有機會重新評估我給的評等。這是很容易受到驚嚇的避險基金分析師會做的事，而且有些人常常這麼做。所以從這個角度來看，計算20年，大約是一年200

個交易日、大約30檔股票，那就是12萬次評等！光是用想的，我就頭暈了。幸好我從來都不是用這樣的心態在提供評等，但是，我的工作仍是每天都要知道為什麼追蹤的股票會大漲或大跌。

簡單來說，這裡的重點就是，我做過很多次股票推薦，而且是推薦過去20年來華爾街波動最大、績效最好的類股。一路走來，我學會幾件事。實際上是 **10個關鍵教訓**。而且我要在本書中分享給你。

通往華爾街的道路

麥爾坎・葛拉威爾（Malcolm Gladwell）在《異數》（*Outlier*）中提供的真知灼見指出，成功很多時候只是運氣好，也就是在對的時間身在對的地方。這句話很類似「90%的成功只是因為沒有缺席」。但如果你想要真的很成功，就必須在對的時間出現在對的地方。而在1998年分析網路產業，就是在對的時間出現在對的地方。就像我說的，我真的非常非常幸運。

我的好運是從1998年開始，一位華頓商學院的同學好友克里斯・布瓦（Chris Boova）很好心的給我一位名叫瑪麗・密克的人發表的一些研究報告，她當時在摩根士丹利擔任網路分析師已經超過10年。她也是《網路報告》（*The Internet Report*）的作者，這本150頁、由哈潑商業出版社

（Harper Business）在1997年出版的書主要討論網路股。我很清楚記得那份報告，因為《華爾街日報》的一篇報導讓我特地跑去費城市中心的巴諾書店（Barnes & Noble）買書，真是諷刺。我把那份報告每一頁都讀完後，引起我對華爾街工作的興趣，想要成為網路股分析師。

　　總而言之，回來說我的好運和克里斯·布瓦。他很好心和我約在他工作的摩根士丹利大廳，把瑪麗·密克的報告交給我。他也很好心的告訴我，密克手下的兩位員工很快要離職，而且她想要找新人。我有興趣嗎？還用說嗎！所以，我能在華爾街展開網路股分析師的職業生涯，全都要感謝克里斯·布瓦。謝了，克里斯！

　　後來是6個月的面試過程，最後我加入摩根士丹利的證券研究部門，在瑪麗·密克的手下工作。這個過程包括我必須和快要離職的同事見好幾次面，那個人叫做洛斯·格蘭迪尼帝（Russ Grandinetti），他當時正要展開很棒的事業，因為他去的是一間小小的網路零售公司，叫做亞馬遜，他在那裡幫忙推出Kindle產品線，還有很多工作要做。我還記得在摩根士丹利面試時告訴一個朋友，希望能「比洛斯更厲害」。洛斯，我想我沒有。

　　在那6個月的面試過程中，我還和摩根士丹利的科技投資銀行集團當時的主管露絲·波拉特見面，她後來成為那家公司的財務長，後來又當上Google的財務長。我的事業有很多很諷刺的事，或是說運氣好的時候，其中之一就

是，我之所以能見到波拉特，是因為摩根士丹利擔心我同時也在與公司的主要競爭者高盛證券（Goldman Sachs）、以及高盛的網路分析師麥克·帕雷克（Michael Parekh）面試。其實我之前就見過帕雷克，但並沒有正式面試。不知怎麼的，摩根士丹利發現我之前見過高盛的人（我也不知道，大概是我曾提過吧，但我不記得了），結果摩根士丹利就加快整個面試的流程。不久後，我就被錄取了。

　　總之，以上就是你需要知道有關我的事。至少是和這本書有關的事。

大多頭

1989年，富達基金投資組合經理人，眾所周知的彼得·林區出版《彼得林區選股戰略》(*One Up on Wall Street*)，這本書成為《紐約時報》的暢銷書，目標是幫助散戶成功在市場上獲利。裡面有很多很棒的公司和股票的故事，並且讓很多人認識到「10倍股」(ten-baggers)，這是指在一段合理的時間之後，股價上漲10倍，而且大幅超越大盤的股票。林區建議散戶在身邊尋找日常的投資機會（例如Dunkin Donuts、Pep Boys、The Limited），要有耐心，而且要「留意明天的大飆股」。

其實，網路股中有很多10倍股。根據我的計算，到2020年底，美國的網路產業至少產生23檔10倍股（股價飆漲至少10倍的股票），包括兩檔300倍股（Booking.com和LendingTree）、一檔400倍股（J2 Global）、一檔500倍

股（Akamai），還有兩檔超重量級飆股，Netflix 和亞馬遜。
Netflix 漲了 1,500 倍，從 2002 年 10 月的 0.37 美元，漲到 2020
年 9 月的高點 557 美元。亞馬遜更是 2,500 倍股，從 1997 年
5 月的 1.40 美元低點，到 2020 年 9 月的高點 3,531 美元。沒
錯，網路產業中也有不少弱勢股票，這些股票的績效落後大
盤，或是很長一段時間只和大盤的表現一致，但是也有一些
表現很好的 10 倍股。

　　2000 年時，林區在那本書的千禧年版引言中，提到當
時的熱門話題：網路類股。他形容自己有「科技恐懼症」，
而且他提到亞馬遜時，充滿質疑的稱這是「至少 500 家『網
路公司』股票中的其中一檔股票，展現出奇蹟似的飆漲。」
在他的書出版時，我在摩根士丹利為知名網路分析師瑪
麗・密克工作，我試著搞清楚網路產業到底有沒有價值。
我很清楚記得摩根士丹利的資深市場策略分析師在電梯裡
攔住我，指著我說：「你知道亞馬遜永遠不會賺錢！」實際
上，我並不知道。

　　但是過了很多年後，亞馬遜最終開始賺錢了，開始創造
大量的一般公認會計原則（GAAP）認定的每股盈餘（EPS）
和自由現金流（free cash flow, FCF）。實際上，亞馬遜現在
有機會成為世界上全年自由現金流最高的公司之一，而且股
價已經翻漲不只 10 倍，還是 10 倍的 250 倍。

　　過去 2 年、5 年和 10 年來，科技股創下前所未有的績
效表現，到 2020 年 12 月 31 日為止，那斯達克在 2 年內飆漲

94％，過去5年來飆漲157％，過去10年來漲幅386％。在三段期間，科技股（也就是那斯達克指數）的表現每一次都超越大盤（也就是S&P 500指數）大約兩倍。重點是：科技股一直都是這樣。

而創造這麼顯著超越大盤績效的，就是美國的網路公司。像暱稱尖牙股的Facebook、亞馬遜、Netflix和Google（現在叫做Alphabet），績效大幅超越大盤，2020年平均漲幅52％，2019年到2020年漲99％，2016到2020年的5年平均漲幅是262％，而2011到2020年的10年間漲幅則是1.219％。

這些公司已經成為家喻戶曉的名字。不論是好是壞，我家和你家的青少年都無法一天不使用Facebook旗下的Instagram。2020年春末有一段時間，就在新冠危機影響我們的生活時，大部分美國人唯一能仰賴的零售通路就是亞馬遜；Netflix變得很有影響力，公司製作的影集描述年輕的西洋棋天才（《后翼棄兵》〔The Queen's Gambit〕），引發全世界的西洋棋熱潮；至於Google則根本無所不在，Google也已經變成我稱為「幸運詞典」的一部分，這個詞典收錄公司名稱變成通用的動詞，例如以前的全錄（Xerox）和「可樂」（Coke），現在則有Google、Twitter、Uber和Airbnb。

但科技產業不只有「尖牙」而已。許多網路股和公司使這個產業變得很有吸引力，而且吸引投資人的注意，包括Booking（以前叫Priceline）、Chewy、eBay、Etsy、

Expedia、Grubhub、Lyft、Pinterest、Shopify、Snap、The Trade Desk、Twitter、Uber、Wix 及 Zillow。2020年是史上新股上市募集資金最多的一年，好幾個高知名度、大漲的新股都是網路類股，Airbnb 和 DoorDash 都在這個名單上名列前矛，上市的第一個交易日都上漲將近100％。Airbnb 的上市風潮尤其值得注意，因為多虧新冠疫情，公司上市時的訂房數和營收年衰退30％。成長型的公司在準備上市時，市場都預期它們會繼續成長，不過 Airbnb 卻在衰退。結果新股上市仍然非常成功。哇！這反映的是投資人**非常**相信 Airbnb 在新冠疫情結束後會有長期成長的機會，而且是**很多**機會。所以請想像一下，如果抖音（TikTok）這個史上成長最快的網路 APP 宣布要上市，會引起多大的興趣！

　　新冠危機使部分網路公司變成生活中不可或缺的一部分。疫情期間，我們需要亞馬遜才能採購食品和衣物；我們需要 Netflix 提供娛樂、轉移注意力；收養寵物的人數大增，Chewy 的用戶帳戶也是如此，2020年連續3季，每季都增加100萬人；民眾想要確保安全的同時，也能展現自我，所以湧入 Etsy 買設計師設計的口罩，2020年6月的季報，Etsy 增加1,250萬經常使用的顧客，幾乎是之前兩年新增人數的總額；由於在家用餐的選擇大減，像 DoorDash 這種餐點外送公司變成許多小型企業和消費者的救生繩。DoorDash 2020年6月的季報中，營收大幅年成長214％，接著9月季報年成長268％。這些公司和其他公司的股價因此也有反應：亞

馬遜2020年漲72％、Netflix漲64％、Chewy漲203％、Etsy漲294％、DoorDash漲17,000％！（好啦，我承認那是把DoorDash第一個交易日漲了85％的數字納入算出的年化後數字）不過，這點還是成立。

　　我仍然非常看多股市，尤其是網路產業，並認為股市仍然為創業者、企業和投資人創造成長機會。而且我相信從過去25年經驗辛苦學到的教訓，能提供幾個未來投資（不是交易，而是投資）網路、科技和成長股的良好指引。不只在下一季或明年投資，還要在未來20年、甚至以後投資。而且由於數百萬新手投資人在新冠肺炎危機期間進入股市（部分是多虧不能出門，還有免除交易手續費），我認為對成長股和科技股投資的指引需求還是跟以往一樣大，也許需求還是更大。

　　我還記得1998和1999年網路泡沫期間，那斯達克在兩年內飆漲了100％，然後在2000年3月10日短暫站上5,000點。結果當然就是泡沫破滅，接下來6個月跌了77％，花了15年的時間才漲回來，真是**漫長的**15年。

　　我只是想確保這個世代的投資人不必等15年才會把全押在科技股賠的錢都賺回來。

從大賣空到大多頭

　　將近25年以來，我都是（華爾街）「大多頭」的中心。

麥可・路易斯（Michael Lewis）的《大賣空》（*The Big Short*）細膩描述房市泡沫破滅造成2007到2008年的全球金融危機，並且特別著重於側寫創造房地產市場過剩的貪婪和欺瞞。我很幸運，一直關注過去25年來網路興起所創造的龐大財富，這個「大多頭」。

以我身為華爾街分析師的角度來看，過去25年來網路的歷史非常吸引人。我看著現在一些頂尖的公司崛起，例如Facebook、亞馬遜、Netflix、Google，也看著以前的頂尖公司沒落，例如Yahoo!、eBay和美國線上（AOL）。在競爭這麼激烈的產業中，只有極少數公司能維持領先、稱霸市場的地位應該不令人意外。而找出哪些公司會稱霸是非常困難的事。但是能成功辦到的人，就能創造過去那個世代最賺錢的股票投資組合。

當彼得・林區為2000年版《彼得林區選股戰略》寫下前言時，他寫道，網路就像鐵路、電話、電視等其他重要的創新一樣，會創造很多新的企業，但只有少數幾間能生存下來，在這個領域稱霸：「一、兩間知名的公司會是業界龍頭，就像麥當勞的漢堡，以及斯倫貝謝（Schlumberger）的油田服務那樣。」林區說得沒錯。他預期網路會創造一個一年淨利高達10億美元的少數企業俱樂部。結果網路產業已經創造至少10間這樣的公司，包括阿里巴巴、亞馬遜、Booking、eBay、Facebook、Google、京東、Netflix、騰訊和Twitter（見表I.1）。而且其中5間公司的一年淨利遠超過100

億美元，包括阿里巴巴、亞馬遜、Facebook、Google和騰訊。我猜未來10年還會有10間公司加入10億美元俱樂部。

　　千萬別搞錯一件事。如果要說過去20年來有個「大多頭」，那就是網路股。知名創投資本家約翰・杜爾（John Doerr）在1999年網路泡沫高點時曾說，網路是「地球史上創造最多財富的合法方式」。兩年後，在泡沫破滅後他為這句話道歉，說它們造成一種賺快錢的心態。長期下來的事實是，投資人只要選對企業家、經營團隊、公司和股票，然後在通常劇烈的市場和產業波動期間耐心持有，或是在劇烈波動的期間買進賣出，網路股會是非常大的財富製造機。但是長時間觀察下來，我愈來愈覺得買進賣出的操作方式是白忙

表I.1　淨利超過10億美元的公司

公司	代號	2019年淨利（百萬美元）
Alphabet	GOOG	34,218
阿里巴巴	BABA	26,329
Facebook	FB	18,485
騰訊	700:HK	14,289
亞馬遜	AMZN	11,588
Booking	BKNG	4,866
Netflix	NFLX	1,867
京東	JD	1,866
eBay	EBAY	1,516
Twitter	TWTR	1,458

資料來源：公司申報資料。

一場。

　　1999年，全球市值最大的6間美國公司是微軟、奇異電器（General Electric）、思科（Cisco Systems）、艾克森美孚（Exxon Mobile）、沃爾瑪（Walmart）和英特爾（Intel）。今天的6間大公司則包括Alphabet（即Google）、亞馬遜和Facebook。網路顯然是這個清單上的「重大改變」。對了，其他兩間公司是蘋果和微軟，它們會上榜主要也是因為網路。我們買蘋果手機不是為了要測試現在能否在Verizon的電話網絡上聽到我講話，而是為了連上網路。而微軟的成功早就脫離桌上型電腦，改上雲端了。是的，網路就是「重大改變」

　　Google、亞馬遜和Facebook到2020年底時的市值總和超過3.5兆美元。加上其他大型網路公司（Netflix、Booking.com、DoorDash、Airbnb、Spotify等）就遠超過4兆美元了。再加上中國的大型網路公司（阿里巴巴、騰訊等），就遠超過5兆美元了。股東手中這5兆美元的價值在20年前還不存在。圍繞在網路對美國和全球經濟影響的很多辯論很有趣，但是說到股東的財富增加，就沒什麼好辯論的：網路是過去25年來的「大多頭」。

　　對，我知道。網路產業一路走來有很多失敗和災難。下注在Pets.com、eToys和FreeMarkets等公司的投資人，在某個時間幾乎會損失全部的投資。（我承認，我給FreeMarkets買進評等，這是一間企業對企業〔B2B〕的網路公司，能幫

助工業用補給品公司經營網路拍賣，但後來證明我完全看錯了。）有問題的還不只是這些小公司，有些本來應該是網路時代的「大贏家」，最後卻是令人大失所望，而且有時候還讓人虧大錢。網路時代的產業領導者，都是事後才看得出來。

美國線上在1990年代末期看來是網路公司的佼佼者。公司的付費訂戶超過2,000萬人、公司名稱幾乎是網路的同義詞、有經驗豐富的經營團隊，如史帝夫·凱斯和巴布·皮特曼（Bob Pittman），而且公司有動能和膽識收購當時全球最大的一家媒體公司：時代華納（Time Warner）。現在的美國線上市值遠低於過去，市占也已經被電信公司Verizon吃掉了一大半，當年併購時代華納還被認為是企業史上最大的錯誤。1999年時，皮特曼出席波士頓一小群投資人的會議時，我就站在他旁邊，他說美國線上的撥接上網服務不會面對寬頻的挑戰，因為公司有很龐大的勢力可以和任何有線公司談判。結果並非如此。

還有Yahoo!。1999年第四季時，股價幾乎漲了一倍。這是一家不會做錯事的公司。執行長提姆·庫格（Tim Koogle）成為「企業魅力」的縮影，他不在公司時甚至還會彈吉他，也許在公司時也會。2000年，公司在加州桑尼維爾（Sunnyvale）的總部舉辦「分析師日」，大家都來學習Yahoo!成功的祕訣。當「超酷」的執行長解釋公司成功的祕訣就是「不雇用笨蛋」時，當時出席的投資人都恍然大

悟：「啊，原來**這就是**他們成功的原因！」那時投資人也開始反思：「那**我**是不是笨蛋……」對庫格和其他幾位高階主管來說，不幸的是，接下來的幾年因為 Yahoo! 在網路泡沫期間市值大縮水而被解雇。（令人不禁懷疑「不雇用笨蛋」的規定到底是否有用。）

最後是 eBay，在 2001 到 2004 年是堅不可摧的網路公司，當其他網路公司的市值都在降低，只有 eBay 的市值飆升。當那斯達克在那段期間下跌 14％，eBay 的股價卻飆漲超過 600％！eBay 的執行長梅格・惠特曼被認為是業界最好的經理人，不論是營收、獲利成長，還是市值的創造，都比主要競爭者貝佐斯的表現好得多。出席 eBay 就業博覽會的人數眾多，他們甚至關閉聖荷西（San Jose）附近 280 號公路（Route 280）的部分路段。而 eBay 在惠特曼領軍下創造的成功，甚至幫助她差點成功選上加州州長。但是現在的 eBay 市值只有亞馬遜的 2％，而且很多網路用戶覺得 eBay 的市集既老舊又過時。

就像我說的，只有非常少數的公司能在網路產業維持領導者的稱霸地位。

但是有些公司已經成為主要的平台，而且在過程中為股東創造龐大的財富。到目前為止，Google 創造全球最大的廣告營收。直到新冠疫情爆發前，公司的營收連續 50 季比前一年成長（總計 12 年，只有 2014 和 2019 年各有兩季例外），創下自然成長 20％ 以上的驚人紀錄。對於規模這

麼大的公司，這樣的成長率幾乎前所未有（全年推估營收
〔revenue run rate〕遠高於1,000億美元）。過去15年來我幾
乎都給Google（現在叫做Alphabet）買進評等，除了剛上市
不久我曾給予「賣出」評等（事後看來，那真是一次災難性
的決定），還有在艾力克・施密特把執行長的職務交接給賴
利・佩吉（Larry Page）時，我短暫給予「持有」評等。我
對施密特的評價很高，因為他很平易近人，而且既聰明又坦
誠。在Google的第一次分析師日時，他一直鼓勵我對近期
研究報告公開提出幾個投資問題，我也這麼做了。而他和
共同創辦人賴利・佩吉直接回答了我的問題。5年後，到了
2020年，Google的股價上漲131％，輕鬆超越S&P 500只有
84％的漲幅。這裡是複合成長對股票影響的教訓，尤其是基
本面的複合成長，不過最主要的是複合營收成長，我稍後會
再說明。

在網路泡沫破滅期間，好幾個主要的金融刊物曾公開嘲
笑亞馬遜是「亞馬遜炸彈」（Amazon.bomb）和「亞馬遜完
蛋」（Amazon.toast）。最能表現傳統華爾街心態的《霸榮周
刊》在過去20年曾刊登好幾篇探討亞馬遜的文章，其中大
部分（但不是全部）都抱持懷疑的態度。最有名的一篇文章
應該是1999年5月31日的封面故事〈亞馬遜炸彈〉，斷言：
「認為亞馬遜執行長貝佐斯開創全新的業務典範是件很蠢的
事。」但是到了今天，亞馬遜是全球零售市場最大、最具破
壞性的力量，這就一點也不蠢了。而且亞馬遜還實現讓人印

象深刻的轉型：公司打造領先業界的雲端運算業務，成為全世界最大的一家廣告營收公司，可能是全球最大的食品雜貨零售商和辦公用品公司等。對了，亞馬遜在2020年公布連續三年一般公認會計原則認定的淨利超過100億美元。

Netflix的發展非常戲劇性（我喜歡雙關語）。在美國大型網路公司中，Netflix最具爭議性有很多原因。沒有人能確定多少家庭會以月費訂閱郵寄DVD服務，然後再轉訂閱隨選串流服務。而且競爭的風險似乎難以克服，這間總部位於加州洛斯加托斯（Los Gatos）的小公司要如何和百事達（Blockbuster）、沃爾瑪、亞馬遜和HBO，最後還有迪士尼（Disney）競爭？但Netflix存活下來，還愈來愈壯大。我記得1998年在舊金山附近的萬豪酒店看著里德・海斯汀向一群非常懷疑的投資人介紹Netflix，如果他們當時能克服疑慮，就能賺進非常高的報酬。從公司2002年上市到2020年底，Netflix股價飆漲40,000％。這是前面說的「10倍股」漲幅的40倍。而且從2010到2019年，Netflix是S&P 500指數中**表現最好的股票**。

最後是Facebook。公司現在已經是龐大的巨獸，2020年有超過30億全球用戶、營收7兆1860億美元、自由現金流2,140億美元，而且（2021年初）市值超過7,000億美元。Facebook也成為非常有影響力的文化現象。有些人相信Facebook改變2016年美國總統大選的結果。而且Facebook的全球用戶已經超過30億人了，這比中國、美國和日本人

口的總和還要多。但Facebook上市的那一年，看起來並不像巨獸，當年股價從超過40美元跌到17美元，因為投資人認為它沒有行動裝置策略。但是到2020年底，Facebook已經創下了15倍的漲幅，上漲了1,441%。

的確是「大多頭」。

網路股教我的10堂課

這本書不是在討論各種資產類別，像是股票、債券、大宗商品、不動產投資信託（REITs）、外幣。我的經驗幾乎都在關注股票。而且這本書不會討論各種類股，像是高成長股、景氣循環股、低成長股、轉機股、資產股。我只追蹤高成長公司。但比較好的說法應該是，在高成長的產業中競爭的公司，也就是網路產業。在網路產業中，幾乎只有高成長的公司才能存活，幾乎從來沒有轉機股。而低成長的公司通常會慢慢死亡，或是更好的說法應該是，它們的股價走勢與大盤一致，而不會超越大盤。

本書要簡單檢視網路在公開市場的歷史。過去20年來推動網路股的大趨勢、網路如何興起、導致網路泡沫、接著導致網路泡沫吹大，最後導致網路泡沫破滅。還有哪些公司最成功、哪些公司失敗了。

但這不是一本歷史書，而是一些教訓（精確來說是10個教訓），而且都是我追蹤華爾街波動最大的類股（也就

是網路類股）將近25年來所學到的慘痛教訓。我希望這些教訓可以幫助你在大好成長機會擺在眼前時做更好的投資（不是交易，而是投資）。2000年尋找大好成長機會的投資人經常只會說：「這次不一樣」或是「你根本不懂！」我真心希望本書的讀者，能根據我在本書中提出的整體潛在市場、獲利組合、被錯殺的優質股票與其他觀念做出投資決策，並且有辦法解釋自己的決策。如果各位讀者做得到，那我就成功了。如果各位讀者不只能做到，**而且**還能在投資上創造合理的報酬，那我就真正成功了。

10堂
歷久彌新的選股課程

現在該開始介紹我從分析華爾街最爆炸性產業
25年來所學到的教訓。

選到壞股票，你會淌血

「你會淌血」是個簡單的說法，意思是如果你投資和交易股票，那麼肯定、絕對、保證會有虧損。你的單筆或所有的初始投資，會有幾個小時、幾天、幾個月甚至幾季的報酬率是負的，因為股票市場、甚至「穩賺不賠」的股票都可能跌超過70％。因此你必須要能容忍挫敗。

股價會波動。會往上走、往下走，會飆漲、也會暴跌。你完全無計可施。如果這令你很困擾，那你可能不應該投資股票。

買進股票就是下注於（也許看過書、做過研究、深思熟悉，也或者沒有）一家公司未來的基本面（營收、盈餘、自由現金流）和對那家公司的未來看法（評價倍數〔valuation multiples〕）。如果投資要成功，你就必須是好的基本面投資人。我的意思是，你必須能合理預測特定市場中的某個經營團隊，在某個特定的競爭環境下可以創造營收和獲利。預測獲利可不容易，就像是在預測未來一樣，但並**不是**真的預測未來，而且沒有人能預測得準。

　　選股的困難之處在於，你可能是厲害的基本面投資人，但卻很不會選股。因為投資要成功，你也必須是個厲害的心理學家。你必須預測市場也會重視你所預測的基本面表現。市場會預測基本面的評價倍數是高還是低，是高於或低於目前股票的評價，而且這裡有很多事情可能會出錯。

　　以下是個簡單的範例。（有多年投資經驗的讀者可以直接跳過以下幾段。）你有一檔股票，盈餘1美元，本益比是15倍，很接近過去20年來S&P 500指數的平均預估本益比。你研究一下這檔股票，看分析師的報告、讀一些財報的資料、上Google搜尋，然後你相信這家公司的獲利會以每年10%成長3年，達到1.33美元。如果評價倍數不變，這表示股價會從現在的15美元，3年後漲到19.97美元。股價會跟著每股盈餘成長，每年以10%成長3年。答案出來了，研究結束，實在很簡單，換下一支股票！

　　但是萬一市場改變心意，認為每股盈餘1.33美元，股價不應該符合市場的評價倍數呢？或是有某件事使公司的業務前景改變，未來的成長展望會很平淡呢？假設這間公司是實體寵物用品零售商店，而且未來3年內，一間網路寵物用品

零售商（假設公司叫 Chewy.com）異軍突起，因為這家公司有很好的客戶服務、精明的行銷策略與多種商品選擇，而搶走市占率。然後疫情爆發，迫使零售業很長一段時間不能開門做生意。因此市場認為未來的獲利是本益比 10 倍。現在股價不是 19.97 美元了，而是 13.31 美元。你的投資虧損了 11％。你看對獲利，是很棒的基本面投資人，但你的本益比預測完全錯了，你是很糟的心理學家。意味著你的選股能力很糟。

　　聽起來是很蠢的例子。也許是吧，當然 Chewy 是真實的公司，Pet Valu 也是，但 Pet Valu 在 2020 年 11 月宣布將結束營運，並關閉全美 358 間倉庫。這比股價修正 11％ 還要糟得多。**太慘了**。

　　有時候你的投資絕對、百分之百會虧損的一個原因，就是任何股票的走勢有很大的比例和基本面完全沒有關係，而是和市場有關。華爾街的金律是，股價走勢有 1/3 和基本面有關，1/3 和產業有關，1/3 和整體市場有關。我並沒有研究過這點，不過我相信有人研究過。但我經歷過，感覺差不多就是這樣。

　　我們不是才被活生生的提醒過了嗎？2020 年 2 月 20 日，S&P 500 指數還在 3,373 點。一個月後，到了 3 月 23 日，已經跌到 2,237 點，跌了 34％。因為新冠疫情爆發，那一整個月幾乎每一檔成長股和科技股都下跌。有一些跌幅很重，像是 Snap 跌了 37％、Uber 跌 45％，Expedia 則因為大家不能搭

飛機，重摔58％。有些成長股的跌勢較輕，像是微軟跌了
26％、Akamai跌16％，派樂騰（Peloton）則因為健身房關
門，大家只能在家健身，因此只跌了13％。那段時間，值得
注意的科技股中只有一檔上漲，就是Zoom，而且漲很兇，
漲了50％，還只花一個月！而Chewy和Cloudflare分別漲了
10％和5％。即使後來因為疫情導致大家都在家工作而受惠
的股票，包括亞馬遜、Etsy、Netflix和Shopify，在那一個月
也都下跌，四檔股票分別跌了12％、39％、7％和30％。

　　重點是，就算投資人把公司的基本面和評價都看對了，
他們選的股票還是很容易就因為市場大幅波動而虧損。這些
波動可能是由很罕見、無法預期的震撼事件所造成。用市場
的話說就是「黑天鵝」事件。納西姆·尼可拉斯·塔雷伯
（Nassim Nicholas Taleb）在他的書中很清楚闡述這個現象。
那本書基本上就是在說，未來是無法預測的。而仰賴對未來
有信心而預測的人，最終會很殘酷的面對失望。一定要記住
這一點。

　　所以，就算市場之神對你微笑，就算你選到了爆炸性成
長的產業，例如網路產業，也一定會淌血。為什麼呢？因為
你選錯股票。我很清楚，因為我做過好幾次。

藍圍裙：沒有那麼多人要自己做菜

　　2017年6月29日，藍圍裙（Blue Apron）以每股10美元

在紐約證交所上市，募資超過3億美元，公司市值約為19億美元。那一天，公司執行長麥特‧索茲柏格（Matt Salzberg）上CNBC說明公司的展望。他說公司受惠於整合的點對點（農場到裝箱到府）供應鏈，比前兩年成長10倍，而且已經達到正單位經濟效益（positive unit economics），尤其是顧客的取得成本可以在6個月內達到收支平衡，而且每位顧客的3年平均營收為1,000美元。他的說明非常棒，可惜的是，那天是藍圍裙（APRN）股價的歷史最高點。

藍圍裙的股價很快就一瀉千里（見圖1.1），上市後一個月內，3位共同創辦人中，其中一位辭去營運長的職務。5個月內，在公司大幅裁員的同時，另一位共同創辦人也辭去執行長的職務。到了那年的年底，股價已經跌到4美元。18個月內，藍圍裙的股價跌超過90％，到0.66美元，公司被迫進行不尋常的股票合併，15股合併為1股，以免下市。在股票合併前，股價最低是在2020年3月中，每股0.15美元，然後「被發現」原來公司是新冠疫情概念股，受惠於就地避難的命令。股價不到一個月內一飛沖天，漲了5倍，不過有一半的漲勢又在幾個月後跌掉了。

藍圍裙的選股教訓是什麼？首先，你必須了解情況。當時藍圍裙被認為是「穩賺不賠」的股票。在上市前一季，全年推估營收就達到將近10億美元（當季營收2.45億美元），還有超過100萬名顧客。這些都是很棒的數字。很多成功上市的公司，營收和顧客人數都比這個數字低得多。藍圍裙的

圖 1.1　藍圍裙的股價持續下跌

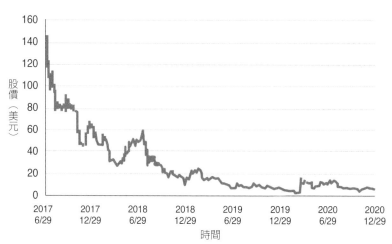

經營團隊提到，希望能讓美國在家煮飯的比例達到99％。那會是多少人？我不知道。但絕對比 100 萬多很多。這看起來是很大的整體潛在市場（total addressable market, TAM），整體潛在市場是科技股投資成功的重要因素。根據歐睿資訊公司（Euromonitor）的資料，藍圍裙上市時，美國的零售雜貨與餐飲市場規模是 1.3 兆美元。

公司在上市前已經營運了 5 年，而且有好幾年都呈現 3 位數的成長（成長幅度超過100％）。這個產業有很多競爭者（像是 Plated、Sun Basket 和 Purple Carrot 等公司），創投在這個產業投資超過 4 億美元。但是最重要的衡量標準，也就是營收與顧客人數，藍圍裙很明顯是市場領先者。藍圍裙採訂戶制，這表示公司的營收能見度高。能出什麼差錯呢?!

在發行新股前，所有大銀行都聽了被認為是「大好機會」的企劃案。2017年初時，我工作的銀行派我去麥特·索茲柏格在曼哈頓的辦公室見他。幾個月後，我和承銷股票的同業，以及藍圍裙整個經營團隊，一起出席在布魯克林一棟連棟式別墅的品嚐活動，由藍圍裙的主廚準備精緻的餐點。那次的會面還讓我有機會見到一年前才加入公司的財務長布萊德·迪克森（Brad Dickerson），他曾任職安德瑪（Under Armour）多年，是表現傑出的財務長，這讓藍圍裙看起來又更可靠了。隔天我們去參觀公司位於紐澤西郊區的一個配送中心，我們穿上實驗室袍、戴手套和網帽，去檢查鮮食包裝區。我也成為藍圍裙的顧客，並且享受著（是真的！）為家人準備不同餐點的樂趣。

藍圍裙上市後一個月，我給這檔股票「超越大盤」的評等，目標價10美元。和上市價格相同？沒錯，因為在那麼短的時間內，股價已經跌了35％，來到6.5美元。在我的第一份報告中，我承認市場對藍圍裙的懷疑，但我認為公司的整體潛在市場非常大（1.3兆美元）、市占率領先、產品和服務都會改善，還有評價偏低，都是創造風險報酬很不錯的機會。4個月後，執行長辭職之後，我調降藍圍裙的評等至「與市場一致」，目標價4美元。當時股價是2.99美元。一年後，股價跌到0.66美元（股票合併前）。之後再過一年多，股價剩0.15美元。

這就是藍圍裙的情況，那麼得到什麼教訓？

很多關於藍圍裙的報導都聚焦在競爭的風險，幾乎從一開始就拖累公司。在公司上市前幾年，市場上有十幾個競爭者。ConsumerVoice.org目前是全美國前十大生鮮食材服務公司（而且藍圍裙不在這個名單上）。還有市場裡的大鯨魚：亞馬遜。在藍圍裙上市前，亞馬遜就宣布併購全食超市（Whole Foods）。在上市說明會時，投資人馬上就關注這個風險。亞馬遜的威脅可能是藍圍裙上市價（10美元）比最初的交易價格範圍（15到17美元）低很多的原因。但是就算我覺得亞馬遜很了不起，我也不認為這是壓垮藍圍裙真正的原因。你有認識的人從亞馬遜訂購生鮮食材嗎？！

關於藍圍裙，還有很多我所謂的「文氏圖挑戰」（Venn diagram challenge）。一位深思熟慮的市場觀察家說：

> 如果你喜歡作菜，但是不喜歡買菜或規畫要作什麼菜，而且如果你不太餓，也不喜歡為太多人作菜，那麼藍圍裙就很適合你。這間新創公司會把精確的份量、事先包裝好的鮭魚、青豆、奶油和檸檬送到你家，煮一餐剛剛好，不會有剩菜。

藍圍裙吸引的是想要在家作菜、但又不想煮太多的人，餐點要在30到45分鐘內準備好，吸引的客群是小夫妻或是4口之家，如果是3口之家就會有剩菜，超過5人的家庭就要選擇多人的訂餐選擇，或是比賽看誰搶得到東西吃，訴求

的對象是不喜歡去雜貨店採買、願意支付相對固定的外送費用、願意每周支付60美元（兩人方案）或72美元（4人方案）的人，平均下來每餐的費用還算合理，但仍是一筆開銷。是的，這可以用文氏圖挑戰來描述。但我認為這也不是讓藍圍裙失敗的原因。

最符合文氏圖挑戰的公司是HelloFresh，美國投資人幾乎沒聽過，因為公司的總部位於德國柏林，股票在法蘭克福交易所交易。但是當藍圍裙經歷這些困難時，HelloFresh已經建立起全球最大的生鮮食材外送業務，2020年締造將近45億美元的營收（受惠於新冠疫情相關的封城限制，營收較前一年成長超過100％），（截至2020年底）全球有超過500萬名顧客，其中250萬名顧客在美國。HelloFresh不只獲利，2018至2020年間股價還上漲400％，2021年初的市值將近120億美元，大約是藍圍裙上市市值的6倍。所以這門生意是會成功的！而且HelloFresh在2020年12月投資人會議上所說的方案，都和藍圍裙在3年前說的內容一樣：擴大其他產品類別，以及加入新的用餐選項，例如早餐和午餐。所以已經有人成功了！

不，藍圍裙的投資教訓可能是投資科技股（甚至可能是投資整體而言）最重要的一堂課：經營團隊。市場機會存在，商業模式有挑戰性，不是不可能。但藍圍裙沒有真正的競爭護城河，只要點一下滑鼠或按一下螢幕就可以競爭，雖然藍圍裙很長一段時間是市場領導者，以賽馬迷的話來說就

是：跑道狀況很好、馬匹很健康，還領先其他馬兒，但是騎師有點問題。

　　說句公道話，生鮮外送業務是挑戰性非常高的生意。我參觀過很多配送中心，只有藍圍裙要求要戴髮網、手套和實驗室白袍，哦，對了，還有要穿厚一點，因為配送中心是冷藏室，為了保持食物的新鮮。所以藍圍裙一開始就必須把非常複雜的營運物流處理好。然後把行銷／吸引顧客這件事做對。

　　還有產品開發。有很多事要做對，所以需要非常有能力的管理團隊長期經營：或許不是上市後5個月就辭職的共同創辦人。的確，他們在上市前已經經營公司5年，但顯然還不夠。這讓我想起麥爾坎‧葛拉威爾的經典著作《異數》的重點精華。想要精通某一門技藝，需要至少10年，也就是10,000個小時的努力。一直到現在，我還是不知道藍圍裙的經營團隊中，哪個人真的有本事把生鮮外送的生意做成功。我只知道，他們「只」做了5年就出場，也許這就是你的投資該停損的訊號。

ZULILY：時尚很難維持流行

　　這是另一檔讓我無法自豪選股能力的股票。

　　以年輕媽媽和幼童服飾為主的快閃電商網站Zulily，2013年11月15日以每股22美元上市，高於申請上市資料的

18到20美元，募集2.5億美元。股價很快就漲將近一倍到41美元，公司市值接近50億美元。Zulily創辦人是馬克‧瓦登（Mark Vadon）和戴洛‧卡文斯（Darrell Cavens），原本是成功的網路珠寶商店Blue Nile的創辦人和高階經理人。他們的資歷是Zulily上市前就備受矚目的原因。

不到兩年，2015年8月，Zulily就被Liberty Interactive旗下的QVC以每股19美元收購，比當時股價高出將近50％，但比上市價格還低一點，表示在上市很短的期間內，股價表現不如預期。發生什麼事？而且這次得到什麼選股教訓？我們就來看其中一位研究這檔股票的分析師怎麼說。那個分析師就是我。

雖然馬克‧瓦登不像一些知名的科技公司主管，但他是個很有意思的創業者，他的生活都和工作有關。1999年時，他成立Blue Nile，因為他找不到適當的鑽石訂婚戒指送給未婚妻。他發現在零售店選擇鑽戒很可怕、不愉快、太複雜，而網路會是更好的方式。瓦登協助將Blue Nile打造成全世界最大的精品珠寶零售商。公司在2004年5月上市，股價在上市當天就飆漲39％。雖然Blue Nile的市值沒有維持在10億以上，但在2017年以5億美元賣給私募股權公司貝恩資本（Bain Capital）與包街（Bow Street）之前，上市仍長達13年的時間。

2009年時，馬克‧瓦登和Blue Nile的高階主管戴洛‧卡文斯成立Zulily，主要銷售服飾、鞋類、玩具和家用產品

給年輕的母親和幼兒。

　　就像剛才提過，瓦登成立Blue Nile是因為有讓人不愉快的經驗。他和卡文斯成立Zulily時，馬克的妻子懷了第一個孩子，他們覺得需要買給嬰兒的用品太多。就像瓦登認為網路可以提供很好的珠寶市場一樣，他也認為網路可以提供消費者更好的方法去找到與買下孕婦裝與嬰幼兒服飾。

　　到了2013年中，我的老闆要我評估公開市場是否會對瓦登和卡文斯的新創公司感興趣，我很樂意接下這個任務。我和兩位創辦人很熟，而且已經看過他們經營Blue Nile，並認為這個市場機會應該很有吸引力。我特別專注在經營團隊的優勢。我認為瓦登和卡文斯非常聰明、對工作很執著、非常努力，並且了解自己的工作，也很謙虛，這都是我在優秀經營團隊中尋找的特色。

　　與藍圍裙不同的地方是，我一開始並沒有給Zulily「買進」評等。相反的，由於股價仍比上市價高80％，我一開始的評等是「符合大盤表現」，我的理由是，雖然有非常顛覆性的網路商業模式，市場機會高達3,000億美元，還有非常聰明而且經驗豐富的管理團隊，但市值偏高。目前的市值讓我覺得要觀望一下。

　　我持續追蹤Zulily，向投資人強調公司所有的優點，但也提醒他們要小心目前的市值過高（股價營收比是4倍）。6個月後公布報告時，我甚至下的標題是〈繼續等待……好的進場時機點〉。

　　最後我終於出手了。2014年6月26日，Zulily股價重挫50％後（從2014年的高點將近75美元跌到40美元），我調升評等到「買進」，目標價50美元。我認為雖然股價比上市價格高出將近一倍，不過在股價修正50％之後出手會讓人看起來很聰明、沒有追高。我還有一些新的調查資料顯示，Zulily是顧客滿意度最高的快閃特賣網站。但是大約6個月後，到了2015年2月，我把Zulily的評等調降至「持有」，那時的股價已經跌到19.89美元，比我調升「買進」評等時的價格跌了一半。唉，我把Zulily評等調升至「買進」是因為股價已經腰斬，要趁機入市，哪知道股價又再腰斬。那之後又發生了什麼事？股價再次（接近）腰斬，Zulily股價已經跌到12美元以下（見圖1.2）。唉。

圖1.2 ZU：時尚很難捉摸，也很難預測模式

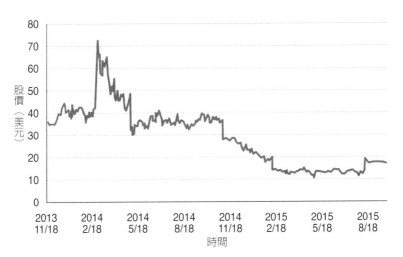

　　發生什麼事？而且有什麼選股教訓？雖然有過於簡化的風險，不過我認為問題出在顧客價值主張（customer value proposition）不夠穩健，不足以維持公司的基本動能。而這次的教訓就是：顧客價值主張的重要性勝過整體潛在市場和商業模式。如果顧客價值主張正確，就可以戰勝很多問題和挑戰。如果顧客價值主張不對，也會抵消很多的優勢，例如龐大的市場機會和好的商業模式（高獲利或高資本效率）。

　　Zulily的顧客價值主張問題是什麼？答案是出貨速度和退貨規定。精確來說，2014年初時，Zulily的顧客下訂到出貨時間平均是13天。這表示從顧客下單到產品出貨，中間要等將近兩周。然後他們還得再等2到3天，包裹才會確實送到家門口。這樣就超過兩周了，這不是網路時代的速度。而退貨規定呢？完全沒有，Zulily好幾年的規定都是「不接受退貨」。這些是公司最主要的問題嗎？很難有肯定的答案，但經驗推測就是這個原因。我在2014年中進行的調查顯示，這是Zulily顧客不滿的兩大主因。但是同一份調查也顯示滿意度分數很高，不過這是對現有顧客的調查，畢竟你無法調查不是顧客的人，至少我沒辦法，所以無法確定新顧客的反應。結果，對Zulily滿意的顧客高達500萬人，但因為出貨速度和不退貨規定，滿意的顧客可能就只有這麼多。公布2014年12月季報時，Zulily的顧客人數是490萬人，而且沒有再增加。兩季之後，營收成長減緩至較前一年只成長4%，相較之下，兩年前的增加幅度是100%以上。

Zulily有很吸引人的商業模式：穩定且高毛利率、低庫存的模式，而且有穩健的負營運資金循環。沒有大量的庫存，表示Zulily不必像其他零售業必須支出大量的資金。負營運資金，表示Zulily先向顧客收取費用，之後才付錢給供應商。這些都對公司的損益表和現金流量表有利。但是這個商業模式的出貨時間太久，而且不接受退貨的規定，使得大部分消費者卻步，這就是為什麼Zulily沒有成為重要的市場品牌，公司在2015年時開始成長停滯，還有在2015年賣給QVC的原因。

GROUPON：從眾人擁抱到人人喊打

Groupon的10年股價走勢圖看起來不太好，實際上真的也不好。就算彼得‧林區在多頭市場買這檔股票賺到錢，也必須迅速反應（見圖1.3）。

和藍圍裙一樣，Groupon也進行過股票合併：2020年6月，20股合併為1股。這可能是值得學習的投資教訓。當一間公司考慮股票合併時，投資人就該下車了！以網路產業來說，這可能是很好的教訓。但你可能會因此錯過Priceline.com，這間公司在2003年時將6股合併為1股，後來的5年成為S&P 500表現最好的股票。但晚一點再來談Priceline的事。

Groupon在2011年11月4日以每股20美元（股票合併後400美元）上市，是繼Google在2004年上市後規模最大的新

圖 I.3　GRPN：從眾人看好到股價重挫

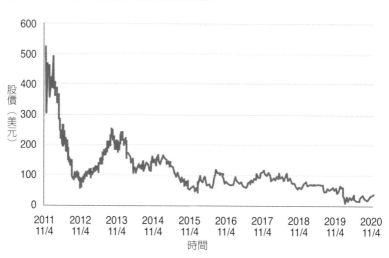

股上市案，而且在上市兩周內就飆漲30％，最高點為26美元（股票合併後為523美元）。接下來的10年，股價起起伏伏，但很明顯長期趨勢是往下走，而股價目前（2021年初）為1.70美元（股票合併後為34美元），實在很糟。

　　我在2013年2月27日開始追蹤Groupon，一開始的評等是「持有」或「符合大盤表現」，目標價5美元（股票合併前）。股票從上市以來已經大幅修正（跌了超過80％）。隔天公司創辦人暨執行長安德魯・梅森（Andrew Mason）就被開除了。他寫了一封信給Groupon的員工解釋原因：

> 在擔任Groupon的執行長經歷辛苦又美好的4年半
> 後，我決定多花點時間陪伴家人。才怪，其實我今

天被開除了。如果你們不知道原因……那就表示你們都沒有注意。從我們上市公開說明書中充滿爭議的指標，到實質的弱點，到連續兩季財報表現不如預期，還有股價一直徘徊在上市價格的1/4，過去一年半來發生的事已經很清楚了，身為執行長，我難辭其咎。

順便一提，梅森信裡的誠實讓人印象深刻。他願意公開承認他要承擔的責任也讓人印象深刻。會這麼做的人很少。

梅森建立的聲譽是不拘謹、搞笑、魯莽，而且可以說是天才。這封信證實前三個特質。而實際上，梅森從無到有共同創辦非常創新的Groupon的商業模式，則顯示第四個特質。

對我而言，我相信梅森的確是個天才，部分是因為我在那之前兩年，透過Groupon的財務長認識了梅森，那位財務長當時才剛加入公司，之前在亞馬遜工作很長一段時間，我和他很熟。而且那位財務長告訴我，在他認識的高階經理人中，只有梅森像亞馬遜的傑夫·貝佐斯。這是非常大的讚美，我很認真看待。此外，Groupon也是很創新的商業模式。它提供在地店家一個聰明又快速取得顧客的工具，並讓在地顧客以較低的價格取得各種服務。

Groupon的核心是每日特惠價（Daily Deal）。公司成立以來，顧客每天都會得到一個推廣特惠，例如披薩和義大

利麵午餐75折，或是在地花店買花7折優惠，只要當天有足夠的人選擇這項優惠，交易就會成立。所以公司有很多的優勢：為顧客省錢、為在地店家取得顧客（「折扣券」可以當成吸引新顧客的行銷或廣告費用），還有社交遊戲（需要有足夠的人參與，鼓勵用戶呼朋引伴）。一段時間後，Groupon擴大各種優惠、產品線和市場。最後公司過度擴張，而且執行不當，導致市值和股價幾年下來受到壓抑。但是Groupon原始的構想非常創新，而且很天才。

還非常成功！Groupon在2008年成立，到了2011年，營收就達到16億美元。Groupon可能是史上最快達到這個金額的公司，真是太驚人了！而且大家也注意到了。2010年時，據說Google開價60億美元要併購，但梅森和Groupon的董事會都拒絕了。（Groupon到了2021年的市值是11億美元。早知如此，何必當初。）

那麼，是哪裡出錯？又學到什麼選股教訓？

基本面來說，Groupon擴張太大了，大的離譜。不論是服務的市場與提供的服務，範圍都太廣了。2010年底時，Groupon遍及北美、歐洲、亞洲和南美洲總計250個城市。到了2015年初，Groupon就已經跨足全球500個城市，提供42萬5000個常見優惠方案，公司透過自然成長或併購來擴展國際市場。之後公司又退出許多國際市場，並裁員上千位業務和客服員工。2013年11月時，這家公司以2.6億美元併購韓國售票和電子商務公司「票怪獸」（Ticket Monster），

結果不到18個月後又將大多數股份出售。這些國際上的挫敗部分是因為激烈競爭，Groupon的業務在全球一度有多達7,000個模仿者，但另一個挫敗的原因則是市場擴張太大。

Groupon也積極加入各種新的產品類型，包括Groupon Goods，這是專注在折扣商品，並要求公司開發和亞馬遜一樣的配送與物流專業能力，這使得挑戰變得更加複雜，你可以想像後來的結果：公司也推出Groupon Getaways，與Priceline.com、Expedia及其他旅行社業者競爭觀光財；GrouponLive的對手是TicketMaster等活動售票業者；Groupon To Go則是美食外送服務，但這個領域要再過5年，而且是在新冠危機的幫助下，才達到單位經濟效益。而證明這門生意可以做的不是Groupon To Go，而是DoorDash。但Groupon至少還有一門生意證實可以做，那就是餐廳訂位，公司併購Savored而進入這個已經行之有年的領域，不過這個產業的領導者是OpenTable。

而且這段時間大部分的時候，公司都沒有一個有效率的執行長。在安德魯・梅森於2013年被開除後，公司過了將近3年才宣布新任的全職執行長，那就是從亞馬遜跳槽來的瑞奇・威廉斯（Rich Williams）。梅森被開除後，Groupon的共同創辦人艾瑞克・雷夫科夫斯基（Eric Lefkofsky）接任臨時執行長，幾個月之後又被任命為執行長，但他後來坦承，並沒有帶領Groupon進入下個階段的管理和營運能力。由於Groupon大幅擴大市場與產品，公司需要這些管理和營

運能力。公司宣布想要成為「行動商務的起點」，但就是沒有相關的能力來達成這個重大的目標。

我也是這麼認為，在2014年初期將Groupon的評等下調至「賣出」時寫道：

> 我們認為Groupon「成為行動商務的起點」的目標野心太大，不利於公司爭取地區性商務／服務市場。挑戰在於，Groupon想要成功跨足的商品和觀光市場競爭都非常激烈，而且競爭者都深耕很久，像是亞馬遜、eBay、Priceline.com和Expedia。我們雖然對公司成功轉型的能力過於悲觀，但我們也相信就算轉型成功，在這段轉型期間買進Groupon股票的風險很大。

接下來的幾年，Groupon的股價仍波動劇烈，我給的評等一直在「賣出」和「持有」或是「表現不如大盤」和「符合大盤表現」間轉換，主要的疑慮就是基本面。結果，Groupon就是無法完成「成為行動商務的起點」這個目標。部分原因是其他公司早就已經達到這個目標，亞馬遜和Google就是其中兩間公司；還有一部分原因是這個目標需要技巧高超的執行力，而Groupon的經營團隊就是做不到。

Groupon股價一直表現不佳。就算是反應最敏捷的投資人或交易員，也很難靠做多Groupon賺錢。快速比較一

下，從2011年11月上市以來，Groupon的報酬率是-7％，而S&P 500指數則是825％。過去5年來，Groupon的報酬率是-32％，而S&P 500指數則是90％。過去1年來，Groupon的報酬率是-19％，S&P 500指數是14％。彼得・林區，我希望你當初沒有買Groupon。

那麼得到什麼教訓？在市場上永遠都會淌血。不過選錯公司絕對會增加淌血的機率。

本章摘要

投資股市，偶爾會虧錢。好的選股人必須是好的基本面專家（能正確預測營收和獲利），也必須是好的心理學家（能正確預測市場預測的評價倍數）。大多數時候都很難同時把這兩件事猜對。然後總是有讓市場動盪的事件，例如2020年的新冠疫情，這是不可能預測到的事，而且可能會破壞你設定好的選股計畫。投資需要膽量。

偶爾會虧錢，因為幾乎可以肯定會選錯股票。當我看錯Zulily時，從事專業股票分析已經將近15年，而且我還相當熟悉他們的經營團隊。但我沒有理解到公司的顧客價值主張限制整體潛在市場，以及成長展望；當我看錯藍圍裙時，我已經擔任專業股票分析師將近20年，大部分是因為我不是高估經營團隊的能力，就是低估公司所面臨的挑戰；雖然我對Groupon的觀點大致都正確，但是這種史無前例的成長和非常創新的商業模式，吸引到很多市場興趣和投資人的資金。你不可能猜對每檔股票的表現，就算是「穩賺不賠」的股票，也可能會下跌70%、80%、90%。

即使選到最好的股票，
你也會淌血

就算你選擇同類股中最好的公司和個股，也還是要
準備好面對股價顯著拉回的時候。雖然耐心會有回
報，但即使是選擇基本面最好的公司，你絕對會面
臨股價重大的拉回，令你感到痛苦。同類型最好的
股票也無法避免股價重大的拉回。

亞馬遜、Facebook、Google 和 Netflix 的股價在過去 1
年、2 年、5 年、10 年和 15 年的表現都非常優異，他們都是
10 倍股，甚至是數十倍股。買進並耐心持有這些股票的投
資人都有很出色的報酬。但是他們都面臨耐心的考驗，有時
大跌，有時大漲。這就是這一課所要學習的教訓：即使是最
好的股票有時候表現也很爛。商學院當然不會這樣教你，應
該是說，他們不會教你形容股票「很爛」，但這是真的，所

以要做好準備。

以下就是這個教訓的故事。

Facebook：**搬磚頭砸腳**

　　過去幾年來，Facebook一直都是網路產業中最具爭議性的股票，但並不是因為基本面的問題。一直到2019年9月的季報，Facebook連續35季都創造至少30％的營收成長年增率。這是非常罕見的超級成長。而且Facebook還同時維持超過40％的營業利益率（operating margin），本質上是很穩健的毛利。30％的營業成長，加上40％的營業利益，意味著Facebook多年來的獲利組合都超過70％（獲利組合是指，營收成長加營業利益率或稅前息前折舊攤銷前毛利〔EBITDA margin〕）。這些都是非常亮麗的基本面結果，不論在網路產業、科技產業或任何產業都是最好的。如果你是喜歡自由現金流的人，Facebook從2016年到2020年，每年都創造至少100億美元的自由現金流。真的非常厲害。

　　但毫無疑問，Facebook一直都是網路產業中最有爭議的股票。為什麼呢？其中一個很大的原因是Facebook無所不在。到了2020年底，全球有超過32億的人口每月使用Facebook的服務（Facebook、Instagram、WhatsApp）。這相當於全世界41.026％的人口，只有Google有這麼多人廣泛使用，而這種無所不在的特性正是爭議來源。Facebook如何成

爲一間這麼大的公司？Facebook的影響力究竟變得多大？究竟是誰在主導著這麼大的平台？萬一馬克・祖克柏（Mark Zuckerberg）的繼任者是像電影《超人》中的天才惡棍雷克斯・路瑟（Lex Luthor）的人怎麼辦？萬一馬克・祖克柏**就是**雷克斯・路瑟怎麼辦？這就是「無所不在」的詛咒。

　　Facebook具有這麼大的爭議性還有其他的原因。Facebook平台上分享的一些內容令人非常不安。2019年3月15日，布蘭頓・塔蘭特（Brenton Tarrant）在Facebook上直播他在紐西蘭基督城屠殺51位無辜民眾的影片。這段影片被瘋傳，24小時內有超過150萬則相關的發文。不論是大屠殺、直播串流，或是重貼這些影片，全部都令人感到不安。這件事凸顯Facebook具爭議的本質，因爲這些事情都凸顯人性的爭議。如果你在市區舉辦開放麥克風之夜，或是開放攝影機之夜，不論公司投入多少的資源來審核內容，我可以保證你一定會聽到或看到一些讓人不舒服的東西。

　　而且Facebook投入**很多**資源在審核內容，包括數千萬美元的資金和成千上萬的員工。結果反而讓Facebook產生更大的爭議。誰決定哪些內容可以上架？有點政治宣傳意味或有競爭性的內容又該如何？畢竟在一些時間點無法避免會有政治宣傳。誰來決定哪些資訊是正確的，哪些是不正確的？就像共和黨參議員泰德・克魯茲（Ted Cruz）在最近一次國會聽證會上質疑Twitter的執行長傑克・多西時說：「是誰投票選你出來的？」他的質疑所隱含的批判同樣也適

用於祖克柏。

　　還有些立法的問題圍繞在Facebook缺乏有效的方法來保護用戶的隱私。2016年總統大選時，為川普總統陣營工作的劍橋分析（Cambridge Analytica）使用8700萬Facebook用戶的資料，此舉違反聯邦貿易委員會（Federal Trade Commission, FTC）與Facebook在2012年針對保護用戶資料所達成的協議，最後聯邦法院在2020年4月核准Facebook以50億美元和聯邦貿易委員會達成和解。

　　這些都導致2018年6月的季報公布時，上演我見過科技史上最盛大的搬磚頭砸自己腳的戲碼，同時也是「即使是選到最好的股票，有時也會出錯」的教訓。

　　從2018年7月25日到2018年12月24日，Facebook股價大幅修正43％，從218美元跌到124美元。在跌勢開始前，Facebook從年初開始漲了20％，而且之前的18個月漲幅高達86％。雖然Facebook股價到了2020年初就漲回到218美元，而且下半年的時候還漲更高，但是43％的修正幅度還是非常大，而且讓人痛苦，這幾乎完全都是自找的。

　　2018年7月25日，Facebook公布6月的季報，然後股價重挫（見圖2.1）。以下就是那一次季報公布時造成重挫的兩個關鍵因素（粗體字是強調）。

　　馬克・祖克柏提到：

　　展望未來，我們還是會繼續大幅投資在安全和隱私

圖2.1　Facebook股價倒栽蔥

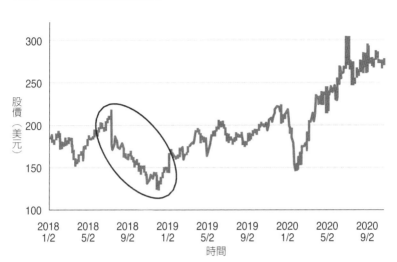

上，因為我們有責任維持用戶的安全。但是我在之前的法說會時也說過了，我們在安全性上投入這麼多資源，會對我們的獲利能力造成很大的影響。我們在這一季已經開始看到這種情況。但是除此之外，我們還是有責任繼續打造新服務，以全新的方式把人們凝聚在一起。因為我們在安全性上的投資增加，我們可以選擇減少投資在新產品的開發上，但是我們不會這麼做，因為這不是服務我們的社群該有的方式，我們要長期經營公司，而不只是為了下一季的表現。稍後戴夫會談到這點。

戴夫就是Facebook的財務長戴夫・威納（David Wehner），

幾分鐘後說：

> 我們第二季的總營收成長率比第一季減少大約
> 7％。2018 年下半年的總營收成長率會持續減少，
> 我們預計第三季和第四季的營收成長率降幅會接近
> 兩位數……我們仍預期 2018 年的總支出會比前一
> 年增加 50％到 60％。除了核心產品開發和基礎建
> 設的增加之外，成長的原因還包括投資在例如安全
> 性、虛擬實境（VR）和擴增實境（AR）、行銷，
> 以及內容併購上。展望 **2018** 年以後，我們預期
> **2019** 年的總支出成長會超越總營收成長。我們預
> 期未來幾年的營業利益率會比前一年有接近 **35**％
> 的成長。

　　在我 25 年來研究科技股與聽過無數次的法說會之中，
我從來沒聽過哪個經營團隊能這樣徹底改變華爾街對獲利成
長的展望。我後來的結論是，這是我看過經營團隊長期經營
最聰明的做法。但那是後來的結論，短期則造成非常劇烈
的負面衝擊。華爾街的分析師不認為 Facebook 2019 年的每
股盈餘會成長超過 30％，經營團隊其實是在引導和我一樣
的分析師認為，每股盈餘成長頂多不到 10％。在那次 7 月 25
日的法說會之前，華爾街分析師都預估 2019 年的營收成長
大約是 30％，而且營業利益率會增加，這相當於每股盈餘

成長超過30％。很好，這是非常高的成長率。但是在那次法說會後，分析師預估的模型就只有20％的盈餘成長，而且營業利益率大幅下降，相當於2019年的每股盈餘完全沒有成長。對投資人來說意味著**大幅**調降本益比。所以公司評等被大幅調降，結果事情真的發生了。

說實話，Facebook新的財測還是暗示有相當穩健的商業模式：營收成長約20％，營業利益率則有大約35％。這樣獲利組合就是55％了，而這間公司一年的營業額是500億美元，在S&P 500成分股中，只有非常少數的公司有這麼好的表現。但這和華爾街在6月季報公布前的預期非常不同。如果追蹤Facebook的季報，你會發現Facebook的悲觀展望並沒有出現。2019年營收成長實際上來到30％。在扣除一些一次性的法律支出之後，營業利益率達到41％，但是在2018年7月的時候，華爾街的分析師並不知道。

事後看來，Facebook其實是在回應關於社群平台上一些非常有爭議性的議題，並且試著說服投資人（還有大眾），公司會竭盡所能投資在確保社群平台安全的措施。Facebook當時的確需要怎麼做。「#刪除Facebook」的運動是真實存在的。但Facebook同時也在釋放訊息指出，公司想要大舉投資於一些領域，例如擴增實境和虛擬實境，以及為Facebook Watch平台提供新的內容（就像一個迷你YouTube的平台）。這意味著這些都是防禦性的投資，而非積極性的投資。Facebook在短期內的獲利將會變得比較低，部分是因為公司

想要開發新的營收來源，而這正是有耐心的長期投資人想要看到好的團隊會做的事。但是短期內（也就是5個月內），這造成很大的痛苦，以及Facebook的股價被嚴重錯殺。

我希望你能從本書學到的其中一個重要教訓就是，尋找被錯殺的優質股票的機會。當優質公司因為整體市場的修正（例如2020年春季，新冠危機爆發的時候）、市場解讀錯誤、公司的失誤，或者是經營團隊採取的措施使得短期的獲利下降（Facebook的例子），就會出現股價遠低於應有價格的情況。我會在第10堂課中詳細說明被錯殺的優質股票，即使是最好的公司，偶爾也會出現股價被錯殺的情形。有時候是公司業績表現很糟，有時候則是自作自受。

Netflix：訂戶數不如預期，還有迪士尼競爭

早在新冠病毒散播前，影視娛樂的消費型態就已經出現劇烈改變，而Netflix絕對是這個趨勢轉變最大的受惠者。當時的趨勢正朝串流發展，而且愈來愈多消費者比較偏好串流媒體的優勢價值主張（幾乎可以隨時在任何裝置上看任何電影或電視節目），還有每個月8.99美元的合理訂閱費（相當於在美國買4杯大杯的星巴克咖啡）。Netflix明顯是串流影音界的領導者，2015年時全球訂戶只有7,500萬人，2017年底有1億1100萬人，到了2020年底已經有超過2億訂閱戶。

Netflix的股價也跟著水漲船高，在這5年內從111美元

漲到531美元（漲幅超過375％），S&P 500指數這段期間的漲幅是93％，比S&P 500指數還要高出4倍。但是這麼大的漲幅中間也有劇烈的波動，包括兩次劇烈的修正。第一次是從2018年6月20日的417美元，狂跌到2018年12月24日的234美元，重挫44％；第二次是從2019年5月3日的385美元，跌到2019年9月24日255美元，重挫34％（見圖2.2）。即使是5年來有這麼大的漲幅，中間還是有劇烈的修正，也就是股價爛透了，這讓投資人還有像我一樣看好Netflix股價的分析師面臨痛苦的考驗。

　　Netflix從2018年中開始大幅修正40％，因為6月的季報結果顯示訂戶不如預期，這表示訂戶增加人數低於自己的財測與華爾街的預期。Netflix在美國的新增訂戶是67萬

圖2.2　NFLX：摔得很慘的動作片

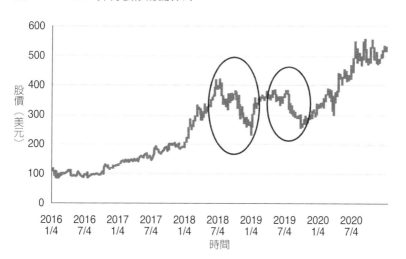

4000人，但是先前的財測和華爾街的預估是120萬，所以公司最重要的指標結果比預期還要低了50％；而且在國際市場，Netflix新增訂戶450萬，之前的財測和市場預估是至少500萬；公司的基本面並沒有什麼太大的改變，營收成長40％、營業利益率12％，與上一季一致，但是訂戶人數不如預期就是不如預期。其實還不只如此，因為公司之前連續4季的訂戶人數超越財測和預期，而且因為2018年上半年的股價漲了將近一倍（從210美元漲到411美元），所以華爾街的預期的確偏高。

但是過了一季之後，Netflix的新增訂戶就超越自己的財測和華爾街的預期，然後股價就開始反彈了，只不過第四季科技股普遍性的賣壓，暫時壓抑Netflix的漲勢（確實所有股票都有賣壓）。更重要的，Netflix 2018年的新增訂戶人數超越2017年，這顯示串流媒體在全球的接受度仍在初期階段。但是股價40％的修正幅度還是真的，而且非常痛苦。

為什麼6月的季報新增訂戶人數會不如預期呢？首先，那年夏天的世界盃足球賽使歐洲的訂戶增加人數減少。歐洲人真的**很愛**看足球賽；第二，Netflix那一季推出的新節目並沒有受到注意，相較之下，那一年稍早推出的《漢娜的遺言》就非常受到歡迎；第三，6月的季報通常是Netflix成長最差的一季（除了2020年因為新冠病毒大流行之外），因為天氣變得比較溫暖、夏季的日照較長，串流媒體必須和各種戶外活動競爭；還有第四，預測新增訂戶人數與預測營收和

獲利本來就很不容易。這**是**在預測未來，而預測未來本來就不會百發百中。

想像一下，假設你就是Netflix內部負責公司財測的人。我姑且相信Netflix經營團隊說的話，公司每一季給華爾街的訂戶人數預測就是公司內部的預測。雖然很有可能是祕密，而且是保守的預測，但是過去5年來Netflix預測失誤的次數很少，顯示這很有可能真的是內部預測的中間值。（我追蹤的紀錄顯示，在這段期間，Netflix有1/3的時候，營收和訂戶目標低於預測的結果）。

所以想像Netflix內部負責預測全世界超過150個國家、未來90天內新增訂戶的人數，那個人的工作會有多難做。他必須考量的因素包括每個市場的經濟狀況、新的影片是否具有吸引力（包括Netflix的影片和當地競爭者的影片）、整體寬頻和串流影音的接受度、天氣的影響（包括溫暖的季節和較長的日照時間）等等因素。所以幾乎不可能精確預測，你可以想像這個人的工作有多難做。

我不必想像，因為我認識他。我在2018年5月帶了一群投資人到Netflix位於加州洛斯加托斯的總部參觀，那時就已經見過他了。這次參觀是一趟矽谷科技公司巴士之旅的一部分，我每年會安排兩次這個稱為「矽谷大會合」（Rallies）的旅程，這一次我們見到Netflix負責預測的部門主管，他並沒有洩漏任何一季的進展細節，不過他很巧妙的回答投資人如何預測的問題。我和投資人離開會議的時候都對Netflix更

有信心，我們認為Netflix有非常完整而詳細的預測流程，所以預測嚴重失準的機率應該很低。結果60天後就出糗了！

2019年中32％的股價修正也很大，新增訂閱人數再次成為罪魁禍首，另外則是因為擔心迪士尼「死星」（Death Star），也就是當時即將推出的Disney+串流服務。Netflix股價從2019年4月29日的385美元，跌到2019年9月23日的263美元，重挫32％。Netflix 3月季報（於4月中公布）和6月季報（於7月中公布）的每股盈餘都導致股價下跌。6月季報的結果導致3年來最大單日跌幅（10％）。不只是因為新增訂戶人數預測不如公司和華爾街的預期，而且是遠低於預期。更糟的是，Netflix是將近十年來第一次出現美國的訂戶人數減少，3月到6月的美國訂戶人數減少13萬人，那一季的國際訂戶人數表現也不好。

2019年6月季報的不如預期有幾個原因：沒有夠吸引人的新節目、夏季的季節性因素、預測全球消費者訂閱人數本來就很難，因為訂戶可以按一個鍵就訂閱或取消訂閱。但是有兩個很可能的原因嚇到投資人，導致股價連續幾個月大跌：首先，Netflix在那一年稍早的時候又漲價一次，這是過去5年來第四次漲價，只不過這一次的漲幅更大，因為這是Netflix第一次把基本串流方案的價格調高，從每個月7.99美元漲到8.99美元；第二，迪士尼在4月中宣布即將推出Disney+串流服務，並且訂於11月12日上線。投資人將這兩個因素視為是2019年6月季報預測失準的原因，因為擔心

Netflix 會永遠受到衝擊，因而進一步壓低股價。

　　結果 Netflix 成功執行漲價方案，而且 Disney+的上線並沒有嚴重影響到 Netflix 的訂戶人數成長。Netflix 公布 9 月季報時股價大幅上漲，因為國際訂戶人數增加遠高於預期。然後新冠疫情導致的封城，使 Netflix 的 2020 年 3 月和 6 月的季報創下史上最多新增訂戶人數，股價一直到那年的年底都持續創下新高。顯然消費者很樂意訂閱不只一種串流服務，因為訂閱費並不高（4 杯咖啡的錢），而且每一種服務都是獨家、而且不同的內容。

　　但我們都把話說得太早了。沒錯，Netflix 的股價修正，確實為投資人創造被錯殺的優質股票進場機會，但這也是本書要警告讀者的部分，這裡的教訓就是，即使是最好的股票（Netflix 過去 5 年來漲了 375％），有時候股價也會很爛（修正幅度高達 32％和 40％）。

Google：為什麼有一季營收成長突然減少？

　　過去 5 年來，Google 的股價穩定上漲，從 2016 年初（731 美元）到 2020 年底（1,735 美元），漲幅大約是 140％。相較之下這段時間，S&P 500 指數只漲了 93％。漲幅比大盤高出超過 50％，績效非常好。

　　Google 的股價能夠穩定上漲，是因為公司基本面一直都很穩定。除了 2014 年兩個季度和 2019 年一個季度，

Google到2019年第四季已經連續50個季度創造超過20％的營收成長，持續12年半！接著新冠疫情爆發。這樣的優異表現讓人印象深刻，尤其是以Google的規模來說更是如此。2019年營收是1,620億美元，是全球十大企業。但是公司的規模愈大，就愈難創造很高的成長率，營收10億美元的公司如果要達到20％的成長，就必須額外創造2億美元的營收。營收1,620億美元的公司要成長20％，必須增加324億美元，這比全世界100個國家的國內生產毛額還要高。從另外一個角度來看，大部分的時候，全球經濟成長率約在2％到5％，所以營收成長20％相當於比全球經濟成長高出4倍到10倍。

我已經指出重點，成長率20％非常的**驚人**，而Google一直都能達到目標。但是後來就不行了，時間就在2019年3月的季報。這使得股價從4月29日（1,296美元）到6月3日（1,039美元）修正20％。圖2.3顯示的就是當時的情況。

其實一直到今天，我還是不知道到底發生什麼事。2019年3月的季報出爐，Google公布將近4年來第一次營收成長低於20％（精確來說是19％）。Google從來不會提供詳盡的財測，但是華爾街都預期成長會維持一致，因爲長期以來都是這樣。所以營收成長減緩（從2018年12月季報的23％，到隔年3月季報的19％）是負面的衝擊，而且營收也不如華爾街的預期。季報公布後隔天股價就重挫7％，跌到1,199美元（以Google這樣的大型公司來說，這是很大

的跌幅，也是一段時間以來最大的單日修正幅度），接下來5週仍持續修正。大致解釋一下，一天修正7％，相當於市值蒸發590億美元！這比S&P 500指數中75％的公司市值還要大，相當於通用汽車（GM）、一美元雜貨（Dollar General）、杜邦公司（DuPont）或廢物處理公司（Waste Management）的市值完全蒸發。這真的是**非常大**的市值。

　　從公司公布的季報看來，你可能會覺得其實沒有什麼問題。新聞稿的第一段是這麼寫的：

> 「我們的成長相當的強勁，主要動能來自於行動搜尋、YouTube與雲端服務，營收總額為363億美元，較前一年成長17％；以固定匯率計算，成長

圖2.3　Google：你的營收成長發生什麼事？

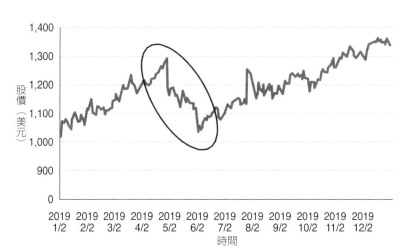

19％。」Alphabet和Google的財務長露絲‧波拉特（Ruth Porat）提到：「我們仍專注於各項業務的重大成長機會，而且對此感到非常興奮。

這些都沒什麼好看的！但是華爾街還有專門研究Google的分析師花了好幾個月的時間，試圖搞清楚到底發生了什麼事，直到Google於7月底公布6月季報，營收比去年同期又成長了22％，結果股價就又飆漲回到歷史新高，並且持續上漲，直到新冠疫情爆發。很明顯這是被錯殺的優質股票進場機會，但是同樣的，現在這麼講還是太早了。

即使是事後來看，在仔細審閱Google的經營團隊所發表的聲明和公司的財務趨勢後，我還是不知道2019年3月的季報到底發生什麼事。當媒體追問Google的經營團隊3月季報的結果時，經營團隊很一致而且很簡單的說，這個結果符合內部的預期，很難說這樣的聲明對經營團隊是好或是壞。回顧當時的情況，我發現Google季報中的「其他營收」部分，包括雲端運算部門，拖累了3月的季報，還有拉丁美洲和歐洲地區的獲利疲軟。但我還是很難找出一個明確且可信的原因，來解釋為什麼Google會打破連續強勁的營收成長。也許只是不同終端市場隨機又難以預測的變化與產品的改變，我們可能永遠不得而知。

但是我們知道一點，那就是Google的股價5年來一直反映傑出的基本面（漲幅高達140％），然後在一段時間內大

幅修正（6個星期跌了20％）。所以即使是最好的股票，有的時候也會賠錢。

亞馬遜：就算漲了1830倍，也會讓你賠錢

　　你可以在Google輸入「如果我在某某股票上市時投資1,000美元，現在會有多少錢？」這是一個很有趣的練習。如果你輸入的是亞馬遜，它會給你一些連結，讓你找到最接近的正確答案。或者可以簡單在Google Finance找出亞馬遜的股價走勢圖，然後按一下「最多」，會出現183,292％，這就是亞馬遜從上市以來（到2021年初）的漲幅。所以如果你在亞馬遜上市時投資1,000美元，你現在就會有1億8329萬2000美元。不過如果是這樣，你很可能懶得讀這本書。

　　亞馬遜從1997年5月上市以來的股價表現非常驚人，到2021年初為止有183,292％的報酬率，比蘋果的報酬率多出兩倍（蘋果上市以來的報酬率是88,000％），而且蘋果比亞馬遜早16年上市。雖然亞馬遜的報酬率比微軟的報酬率低（微軟上市以來的報酬率是223,000％），但微軟比亞馬遜早了11年上市。

　　21世紀來，亞馬遜的股價從76.13美元漲到現在超過3,100美元，漲幅4,300％，是43倍股。實在是太驚人了！如果你在這段期間一直持有亞馬遜的股票，現在就賺翻了，但這也表示你可能很瘋狂，因為在本世紀初的頭幾年，亞馬遜

的基本面展望很不穩定。在網路股泡沫破滅（2001到2003）期間，有些部門的營收成長減緩到只有一位數字，公司必須減少幾乎所有的投資和支出才能有獲利。這就是為什麼2000年初時，亞馬遜股價從76.13美元，重挫到2001年秋季時剩下不到6美元（跌幅92％）。

我隱約記得有一位歐洲的基金經理人有興趣在那時買進亞馬遜的股票，真希望我還記得他的名字，而且我希望他因為這家公司（的成功投資）而退休很久了。當時他告訴我的理由是，亞馬遜的股價營收比，比起沃爾瑪還要更低，如果零售業真的會轉為網路服務，那麼到最後亞馬遜的成長就會比沃爾瑪還要高，本益比就會高好幾倍。這是很簡單的投資理論，而且非常精確。

但是毫無疑問，亞馬遜從1997年上市以來，有很長一段時間都是非常投機的投資標的。當時有太多的不確定性，包括：零售業真的會轉移到網路上嗎？亞馬遜是否會成為市場的領導者，又是何時？這個商業模式真的能夠獲利嗎？亞馬遜的經營團隊夠不夠好，是否能解決所有的難題並經營良好？

比較有意思的問題是：亞馬遜何時成為「瘋狂而合理」的成長股？這檔股票何時從網路零售未來的投機股，變成網路最大平台的成長股（還是高風險，但已經不是投機）？我的答案是2006年到2007年，因為這是亞馬遜推出亞馬遜網路服務（AWS）與Kindle電子閱讀器的時候。不過當時我

持懷疑的態度，並且認為 AWS 是一個有局限、像商品一樣的業務，結果 AWS 最後變成亞馬遜最重要的成長引擎，而且這個業務現在占公司市值的一半；第一版的 Kindle 很笨重而且不好用，但即使如此，你還是可以想像一下，隨時都可以買你想要看的書，這個構想是多大的勝利！隨選圖書！這就有點像幾年後，當 Netflix 推出網路串流影片時令人驚訝的感覺。

推出這兩項服務所代表的意義是，這證明亞馬遜不只是一間零售公司，還可以成為一個提供企業解決方案的公司，以及提供裝置和產品的公司。2006 年到 2007 年間，亞馬遜連續兩年創造超過 10 億美元的淨利，證明核心的零售業務即使營業利益率偏低，也可以大幅獲利。

我稍後再來說完整的故事，這裡我要說的是亞馬遜的基本面一直都很有吸引力（高營收成長和一致的獲利），而且到現在已經持續 15 年，難怪這段期間股價會大漲，從 2006 年開始漲了 7,200％。從 2016 年到 2020 年的 5 年之間，股價飆漲 441％，幾乎是 S&P 500 指數 93％ 報酬率的 5 倍。

但是沒有什麼事情是永遠不變的。樹不會無止盡的往上長，就算是最好的股票有時也會下跌。從 2018 年 8 月 31 日到 12 月 21 日，亞馬遜的股價從 2,013 美元跌到 1,377 美元，修正 32％（見圖 2.4）。在這一堂課中，其他的公司（Facebook、Google 和 Netflix）都是因為自己的失誤導致股價下跌，例如獲利不如預期。但亞馬遜的股價卻是因為大盤

圖2.4　亞馬遜：沒人躲得過股災

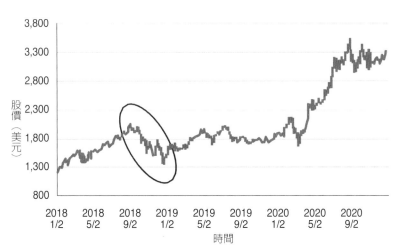

而跟著下跌（那段期間 S&P 500 指數跌了 17%），而且科技類股的跌幅更大（那斯達克跌了 22%）。

　　股災難免會發生。2018 年底的股災是川普總統和中國的貿易戰所引起的，導致全球經濟成長放緩，以及市場憂心聯準會升息步調太快。這些因素並不是特別針對亞馬遜，但市場的拋售導致亞馬遜的股票也跟著被拋售。長期看好亞馬遜的投資人面臨非常重大的考驗，他們學會一個教訓，那就是即使是最好的股票，有的時候也會下跌。

　　另一個基本的重點就是，短期的股價波動有時候並沒有意義。亞馬遜股價在 2018 年底的四個月跌了 32%，7 月底時，在亞馬遜 6 月的季報顯示有強勁獲利後，我的研究報告標題提到：〈規模、獲利、通往 1 兆美元之路〉。沒錯，

就是指市值1兆美元。那是我第一次將一間公司的市值目標訂在1兆美元，但是因為那時亞馬遜的規模（全年推估營收2,080億美元）、非常一致的高營收成長率（26％），以及一直不斷破紀錄的高營業利益率（6％），我相信亞馬遜有可能在接下來12個月內市值達到1兆美元，結果只過了35天就達到這個目標。然後股價就修正32％，這表示亞馬遜在4個月內市值蒸發3,200億美元，這相當於通用汽車、一美元雜貨、杜邦公司與廢物處理公司的市值總和。

　　但是在那4個月，亞馬遜的基本面都沒有改變。9月和12月的季報營收成長都穩健維持在20％以上。公司的營業利益率維持在5％以上。連續兩季的財報結果都與華爾街的預期一致，或是超越預期。基本上來說，亞馬遜的成長展望基本面都沒有改變，但股票還是跌掉了1/3的市值。

　　有時候股價的波動會和公司的基本面脫鉤，也就是被錯殺，即使是體質最好的公司也會發生這種事。這就是亞馬遜這個例子要證明的，這也是為什麼投資股票最好忽略短期的波動，短期的波動有時候真的沒有意義，眼光放得長遠，放長線才能釣大魚。也許在季報公布期間殺進殺出更能凸顯這一點。

本章摘要

即使是同類股中最好的股票，也無法避免因為公司因素的賣壓。Facebook、Google 和 Netflix 是 2015 年到 2020 年獲利最好的 3 檔股票，在那段期間全都出現大幅度的股價修正（20％到40％不等）。以 Netflix 來說，在 12 個月內股價就修正兩次。雖然基本面比其他的科技股（和 S&P 500 指數中 95％以上的股票）都還要好得多，這些股票全都經歷大幅的拉回，然後才繼續超越大盤的走勢。

即使是同類股最好的股票，也躲不過大盤的拋售。2018 年底因為貿易戰的疑慮、全球經濟成長減緩與升息的疑慮所造成的股災，讓亞馬遜跌掉 1/3 的市值，但是亞馬遜的財測和成長展望都沒有改變。所以要準備好面對重大的股價拉回，即使是同類型最好的公司和個股也一樣。投資會淌血，有時候虧損的原因是公司無法控制的。

不要在季報公布前後殺進殺出

不要在季報公布前後殺進殺出，因為這需要非常精準解讀基本面的能力，以及（更重要的是）正確評估短期的獲利預期，對一般（和大部分專業的）投資人來說，都是困難的任務。如果你在季報公布前後進出場，可能會被誤導。所以請專注於長期，並忽略短期股價波動。

這些年來，我最不喜歡投資人提出的問題是：「我該在季報出爐前買某某股票嗎？」這個問題本身並沒有問題，尤其是對以科技股為主的基金來說更是如此，因為他們要想辦法對基金的投資組合做最好的波動和風險管理。而且對於想要完整布局一檔股票，但又不想一次買足，或是以理想的價值估計為基準來尋找進場點的基金經理人來說，這些是很合

理的問題。

　　但我往往發現這個問題真正的意思是：「我該在季報公布前買進某某股票，等它上漲，然後馬上獲利了結嗎？」我不喜歡這個問題的原因有很多。

　　首先，在季報公布前後進出並獲利，通常是根據預期，而不是根據基本面所做的判斷。你必須合理而且正確預估季報的結果會低於、符合或是超越華爾街的預測；另外你還要合理而且正確的判斷分析師對那一季的獲利預期是什麼，「超越」預期是否足以讓股價上漲。

　　第二，短期股價波動很少和公司基本面的實質改變有關。就算股價是在公司實質基本面改變的時候波動，例如當季每股盈餘改變，股價通常也會和基本面脫鉤。即使季報顯示基本面疲弱，股價也可能會上漲，季報顯示基本面強勁，股價也可能下跌。因此，把重點放在這些事情上，你可能會看不到大局，**而且**錯失重大的投資機會。

　　第三，尤其是對散戶來說，當你押注在單季的財報結果上，你是在用比別人少的**數據**在下注。專業的機構投資基金公司通常會花錢取得諸如信用卡資料、協力廠商網站流量資料、用戶調查以及專家網路等資源，而這些都是散戶幾乎永遠負擔不起的資源。基金公司會比散戶更清楚某些公司的財報結果，以及市場的期望。

　　第四，「預測季報公布後股價的漲跌」本來就是很困難的事。我還記得我認識一位經驗非常豐富的避險基金分析師

說：「就算你事先告訴我財報和財測結果，我還是不會知道股價對財報產生什麼反應。」

　　基於以上的原因，我要給散戶一個簡單的建議：不要在季報公布前後殺進殺出。換句話說就是：不要因為股價短期劇烈的波動而分心。

　　我非常了解「根據季報預測而交易」是多麼誘人的一件事。正確猜測蘋果、特斯拉或派樂騰公布季報後的表現，並且在24小時內獲利10％，能讓人立即得到財務滿足感，但也有可能造成立即的損失。同樣的，這麼做也可能會錯失重大的投資機會。

　　表3.1是亞馬遜的例子，2015年1月1日到2018年12月31日，亞馬遜的股價從309美元漲到1,502美元，漲幅386％，幾乎是一年漲100％。在這段時間，S&P 500指數的漲幅是22％。這4年來，亞馬遜走「大多頭」格局。而這段期間，亞馬遜總共公布16次季報，其中4次，股價單日就飆漲10％以上。所以你可以趁這四次機會「撈一筆」，或者抱著股票不賣。如果你買進續抱，賺到的錢會更多。對了，如果你在季報前後殺進殺出，那麼亞馬遜也有4次季報公布後大跌，那時你有可能會虧錢。

　　我真心希望這個例子和表格能說出重點，預測季報來進出是白費力氣。

　　那麼季報重要嗎？當然重要。我知道一年四次的季報和一次的年報之間有很強的相關性，就是100％的相關性。但

表 3.1　在亞馬遜季報公布前後殺進殺出

季	公布時間	收盤價	單日股價變化	3日股價變化
2015 年第一季	2015/04/23	$389.99	14%	10%
2015 年第二季	2015/07/23	$482.18	10%	9%
2015 年第三季	2015/10/22	$563.91	6%	8%
2015 年第四季	2016/01/28	$635.35	-8%	-13%
2016 年第一季	2016/04/28	$602.00	10%	12%
2016 年第二季	2016/07/28	$752.61	1%	1%
2016 年第三季	2016/10/27	$818.36	-5%	-4%
2016 年第四季	2017/02/02	$839.95	-4%	-3%
2017 年第一季	2017/04/26	$909.29	1%	4%
2017 年第二季	2017/07/27	$1,046.00	-2%	-5%
2017 年第三季	2017/10/26	$972.43	13%	14%
2017 年第四季	2018/02/01	$1,390.00	3%	4%
2018 年第一季	2018/04/26	$1,517.96	4%	4%
2018 年第二季	2018/07/26	$1,808.00	1%	-2%
2018 年第三季	2018/10/25	$1,782.17	-8%	-14%
2018 年第四季	2019/01/31	$1,718.83	-5%	-3%

　　光是一季的財報很少能完全證實或反駁某個投資觀點。身為給予某一檔股票「買進」建議的分析師，我希望一年四次季報中有三次能證實我的「多頭」觀點。我希望這三次季報中，顧客指標、營收和獲利表現，至少會和我以及華爾街的預期一致。而對於預測錯誤、不如預期，或是令人失望的財報結果，我的工作是評估這次財報是暫時的情況，還是會

永遠改變我的「長期持有」觀點。公司的營收不如預期，是因為產品延後一季推出（以 Adobe 或 Snap 這樣的軟體或應用程式公司來說），還是因為假期（例如復活節）旅行的行程，導致計算營收的期間改變，但華爾街的分析師並沒有考量到這一點？以我追蹤將近 25 年 Priceline 和 Expedia 等網路旅行社來說，後者發生的次數非常頻繁。

長期下來，我發現雖然季報公布前的波動性通常偏高，但幾乎總是高於公司財務展望裡基本面的改變。就算公司因為獲利不如預期而重挫 10%，長期的預期也不會減少 10%。股價的波動幾乎總是比基本面波動來得大，這就創造「被錯殺的優質股」（dislocated high-quality, DHQ）進場機會。

這個教訓的重點是：季報很難預測，跟著季報起舞可能會被誤導。專注於長期、別管短期的股價波動。很多很好的理財書籍都會建議你不要殺進殺出，要長期投資，這也是我的建議。我只是把這個建議變得更有畫面、更容易記住，而且說實話，更有助於採取行動，因為我**很清楚**這種跟著季報殺進殺出的需求有多強。我的投資建議紀錄可以證明。

超越預期可能還不夠

Snap（原本是 Snapchat）2019 年 3 月的季報就是很好的例子，顯示在季報公布前後進出會讓人錯失很好的投資機會。2019 年 4 月 23 日，Snap 公布 3 月季報，營收 3.2 億美

元，比華爾街的預估高出1,400萬美元，高於預期5％。營收成長也加速，從12月季報的年增36％，到隔年3月季報的年增39％。所以營收愈來愈強勁。Snap的稅前息前折舊攤銷前的虧損也比較低，也就是優於預期，實際數字是虧損1.23億美元，市場預期為虧損1.44億美元。而且也比2018年3月的季報少1億美元，所以獲利／虧損趨勢也在改善。最後，公司最重要的用戶指標每日平均用戶（daily active user, DAU）優於預期，實際數字是1.9億用戶，市場預期則為1.87億。每日平均用戶較前一季增加400萬人，是一年來增加最多的一次。所以，Snap 3月的季報結果在各方面都優於預期，而且基本面也有所改善。這樣能出什麼錯？

不過股票出錯了。Snap股價在隔天下挫6％，之後又連跌了兩天，累計跌掉了10％。這是相當大幅度的修正。如果你事先相信財報會優於預期、基本面會改善，那麼你就完全猜對了，但是你的投資部位卻會虧10％。而且你可能會沮喪的賣出這檔股票，讓虧損成真。當你兩個月後再次查看Snap的股價時，才驚訝的發現它已經飆漲38％。到了那年的年底，你會看到股價已經漲到15.89美元了，全年漲幅達到驚人的174％。你可能會說不出話、感到無力，因為你的一次預測失準而錯失重要的投資機會。對了，Snap到了2020年底的股價是50美元，報酬率又增加198％。

好吧，你會在2019年3月季報公布時這麼做的一個原因，可能是某個華爾街的分析師在4月5日，也就是財報公

布前3周，將Snap的評等上調至「超越大盤」。那個分析師就是我。但是請先聽我說Snapchat的故事。

Snapchat是由伊凡・斯皮格（Evan Spiegel）和巴比・墨菲（Bobby Murphy）在2011年成立。2016年時，公司更名為Snap。同樣在這一年，Snap推出智慧型眼鏡Spectacles，雖然功能很有限，但是讓公司更具有創新的吸引力。據說Snap一路走來拒絕Facebook（2013年提議以30億美元併購）和Google（2016年提議以300億美元併購）的併購提議。在斷然拒絕Facebook的提議時，斯皮格說：「賣掉（公司的資產）賺取短期的獲利沒什麼意思。」後來顯示他有先見之明（Snap的市值到2021年年中超過1,000億美元），而且這也是合理又很好的投資建議。到2016年底，Snap的每日平均用戶為1.44億人，創造年營收4億美元，營收年增590％。Snap行情看好！

2017年3月2日，這家公司在紐約證券交易所（NYSE）上市，股票代號SNAP，交易第一天就上漲44％，最高價為26.05美元，市值站上330億美元。結果，這幾乎就是未來3年的高點！Snap接下來的2年跌了81％，並於2018年12月底以4.99美元觸底，市值為80億美元。但這還是比Facebook的30億美元出價高得多，所以斯皮格拒絕併購是正確的決定。不過這個數字還是比Google的300億美元低得多。嗯，也許那個併購價還不錯。Snap的股價在2020年7月時，終於漲回到上市當天的26美元股價。到了2020年底

漲到50美元，市值來到700億美元。真像在坐雲霄飛車！

　　我第一次見到Snapchat的經營者是在股票上市前一年。公司當時才剛雇用新的策略長，名叫伊姆蘭・卡汗（Imran Khan），我認識這個人，他還是摩根大通首席網路分析師時我們一直是競爭對手。當時在威尼斯海灘（Venice Beach）的公司總部與他和新執行長德魯・弗勒洛（Drew Vollero）見面。沒錯，就是洛杉磯附近的休閒度假小鎮威尼斯海灘。事後回想起來，那是第一個警訊。威尼斯海灘本身沒什麼不好，那是很有趣、熱鬧、有很多活動的地方，適合紋身，而聖馬可（Saint Mark）是義大利威尼斯市的主保聖人。但是那間總部的樣子就是怪怪的，入口大門很隱密，沒有招牌，只是在威尼斯海灘的小巷子裡一扇沒有標示的門，門口警衛戴著像特勤組探員般的耳機。當時Snap在威尼斯海灘各地擁有很多棟類似的房產，全都沒有標示、神祕兮兮。你可能會以為這麼不尋常組織可能導致失能的企業文化。由於Snap上市後的最初2到3年間，基本面表現和股價表現的變動很大，會這麼想可能是正確的。

　　我第一次見到伊凡・斯皮格是在新股上市前的分析師會議，場地也是在一棟沒有標示公司名稱的建築裡。他看起來很年輕，因為他真的很年輕。那時他才26歲，是史上最年輕的白手起家億萬富豪之一，而且他的個子不高、非常瘦、穿著緊身牛仔褲和一件黑灰色沒有圖案的上衣，很可能會被當成大學生或研究生，或是時運不濟的藝術家。他在分

析師問答時間溜進來大約45分鐘，他現身的時間很短，但看得出來非常聰明、不可思議的冷靜，華爾街「最厲害、最聰明」的分析師針對他的產品願景和公司策略所提出的尖銳問題，他都深思熟慮的一一回答。剩下的時間，我們都在聽Snap的經營團隊其他人說話，並對他們提出問題。當時智慧型眼鏡Spectacles才剛推出，而且在場的分析師都可以購買。我買了兩副給當時正是青少年的兩個兒子，他們超愛使用Snap的應用程式，卻連眼鏡的盒子都沒打開，這就是第二個警訊。

　　Snap上市3周後，我在股價22.74美元時給出「超越大盤」的評等，目標價31美元。然後接下來的兩年，我一直看錯這檔股票，我的建議一直在「買進」和「持有」之間遊移，但股價卻重挫81％，到2018年12月剩下4.99美元。也許從公司上市後的首次財報就可以清楚看出股價會重挫，因為營收與稅前息前折舊攤銷前獲利不如華爾街預期，股價在一天內狂瀉了21％。

　　我看多Snap，一開始給出「超越大盤」的建議，是因為公司的成長率領先業界、對千禧世代來說既獨特，又有很強的吸引力（調查顯示Snap在年輕的用戶之間很受歡迎）、產品創新的能力很強（Facebook非常積極模仿Snap的招牌創新發明，這一點就凸顯Snap的產品開發有多厲害），以及潛在的龐大市場機會（將近1兆美元的全球廣告市場）。我的看法最後證實是正確的，但要過兩年才被證實。

　　與此同時，Snap的股價在上市後2年內跌掉81%，完美凸顯這些年來學到的好幾個教訓（雖然我有時會忘記）：

- **第一，良好和穩定的經營團隊非常重要**。這段期間，Snap失去不只一位、而是兩位財務長，行銷副總和策略長也都下台。我相信，經營團隊的不穩定，就是接下來兩年財報波動劇烈的主因。

- **第二，產品創新是重要關鍵**。雖然在這段期間，Snap成功推出許多全新的產品功能，包括Snap Maps，但公司搞砸最大的產品創新（為Android平台重新設計APP）。那次搞砸的重新設計，經歷好幾個版本都惹得用戶不滿後，才終於推出適當的版本，導致Snap在2018年中的每日平均用戶人數減少，拖累了公司的基本面。

- **第三，龐大整體潛在市場的重要價值**。Snap必須重新設計Android平台專用APP，因為在Android智慧型手機上就是不如在蘋果iPhone手機上那麼好用。用戶體驗又慢又不順暢，在某些Android裝置上，手機的相機和Snap APP無法無縫接軌。而且Snap Android APP不像iPhone APP那樣順暢，因為公司投入在Android的時間比投入在iPhone平台的時間短得多。公司當時正試著擴大國際市場，而美國以外地方，Android平台比蘋果的平台更受歡迎。這是

Android的世界，不是蘋果的世界（全球超過70％的智慧型手機使用Android作業系統）。所以除非Snap能在Android裝置上流暢的使用，否則它的潛在市場就會有地理限制。

■ **第四，股價真的會跟隨基本面反應。**雖然有過於簡化的風險，不過Snap的股價從2017年3月的26.05美元，一路狂瀉到2018年12月的4.99美元，因為營收成長持續減弱，從2017年3月的年增286％到2018年12月的年增36％，預估股價營收比（price-to-sales，P/S）從20倍跌到剩下不到5倍。成長愈低，股價營收比就愈低。然後等到2019年3月，當Snap的營收成長開始加速時，股價營收比擴大，股價也上漲了（見圖3.1）。

這就是Snap的故事，至少是從華爾街的觀點，以及它轉變為成功的投資標的（就是上漲股）之前的故事。我在2019年4月5日根據4個因素將Snap的評等升級為「優於大盤」，包括開始出現跡象顯示，在Android平台上運作情況開始改善；公司長期高水準的產品創意；Snap近期的開發者／合作夥伴會議上提到有利的重點；以及我相信Snap可能已經到了基本面轉折點。

接下來的兩年，基本面的確改善了：營收成長加速、毛利增加、自由現金流出大幅減少。我對Snap「看多」的觀

圖3.1 跟Snap學敗部復活

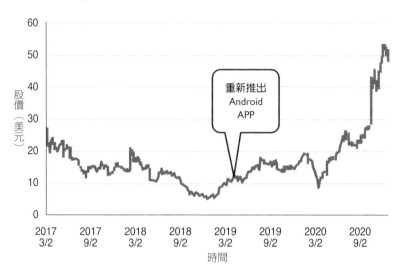

點後來證明是正確的。股價在2019年飆漲174％，2020年又漲了198％，但並非每次季報公布後都會上漲。2019年3月的季報公布時，雖然基本面改善，而且超越華爾街預估，股價仍跌了10％，在公布2019年9月和12月的季報時也是如此。但這是筆很好的投資。根據季報結果買賣股票就像雜訊一樣。如果能不理這些雜訊，就可能會聽到很美妙的基本面天籟，並在兩年後受惠於科技股中獲利最佳的股票。

最後，關鍵的問題是：為什麼Snap在2019年3月的季報公布之後會跌10％？答案有兩個。第一，跌勢是預期性的修正。財報公布時，Snap的股價從年初就已經飆漲107％，市場的悄悄流傳著預期已經偏高。華爾街常常玩的獲利預

期遊戲是，他們會預期公司會超越分析師的預期。但是會超越多少就很難說了。由於營收高出預期5％，但股價卻下挫10％，顯然「需要」營收超越預期5％以上，股價才會漲。「預期的標準」在哪裡很難知道，而散戶更不可能會知道。一個簡單的大原則是，如果在即將公布財報時股價大幅上揚，假設從年初以來漲了107％，而同時期S&P 500指數只漲了17％，那麼你就可以肯定市場對財報表現的預期很高，而就算結果「超越」預期，可能還不足以讓股價漲得更高。

　　第二個答案可能比較有用：近期的股價走勢可能沒有意義，即使和基本面事件有關，例如公布財報。短期股價走勢可能只是聲東擊西。你幾乎無法在一、兩天內預測某一檔股票。但是聚焦在近期的股價走勢，可能會導致你錯失長期的大好投資機會。**這就是**從Snap 2019年3月季報所學到最重要的一課。

你是要炒股票，還是想要投資？

　　Chewy 2020年7月的季報表現也提供很好的例子，顯示在季報公布前後殺進殺出會錯失很好的投資機會。Chewy在9月10日公布7月的季報表現，營收17億美元，比華爾街事先的預期高出4％，也就是高出6,000萬美元。營收成長同樣也加速，4月季報年增46％，7月季報年增47％，營收趨勢愈來愈強勁。我應該強調這一點，營收趨勢非常穩健，很

少有公司的營收成長可以年增46％，尤其是營收高達16億美元的公司。7月季報的毛利率也創新高，稅前息前折舊攤銷前獲利也優於華爾街的預期。此外Chewy的客戶增加160萬人，達到1,660萬人，創新高。總之，7月季報的結果優於預期，基本面和公司本質都很穩健：營收成長加速、毛利率更高、稅前息前折舊攤銷前獲利更高、更多顧客。那還能出什麼差錯呢？

答案你已經知道了，就是股價會出差錯。就像前面Snap的例子。公布財報的隔天，Chewy的股價就下挫10％，從59.69美元跌到53.81美元，然後一整個月都在53到56美元的區間狹幅盤整。如果你在季報公布前後殺進殺出，就會覺得很沮喪。也許你會等幾個星期市場恢復理智，並理解到Chewy的基本面正在改善。但是什麼事情都沒發生，於是你賣掉股票。接下來的幾個月故意不去追蹤Chewy的股價，然後你在聖誕節假期前看了一眼之後嚇了一跳，因為Chewy的股價在那年收在89.89美元，從9月10日以來上漲50％。你上一次**這麼**失望的時候，可能是教你家的小狗用馬桶的時候。

發生了什麼事？先讓我告訴你Chewy的故事吧。不對，我應該先說Pets.com的故事才對。

Pets.com就像一隻真正的狗，世界上再多的狗糞鏟子也清不乾淨這間公司和股票所製造的混亂。和這間公司上市有關的銀行員、分析師和投資人，全部都應該被關進狗籠

裡，永遠不准出來。好啦，不亂開玩笑了。

Pets.com在2000年2月上市的承銷價是11美元，然後股價漲了30％到14美元（新股上市交易就是這麼不可靠）。Pets.com是以終生營收600萬美元上市，這是在上市之前全部的營收，因爲公司也才成立12個月而已。上市讓公司募集8,300萬美元，使市值達到3億美元。故事就只有這樣。雖然公司在美國超級盃足球賽播放一個令人難忘的廣告（一支價值120萬美元的廣告，讓全美國的人都知道襪子玩偶，到現在我的辦公室還保留一個作爲有用的警示），Pets.com上市後9個月就倒閉了，公司宣布破產當天的股價是0.19美元。

Pets.com是顯示網路泡沫時期有多瘋狂的誇張例子。另一個例子則是Kozmo。Kozmo提供免費一小時內外送的產品包括「影片、遊戲、DVD、音樂、雜誌、書籍、食品、生活基本必需品等產品」。Kozmo的表現比Pets.com還要好一點，公司撐了3年才倒閉。事後可以看得很清楚，Pets.com和Kozmo對科技股投資的影響一直持續，原因如下：（1）他們造成後來科技股的「驚驚漲」，即使到了現在，新的科技股還是這樣上漲。（2）他們爲Chewy（2021年中的市值400億美元）與DoorDash（2021年中的市值600億美元）鋪路，我是說眞的。我接下來還要再寫幾段話，所以請耐著性子看完。

接下來是Chewy在2019年6月以22美元上市。交易的第一天，股價就跳升59％到35美元，然後下跌35％，

11月底碰到底部23美元。然後一直到2020年3月才漲回35
美元。而且沒錯，這間公司和Pets.com有很多相似之處。
Chewy上市那天，CNBC網站有一篇文章指出，Chewy也是
眾多不賺錢卻能上市的公司之一（其他公司還包括Uber、
Pinterest與Survey Monkey），而且當時不賺錢還能上市的公
司比例「超越網路泡沫時期的數字」。

　　但是Chewy從以前到現在都和Pets.com不一樣。差別不
在於市場機會，也不是基本的顧客價值主張不同，而是在於
規模（肯定是）以及經營團隊（幾乎可以肯定）。Pets.com
上市前12個月的營收只有600萬美元，Chewy上市前的營收
是35億美元，這是Pets.com的583倍。此外Chewy是基本面
穩健的公司，這並非從淨利來看（公司到現在沒有賺錢），
而是從營收和獲利潛力來看，而科技股投資人應該要關注這
兩點。

　　簡單的說，Chewy是萊恩・科恩（Ryan Cohen）和麥
克・戴伊（Michael Day）在2011年成立。幾年下來大幅成
長，因此從亞馬遜（這招很聰明）、PetSmart和全食超市挖
角高階主管和員工，到了2017年時營收達到20億美元，大
約是全美國網路寵物食品銷售額的50％。公司一路走來獲
得一些很精明的民間投資人提供資金，包括創辦Blue Nile
和Zulily的馬克・瓦登。公司本來考慮在2017年上市，結
果後來決定以34億美元出售給PetSmart，這在當時是史上最
大的電子商務公司併購案。兩年後公司就上市了。

　　我第一次見到Chewy的經營團隊是2017年在佛羅里達州達尼亞海灘（Dania Beach）的公司總部。或許你會覺得科技公司的總部應該不會設在這個地方，但是擴增實境公司Magic Leap就在附近。我見過Chewy當時的財務長（他是亞馬遜的財務人員，但是後來很快就離開Chewy了），還有他的同事馬力歐・馬特（Mario Marte，後來接任財務長）。他們花一個小時很快讓我了解公司的情況、市場機會，以及與亞馬遜的競爭。我回到辦公室後跟同事說，我相信這是一檔不錯的新股，幾個月後這間公司就賣給PetSmart了，真是的。

　　但是兩年後我又回到佛羅里達和這家公司的資深主管一起吃晚餐，並且和整個經營團隊開一天的會。公司決定上市了！這10堂歷久彌新的選股課中，第8堂課會探索經營團隊的關鍵重要性，以及那一頓晚餐和那些會議讓我深入了解一個經營團隊，尤其是2017年加入公司的執行長舒密特・辛（Sunit Singh）。舒密特給我的感覺是個極為聰明的人，而且工作非常認真、非常注重細節。最後這個特點令我非常難忘。接下來的兩年，在好幾次的法說會和實體會議上，我都很佩服舒密特對於公司業務所有細節都異常的瞭如指掌，包括行銷、物流、產品方案等等。我遇到的其他公司執行長通常都有很棒的願景，但執行力則未必。有時還正好相反。世界上並沒有完美的執行長公式，一切都要視公司和產業的需求而定。

　　回來談Chewy的股票，股價終於在2020年3月漲回到

上市時的股價，然後就爆發新冠危機，結果使Chewy的股價大幅攀高，一直到9月10日公布7月季報獲利之前，股價漲了103％。大部分的公司都受到新冠疫情的負面衝擊，尤其是餐飲業、旅遊業、實體零售業還有現場活動等產業，但是Chewy並沒有受到衝擊。不論有沒有疫情，寵物就像小孩一樣需要進食，也需要被照顧，但是實體零售商店都關閉好幾周、甚至好幾個月，這就是Chewy的機會。而且不只如此，因為被迫就地避難，居家陪伴的需求大增，美國的寵物領養率大幅飆升。根據《今日美國》的一篇報導，美國的社區寵物領養率從2019年的64％增加到2020年的73％，而動物收容所的安樂死減少43％，因為要求領養動物的人數暴增。

　　這些都使得Chewy 4月和7月季報的新增客戶人數創下新高（每一季的新客戶都超過150萬人）、營收成長加速、毛利率與稅前息前折舊攤銷利潤率創新高。但是7月季報公布後股價還是跌了10％（見圖3.2），為什麼會這樣？就像2019年3月季報一樣，因為市場的期望太高。那一年股票漲了103％，你就會知道市場的期望非常高，因此財報不如預期或是市場預期修正的可能性就會提高，要對此做好心理準備。但是當公司的基本面表現持續強勁時，也要為股價持續超越大盤做好準備，這就是下一堂課要學習的重點：股價中期和長期會跟著基本面走。這一堂課的重點則是：股價短期雖然不會跟著基本面走，但是不要讓這點影響了你的選

圖 3.2　CHWY：誰放狗出來？

股，而放棄基本面正在改善的潛力股。根據我從 Snap 所學到的教訓，我在 Chewy 上市後一開始給的評等是「持有」。幾個月後，在 2020 年 2 月，因為我相信公司的基本面不錯，所以調高了評等，而且在股價漲了 103％的期間一直維持這個評等，儘管因為公司營收而讓股價波動劇烈。

當財報不如預期

　　Uber 是一個賠錢的新股，至少大部分的市場參與者在 Uber 2019 年 5 月上市後都是這麼認為的。大部分的人對 Uber（作為上市公司）的批評都圍繞在評價，過去幾年來好

幾位分析師都說這根本是「幻想的評價」。2018年，也就是公司上市的前一年，Uber的自由現金流是負20億美元。然後到了2019年，自由現金流出增加超過一倍，達到49億美元。2019年的淨虧損總額超過80億美元，還以750億美元的市值上市！所以說這是幻想的評價一點也沒錯！但是這一堂課要討論的不是評價，也不是為什麼傳統的評價指標會害你錯過2020年Uber高達65％的漲勢（而且是在新冠病毒肆虐的情況下），也不是要討論為什麼評價可能會害你繼續錯過Uber的漲勢，第9堂課才要談這件事。

　　這裡要說的是，Uber就像Snap、Chewy和許多科技股一樣，在上市後就開始暴跌。Uber上市的價格是45美元，上市當天跌了7％，跌破42美元。因為市場愈來愈擔心Uber沒有獲利，所以股價一直下跌，直到11月6日跌到26.94美元，比上市價格還低40％。公司在8月初時公布6月季報後，股價跌了15％，在11月4日公布9月季報時，股價又跌了13％（見圖3.3）。

　　11月4日公布的季報對Uber投資人來說，有個很好的消息。這個消息與投資人最在乎的一件事有關，那就是稅前息前折舊攤銷前獲利。9月季報的虧損金額是5億8,500萬美元，雖然數字還是很高，但已經比華爾街的預期低了30％，你很難看到季報的結果和華爾街的預期落差這麼大。此外，Uber的經營團隊還將2019年的虧損預測降低2億5000萬美元，這表示會比公司之前預期的少虧損2億5000

圖3.3　Uber：顛簸的旅程

萬美元，而且這是公司成立以來第一次官方的財測預估
2021年會開始出現稅前息前折舊攤銷前獲利。對於憂心公
司和股票的獲利能力來說，這是非常好的消息。

　　簡單說明一下，常常有人引用知名投資人查理・蒙格
（Charlie Munger，巴菲特的波克夏集團副總裁）說過的話，
稅前息前折舊攤銷前獲利根本是「狗屁不通」的盈餘，他
說得沒錯，這不是盈餘，這是在還沒扣除利息、稅負、折
舊、攤銷還有其他營業利益項目下的盈餘。就像營業利益不
等於盈餘一樣，這是在還沒扣除利息、稅負和其他營業利益
項目下的盈餘。就像毛利也不是盈餘一樣，這是在還沒扣除
營業費用、利息、稅負、折舊、攤銷和其他營業利益項目
下之前的盈餘。重點是這些獲利能力的指標全都與盈餘連

結，雖然並非一定如此，但是其中一個項目改善，幾乎就表示是盈餘改善的跡象，可能是現在或者是未來的盈餘會有所改善。所以沒錯，Uber在2019年9月季報的稅前息前折舊攤銷前獲利數字的確是基本面的好消息。

因為後來兩天Uber股價跌了13%，所以顯然有些事情不如預期。確實如此，只不過不是基本面的問題。接下來就要介紹上市閉鎖期滿（lockup expiration）。

11月6日，Uber公布9月季報的兩天後，是Uber的內部人（包括早期投資人和員工）可以賣出手上持股的第一天。正是新股上市180天後，以及其他新股上市閉鎖期滿出現的情況。11月6日，Uber約7億5000萬股不再受到不能賣出的限制。閉鎖期的目的一直都是為了提供新上市股票更高的穩定性，防止公司內部人（其中有許多人已經持股好幾年）在上市後幾周或幾個月內就把股票賣給新投資人，導致現在上市的股票面臨下跌的壓力。這是基本的供需理論，限制供給，價格就會持平或上漲，這也就表示當供給終於釋出時，股價會持平或是下跌。幾乎每一次都是這樣：閉鎖期滿後就會出現一波賣壓。

儘管9月季報顯示基本面上出現獲利的好消息，Uber的股價在11月4日、5日和6日還有接下來的幾周確實出現賣壓。但是Uber的股價終究開始反彈，而且是強力的反彈，由於有獲利的好消息，加上公司12月季報的結果也支撐這個好消息，帶動股價一直到2月底總共漲了51%。所以基本面

是會帶動股價的。但是在短期，即使是有獲利這樣的重要基本面事件出現，有時因為市場預期，有時則是因為閉鎖期滿這類和基本面無關的事件，基本面和股票還是會高度脫鉤。

本章摘要

不要在季報公布前後殺進殺出。因為在季報公布前後進出場獲利，需要有能力非常精準的解讀基本面，以及正確評估短期的市場預期，對散戶（和大部分專業的）投資人來說，都是很難的任務。在季報公布前後進出場，可能會被誤導，因而錯失長期基本面和股價的趨勢。從2015年到2018年，亞馬遜股價飆漲386％，在這段期間公布的16次季報中，有4次公布後股價單日漲幅超過10％，也有4次單日大跌超過5％。持續投資基本面強勁的股票，並且忽略短期的股價波動，就能夠大幅獲利。

季報公布前後的股價受到預期的影響非常大。基本面也許出現明顯的改善（營收成長加速與營業利益率擴大），如果不符合「市場悄悄流傳」的預期，股價還是會下跌。Snap 2019年3月的季報，還有Chewy 2020年4月的季報就是這樣。可能還會有偶發的事件，例如上市閉鎖期滿，導致短期內股價波動與基本面趨勢脫鉤。Uber的2019年11月季報就是這樣。不要因為這樣就不敢投資，但是要因為這樣而避免短期的炒作，不要對短期的股價波動反應過度，**不要在季報公布前後殺進殺出。**

營收比獲利更重要

長期下來，基本面會帶動股價，而對高成長科技股而言，最重要的基本面就是營收、營收，還是營收。營收能持續以超過20％速度成長的公司，就有可能提供很好的投資報酬率，幾乎不會受到短期的獲利能力影響，這就是20％營收成長率法則。在S&P 500指數中，只有大約2％的公司能連續5年營收成長超過20％，但是這些股票的表現通常都會優於大盤。所以要尋找這樣的公司，因為這是優質、高成長科技股的基本面線索。

一位資深的華爾街科技分析師曾經私底下告訴我：「幸好市場沒有效率，否則我們都會失業。」這些年來我反覆思考他說的這句話與背後的意涵，我得到的結論是那位分析師

錯了。但是我得先聲明，那位分析師已經離開華爾街，不過，他擔任過至少4間上市網路公司的財務長。

我追蹤將近25年的股票市場，股票市場一直都很有效率的考量並迅速反應最新的消息和資料，真的很有效率。沒有效率的地方在於市場總是好像特別重視最新的資料，不論過去這些特定的消息來源是否可靠。（這在偽科學的術語上好像叫做「近期偏誤」。）而且市場似乎總是對同時收到的所有資料給予同樣的重要性，即使有些資料明顯比其他的更完整、更可靠，至少我是這樣看。

我能想到最好的例子就是Netflix，多年來有些協力廠商宣稱可以為法人客戶精確預測Netflix任何一季的新增訂戶人數。幾年下來我愈來愈覺得，這些公司預測正確與預測錯誤的時間一樣多。我記得一間名字有「公園」（Park）的分析公司，每周更新預測某一季的新增訂戶人數時，Netflix股價就會隨之反應。Netflix今天跌了2％？一定是因為「公園」預測訂戶人數不如預期；Netflix今天漲了3％？一定是因為「公園」預測訂戶人數會超越預期！但是「公園」的預測一直都不準，有的時候離實際結果的差異很大、很離譜。後來我就開始稱呼那間公司為「南方公園」，而「公園」最後也不再預測訂戶人數，我想應該是因為客戶要求退費。

這一堂課的教訓就是，基本面真的會帶動股價。身為投資人，你應該關注的是基本面，尤其是營收和重要的顧客指標，所以這一堂課才會有這個標題。

為什麼營收勝過一切？

在《彼得林區選股戰略》中，彼得・林區建議投資人關注3個重要的財務指標：盈餘、盈餘，還是盈餘。而我給科技股投資人的建議則是關注於3個不同的財務指標：營收、營收，還是營收。

我可不想讓賓州大學華頓商學院撤銷我的MBA學位，所以我得承認盈餘還是很重要，自由現金流也一樣重要。我不知道有哪個聰明的投資人使用營收折現法（discounted revenue, DR）模型，不過幾乎所有人都使用現金流量折現法（discounted cash flow, DCF）模型，根據對許多年的營收與現金流進行預測，然後折算到現在的價值，以判斷目前合理的價值。

但是如果不先創造營收，就無法創造盈餘和現金流。沒錯，的確有很多公司雖然能創造營收，卻無法創造盈餘或是現金流，那些都是無法獲利的公司。如果他們無法創造盈餘或現金流，就無法經營下去；或是他們無法證明自己有潛力可以創造盈餘或是現金流，投資人就不會買他們的股票。但我不知道有哪一家科技公司在還沒有營收時，就能創造盈餘或現金流。

所以你可以說，營收是盈餘或現金流的領先指標，這就是科技股投資人應該關注營收與主要顧客指標的原因之一，而每一間公司的顧客指標都不一樣。

　　第二個原因就是，股市投資人往往會獎勵（也就是支付更高的股價）能透過營收成長來創造盈餘的公司，而不是獎勵以盈餘成長來提高營收成長的公司。簡單來說，公司可以創造盈餘的方法有3種：營收成長、減少營業費用，或利用「財務工程」。而我說的財務工程，意思是做一些事，像是出售虧損的資產、把獲利轉移到稅率較低的地方來減少稅負支出、出售投資標的來創造一次性的獲利、買回庫藏股、調整公司資產負債表上的現金與約當現金，來創造更高的投資收益。

　　也許就是像那句老話說的：「付出愈多，回報愈多。」「財務工程」很簡單，有很多顧問很樂意幫助企業執行稅務與資產策略，他們還會在電視上打廣告。但是還有一些簡單的方式可以降低成本，例如裁員（其實這並不是很簡單）、削減行銷支出、減少新的研發專案資金等等。但是要讓營收成長卻很不容易。在科技業，必須要能夠成功開發新的功能和新的產品、進軍新的地區市場、增加更多的用戶、調高價格（風險很高）等等。這就是為什麼能完成最困難事情（帶動營收成長）的公司，往往會得到投資人的獎勵（也就是支付相較於營收、盈餘或自由現金流更高的股價）。

　　幾乎所有法人都很熟悉圖4.1這種比較企業評價倍數（在這個例子是企業價值除以營收，有點類似於股價營收比或是市值營收比，只不過調整公司資產負債表上的現金與負債）與預期營收成長的圖。這張圖是30間主要科技股在

圖4.1 專家的建議：營收成長與評價之間的關聯

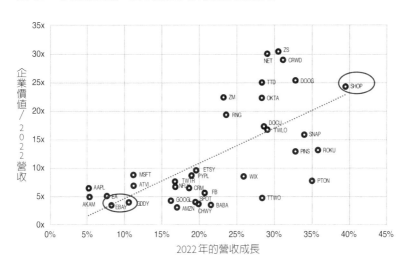

2021年初期的資料。兩個指標的相關性並不完美，但基本上營收成長愈高，倍數就會愈高，所以2022年eBay的營收成長預期是7%，而股價是企業價值除以營收倍數的4倍；而Shopify（一間加拿大的網路服務公司）2022年的營收成長預期大約是40%，股價的倍數是企業價值比除以營收的25倍。這張圖要表達的重點是：在其他條件不變下，成長愈高，股價倍數就會愈高。

投資科技股需要不同的心態。傳統的金融教科書會教讀者專注在盈餘、最大的獲利、買回庫藏股與股利，但是科技股的投資人必須有不同的思維，因為科技股投資人專注於成長，所以當一間公司的獲利能力開始大幅上升，精明

的科技股投資人應該要問：「你們難道沒有其他的成長專案要投資嗎？」而當公司開始支付股利時，聰明的投資人應該要問：「就這樣了嗎？你們沒有別的構想可以讓業務繼續成長，所以你們要退休並把錢還給股東嗎？」我要說的是，這兩個舉動並沒有什麼不對，在適當的時機絕對是正確的做法。但是當一家公司做這兩件事的適當時機來臨時，科技股投資人在這時可能不會想要投資。

　　前面我沒有提到的盈餘成長策略中，併購是很常見的方式。我還是會把併購列在「財務工程」，不過我知道這樣把併購說得太簡單。我認為應該是營收的自然成長（由單位營收增加、推出新產品、進軍新市場，或是漲價來驅動）會比併購成長更吸引人，而且對科技股投資人更有價值。但我也看過很多併購案創造龐大的財務價值，並推升中長期的股價。過去25年來我追蹤的併購案中，最好的可能是這幾個：eBay在2002年併購PayPal、Priceline在2005年併購Bookings.nl、Google在2006年併購YouTube，還有Facebook在2012年併購Instagram。我也可以把Yahoo!在2003年併購Overture也算進來，當年Yahoo!還是領先市場的數位媒體公司，這項併購案讓Yahoo!在新興的搜尋產業具有很大的領先優勢，但後來Yahoo!把這個優勢讓給Google。我也可以把Yahoo!在2005年併購阿里巴巴的事也算進來，不過那一次不算是併購，而是投資。Yahoo!花了10億美元買進阿里巴巴30％的股份，那30％的股份到了2020年的價值高達

2500億美元，理論上相當於250倍的報酬。

我在這裡只強調一些好的併購案，稍後我也會提到不好的併購案，但是我愈思考好的併購案就愈發覺，科技產業主要是靠營收自然成長來創造股東價值。截至2021年2月為止，亞馬遜的市值高達1.6兆美元，是世界上市值最大的公司之一，雖然亞馬遜一路走來併購許多公司，但是沒有一間公司對亞馬遜的市值有實質的貢獻（也就是超過10%）。亞馬遜最大的併購案是2017年以140億美元併購全食超市，但這筆交易是否值得，恐怕還要很久才會知道；YouTube是Google很大的收購案，但是很難說Google目前的市值有1/4是來自這筆收購。YouTube的成功主要是因為Google對YouTube投入大量的資金、人力與資源，我實在不確定YouTube如果沒有被Google併購，是否能存活下來，因為在併購的時候，YouTube已經深陷很多法律問題。

科技股投資人應該把心思放在營收上的第三個、也是最重要的原因，是因為市場就是這麼做的，而且不只短期這樣，長期來說也是如此，我有3個明顯的例子可以證明。第一個例子很可惜，是網路時代兩大領先業界的公司，這兩間公司原本的獲利能力都非常好（可以說賺太多錢），結果卻因為錯失業界一些最重要的成長趨勢，結果錯失市值成長數十億美元的機會。我說的就是Yahoo! 和eBay；第二個是原本很傑出，後來變得很平凡的公司（包括營收和股價），那就是全球網路旅行社巨擘Priceline.com；而第三個是創造超

過1500億美元市值，而且完全只靠營收成長和訂戶成長就徹底顛覆整個娛樂產業，同時將近10年的現金流出愈來愈高。沒錯，就是Netflix。

　　這裡大致說明一下這3間公司的概況，下面會有詳細的資訊。eBay和Yahoo!最終並不是很好的長期投資標的，因為儘管公司長期以來都能夠創造高額與一致的獲利，但都無法維持一致的高營收成長。和Priceline比較起來就很明顯，Priceline是表現非常優異的長期投資標的，不是因為這間公司能夠創造很高、而且一致的獲利（不過它確實如此），而是因為它10年來都能夠維持高營收成長（以這間公司來說，就是訂房和訂機票）。如果和Netflix比較，差異就更顯著了，Netflix是股價表現非常好的長期投資標的，不是因為它能夠創造很高、而且一致的獲利（公司有將近10年的時間都無法創造自由現金流），而是因為超過10年來能夠持續創造高營收成長與訂戶成長。對科技股來說，營收比任何事情都重要。

eBay 和 Yahoo!

　　一些比較年輕的讀者非常有可能從來沒有使用過eBay和Yahoo!，但相信我，年輕人們，20年前和你們同年齡的人經常使用Yahoo!和eBay，而且也覺得這兩間公司很酷！

　　1998年到2003年，4間主要的網路公司主導整個產業，

分別是亞馬遜、美國線上、eBay還有Yahoo!。我很肯定在當時如果進行一項非正式的調查，投資人可能不會認為亞馬遜是長期投資最大的贏家。如果有人告訴投資人，20年後這4間公司中有一間會成為市值1兆美元的企業，我相信投資人都**不會**猜到是亞馬遜。市場都在質疑亞馬遜會**很**成功，尤其是在2000年之後。

這裡有個比較很震撼：1999年12月底，美國線上的市值是1,930億美元，大約是Yahoo!的2倍（970億）、亞馬遜的6倍（340億）、eBay的24倍（80億）。

20年後，如果說亞馬遜變成是800磅重的大猩猩，那eBay就是20磅重的大猩猩（目前市值只有亞馬遜的1/40），而美國線上和Yahoo!都只有2磅重，而且分別在2015年和2017年被電信公司Verizon以大約45億美元收購（亞馬遜市值的1/357）。

在網路泡沫期間，每一年都會由現在已經不存在的雜誌《產業標準》（*The Industry Standard*）舉辦一場重要的科技會議。1999年的會議是在加州拉古納海灘（Laguna Beach）附近的麗思卡爾頓渡假飯店（Ritz-Carlton resort）舉行，其中有一場座談會是由當時主要的網路公司高階經理人出席。我還記得很清楚，Yahoo!的一位高階經理人在會議上對其他出席者耀武揚威的說，20年後，在他們之中會有一間公司倒閉。預測是不容易的事，尤其是預測未來。

對於這一堂課，我想要把重點放在不是很成功的公司，

這是很委婉的說法。而且我想要指出的重點是，對科技股來說，營收的重要性勝過任何事。eBay 和 Yahoo! 不是很好的長期投資標的，因為雖然這兩間公司長期都能夠持續創造高獲利，但都無法維持高營收成長。

eBay

　　eBay 在 1998 年 9 月 24 日以每股 18 美元上市，上市當天就飆漲 168％，股價站上 47 美元，市值達到 20 億美元。eBay 會在第一個交易日就飆漲的其中一個原因是，有一位深具影響力的分析師在當天早上給予「買進」評等，那位分析師是我的老闆瑪麗・密克，當時她是摩根士丹利的網路股分析師。這在當時是非常罕見的事，法規禁止承銷銀行的分析師在上市後的 40 天內評等股票，因為摩根士丹利不是承銷的銀行之一，所以這些法規不適用於瑪麗，但是非承銷銀行的分析師竟然會在上市當天就發布評等，而且是「買進」評等，可是前所未有。這件事實在是太令人意外了，一個在高盛銀行（eBay 上市的主要承銷銀行）資本市場部門工作的朋友那天稍早打電話到我家，確認我老闆做的事。接到電話時我還沒起床，因為我前一天晚上在熬夜幫忙撰寫這篇初次評等報告。

　　接下來的 15 年，eBay 的股票分割過 5 次，分割調整後的上市價是 0.32 美元。接下來 6 年，面臨那斯達克龐大賣壓

與網路股泡沫的情況，eBay 股價還飆漲 5100％（也就是 51倍股），到了 2004 年底股價達到 24.48 美元，市值 320 億美元（見圖 4.2），eBay 是那一段期間唯一股價大幅超越大盤的科技公司。

而且 eBay 這麼驚人的超越大盤表現是因為基本面非常好（見表 4.1）。在 2000 年到 2004 年的 5 年之間，eBay 營收成長平均超過 70％，部分原因是在 2002 年時非常精明的併購 PayPal。公司最重要的顧客指標是網站總成交金額（gross merchandise value, GMV），也就是平台提供的所有商品和服務總價值，5 年來平均也將成長近 70％。成長的確是減緩了，但是減緩的幅度很小，而且獲利非常的高，2004 年的稅前息前折舊攤銷前毛利是 41％。

圖 4.2　eBay 的股價如火箭般飆漲（1998 到 2004 年）

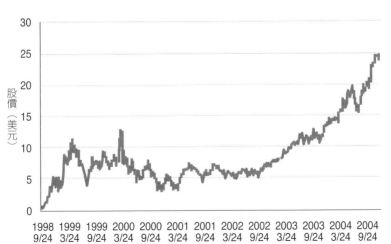

表4.1　eBay火箭的基本面表現

（100萬美元）	2000	2001	2002	2003	2004
網站總成交金額 年成長	5,414 93%	9,318 72%	14,868 60%	23,779 60%	34,168 44%
營收 年成長（自然成長）	431 88%	749 74%	1,214 62%	2,165 78%	3,271 51%
稅前息前折舊攤銷前獲利 毛利	83 19%	229 31%	436 36%	796 37%	1,330 41%

　　然後情況開始改變。公司在2005年底時意外宣布，要以約30億美元併購網路通訊公司Skype。當時這筆交易的綜效並不明顯，而且後來還變得更不明顯，因為才過了兩年，eBay就被迫減計14億美元的Skype資產。後來才有人開始相信併購Skype是迫不得已，因為eBay的核心業務可能會大幅減緩，讓人愈來愈憂心，結果真的是如此。

　　網站總成交金額是eBay的主要顧客指標。eBay的市集收入或佣金收入（以及PayPal很大一部分營收）與網站的總成交金額直接相關。如果網站總成交金額成長加速，營收成長就會加速，但如果網站總成交金額成長減速，營收成長也會減速，這就是當時發生的情況。2006年之前的每一年，eBay的網站總成交金額成長是30%以上，但是從2006年開始減少到剩下18%，到了2007年降到13%，2008年只剩下1%，然後2009年，也就是金融危機那年，變成-4%。金融危機後，網站總成交金額開始回升，2011年成長率達

到11％，但是一直到2020年的新冠疫情爆發之前，eBay
也只有3年的成長率達到兩位數（2012年10％，2013年
11％）。而且因為營收成長減緩，儘管eBay在接下來的10
年仍持續維持高獲利，但是公司在2004年以前創造的驚人
股價漲勢也隨之結束。對科技股來說，營收與顧客指標的重
要性勝過一切（見表4.2）。

表4.2　eBay火箭失去燃料

年	網站總成交金額（100萬美元）	年成長	營收（100萬美元）	年成長（自然成長）	EBITDA（100萬美元）	毛利
2004	34,168	44%	3,271	51%	1,330	41%
2005	44,299	30%	4,552	39%	1,833	40%
2006	52,473	18%	5,970	31%	2,290	38%
2007	59,353	13%	7,672	29%	2,914	38%
2008	59,650	1%	8,541	11%	3,200	37%
2009	57,207	-4%	8,727	2%	3,049	35%
2010	61,819	8%	9,156	5%	3,242	35%
2011	68,634	11%	11,652	27%	3,846	33%
2012	75,376	10%	14,071	21%	4,599	33%
2013	83,330	11%	16,047	14%	5,807	36%
2014	82,954	0%	8,790	-6%	3,647	41%
2015	81,718	-1%	8,592	-2%	3,568	42%

　　圖4.3顯示過去10年來eBay的股價走勢，可以說根本沒有改變。eBay在2005年第一個交易日的收盤價是24.01美元，到了2015年第一個交易日的收盤價是23.66美元，股價10年來幾乎完全沒有改變。而在同樣的一段時間，S&P 500指數漲了71％，亞馬遜更是飆漲593％。這裡的原因非常重要，但是我等一下才會講到真正的原因。這裡的選股教訓是，市場願意追捧營收成長的股票（亞馬遜2005年到2015年每年的營收成長都超過20％），而不願意花錢推高營收沒有成長的股票（eBay）。10年來就算獲利能力很高，不過對科技股來說，營收與顧客指標的重要性勝過一切。

圖4.3　eBay：10年內股價維持在25美元

Yahoo!

接著就來看 Yahoo!。Yahoo! 是最早的網路股。公司的共同創辦人非常聰明的在公司名稱最後加上一個驚嘆號，一個名稱有驚嘆號的公司怎麼可能會不成功呢？

Yahoo! 是 1990 年代網路泡沫時期最重要的網路公司，由楊致遠和大衛・費羅（David Filo）在 1994 年共同創立，大約在兩年後就上市，第一個交易日就飆漲 150％。（順便說一下，從成立到上市只有兩年真的非常短。）Yahoo! 很快就進軍國際市場，2016 年底先從英國開始，然後併購一連串的公司，包括 GeoCities 與 Broadcast.com，總金額為 110 億美元，而且全以股票支付。事後看來，不以現金支付顯示 Yahoo! 的經營團隊和董事會都發現公司的股價可能有點過高。1999 年 12 月，Yahoo! 被納入標準 S&P 500 指數，推升股價在那年 12 月的季報公布時大漲超過一倍，市值達到 1,000 億美元，本益比更超過 1,000 倍。（這檔 S&P 500 指數的「飆股」非常類似特斯拉在 2020 年 12 月被納入 S&P 500 指數的情形。這些年來我所追蹤科技股的經驗都顯示，被納入 S&P 500 指數都是推升股價飆漲的最大因素之一。）2000 年 1 月初，Yahoo! 的股價創下 475 美元新高，這表示股價從上市以來已經飆漲 3,550％。

2000 年 4 月，就在那斯達克指數達到高點之後不久，一部由丹尼斯・奎德（Dennis Quaid）和吉姆・卡維佐（Jim

Caviezel）主演的電影《黑洞頻率》（*Frequency*）上映。那是一部很受歡迎的動作片，劇情與一位連續殺人犯以及1969年到1999年間的時空扭曲有關。在電影中有一幕是1999年的主角試著告訴1969年的童年朋友一個投資的小道消息，他要朋友注意「Yahoo!」。1969年的這個朋友顯然記憶很好，因為在1999年的最後一幕中，他出現時開著一部非常昂貴的車，而且車牌上面寫著「一個Yahoo!」（1 YAHOO）。Yahoo! 在當時是非常流行的用語，而且當時只有極少數公司能有這樣的地位，這凸顯 Yahoo! 就是最早的網路股。

但Yahoo! 的表現就只是這樣而已。16年後電信公司Verizon以48億美元現金併購Yahoo!，這個金額是2000年初期公司市值的1/20，高達950億美元的市值就這麼蒸發了（見圖4.4）。這只是股市投資人瘋狂炒作的例子嗎？我要非常大聲回答：**絕對不是**！在 Yahoo! 950億美元市值蒸發的那16年，Google的市值增加5,000億美元，Facebook的市值增加3,500億美元。換句話說，投資人在那16年，願意讓兩間比Yahoo! 更好的公司增加8,000到9,000億美元的市值，這兩間公司透過傑出的產品開發和絕佳的執行力，成為2016年領先市場的網路廣告平台，就像Yahoo! 在2000年是最主要的網路廣告平台一樣。

上面提到Yahoo! 的故事，並不能代表這間公司的歷史，但我從本書一開始就說過，這不是一本歷史書，我要做的是從過去25年來最大的科技股中尋找選股的教訓。

圖4.4 從Yahoo!的股價看公司歷史

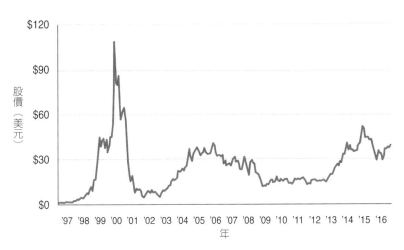

Yahoo!的故事中有一件事非常明顯，Yahoo!從來沒有獲利能
力的問題，從2000年到2015年Yahoo!每一年都能創造穩健
的稅前息前折舊攤銷前毛利，15年平均高達33％。沒錯，
這些毛利的波動都非常大，但是只有一年的毛利非常低，
那就是2001年，也就是網路泡沫破滅那年，Yahoo!的營收
衰退35％，達到7億1700萬美元，而且公司的稅前息前折
舊攤銷前毛利降到6％。而且即使是那一年，Yahoo!仍創造
2100萬美元的自由現金流。Yahoo!幾乎在每一年都能創造
穩健的獲利，只有兩年受到一次性事件的負面衝擊，例如投
資阿里巴巴股票必須繳交的稅負。

　　所以，科技股投資人不投資Yahoo!並不是因為獲利能
力不佳。而是公司在2006年之後，無法繼續創造很高的營

7

收成長（超過20％）。對比圖4.4與表4.3的基本面數字，這個重點就更明顯了。

從2002年到2006年，Yahoo!從網路股泡沫破裂中恢復，並且創造高營收成長，股價也有非常強勁的表現，從

表4.3　Yahoo!如何失去令人驚奇的能力

年	淨營收（100萬美元）	年成長	EBITDA（100萬美元）	毛利	自由現金流（100萬美元）
2000	1,110	88%	411	37%	415
2001	717	-35%	44	6%	21
2002	953	33%	206	22%	251
2003	1,473	55%	477	32%	311
2004	2,600	77%	1,032	40%	844
2005	3,696	42%	1,557	42%	1,302
2006	4,560	23%	1,906	42%	682
2007	5,113	12%	1,927	38%	1,317
2008	5,399	6%	1,805	33%	1,205
2009	4,682	-13%	1,691	36%	877
2010	4,588	-2%	1,710	37%	526
2011	4,381	-5%	1,655	38%	731
2012	4,468	2%	1,676	38%	-787
2013	4,522	1%	1,564	35%	857
2014	4,719	4%	1,362	29%	521
2015	4,934	5%	943	19%	-2,926

2003年初到2005年底漲了383％。但在後來10年和eBay一樣，股價基本上沒有改變，從2006年初的41美元，到2015年初只漲到50美元，整整10年股價只漲了20％，而且中間推升股價最大的動力不是基本面的營收成長，而是可能被併購（微軟提議併購Yahoo!，但是後來失敗了）。在那10年中，Yahoo!完全沒有創造一貫的高營收成長，而科技股投資人要的是營收成長。

Priceline

2013年4月15日，《霸榮周刊》封面故事的標題是〈Priceline的終結〉（End of the Line for Priceline），並且搭配一幅漫畫，畫的是公司代言人威廉・夏特納（William Shatner，也就是最早飾演科克艦長、而且演得最好的演員）走在高空鋼索上，即將踩到香蕉皮滑倒。那篇文章指出，Priceline是當時S&P 500指數中過去5年來表現最好的股票，漲幅高達519％，股價自2003年以來也大漲100倍。

不過《霸榮周刊》警告，Priceline的好日子已經過完了，包括Expedia、Orbitz與Travelocity等公司直接競爭，還有來自Google的間接競爭，都會壓縮Priceline的毛利。《霸榮周刊》同時指出，Priceline在這時擴展到亞洲和拉丁美洲是高風險的做法，而且這兩個市場沒那麼有利可圖。《霸榮周刊》的結論是Priceline可能會下跌20％以上。

　　當時我是最看好 Priceline 的華爾街知名分析師之一，所以那個周末我覺得有必要寫一篇報告來為 Priceline 辯護。那個星期天的晚上我發表一份 11 頁的報告，而且隔天星期一早上東岸時間 7 點 15 分（太平洋時間凌晨 4 點 15 分，真慘），我還在公司的業務會議上說明為什麼《霸榮周刊》的報導是錯的、捍衛 Priceline 的股價，並重申目標價為 900 美元，但是沒有人理我。那個星期一，Priceline 股價跌了 4％，從 743 美元跌到 711 美元。之後又再續跌，到了星期五已經跌到 684 美元，總共修正 8％。

　　不過值得讚揚的是，《霸榮周刊》那周在網路雜誌版刊登我的反駁文章。而且兩年後也寫了一篇文章，標題是〈Priceline 的股票：市場領導者、成長，而且被低估〉（Priceline Stock: Dominant, Growing and Undervalued）。那時（2015 年 6 月 4 日），Priceline 的股價已經漲到 1,186 美元，自《霸榮周刊》的那篇封面故事以來上漲 60％。而且 Priceline 還繼續飆漲，到 2018 年 3 月 10 日又漲了 83％，站上 2,171 美元。所以，從 2003 年底到 2018 年的 14 年間，Priceline 的股價上漲超過 120 倍，真的是非常驚人的漲幅。在公司擔任執行長多年的傑夫・波伊德在 2013 年接近年底退休時，我在紐約一場由我共同主持的投資人會議上送給他一個禮物（公開聲明，禮物的價值符合美國證券交易委員會的規定），那份禮物是一根釣竿（傑夫非常喜歡釣魚），而且釣竿上還刻著「致傑夫：恭喜你，100 倍股先生！」

　　所以這裡的教訓是什麼？看多Priceline的人說對了什麼？《霸榮周刊》又說錯了什麼？那就是專注在營收和主要的顧客指標。

　　請看圖4.5中Priceline的股價。（公司在2018年改名為Booking Holdings。）任何一個看多股票的人，這輩子都不會看過比這個更好的走勢圖。

　　現在來看表4.4，列出從2004年到2017年每一年的總預訂量（gross bookings）、訂房天數與獲利能力。以Priceline這種網路旅行社來說，總預訂量代表顧客消費的旅行服務總價值，像是機票、飯店房間、租車等等。這不是營收，因為Priceline只將這些旅行服務業務產生的佣金認列為營收。但是華爾街在研究Priceline這樣的網路旅行社時，看的營收數

圖4.5　Priceline的100倍漲勢

表4.4　Priceline 100倍漲勢的動力

年	總預訂量（100萬美元）	年成長	訂房天數（1000）	年成長	稅前息前折舊攤銷前獲利（100萬美元）	毛利率
2004	1,676	52%	7,771	36%	48	5%
2005	2,227	33%	11,759	51%	69	7%
2006	3,320	49%	18,651	59%	109	10%
2007	4,829	45%	27,777	49%	228	16%
2008	7,400	53%	40,814	47%	374	20%
2009	9,310	32%	60,912	49%	553	24%
2010	13,646	50%	92,752	52%	902	29%
2011	21,658	53%	141,500	53%	1,510	35%
2012	28,456	37%	197,500	40%	1,978	38%
2013	39,172	38%	270,500	37%	2,684	40%
2014	50,061	29%	343,520	27%	3,281	39%
2015	55,528	24%	432,400	26%	3,779	41%
2016	68,087	25%	556,500	29%	4,406	41%
2017	81,226	19%	673,100	21%	5,141	41%

字都是總預訂量。而訂房天數是Priceline的主要顧客指標，因為這是最多人向Priceline購買的服務項目。

　　表格可以看得很清楚，Priceline的營收成長和顧客指標很長一段時間都非常好。這14年來，Priceline每年的平均預訂量成長將近40%，這樣的成長相當於全球經濟成長率

的10倍，是全球旅行業成長率的8倍。這樣的成長實在太好了，所以股價表現一飛沖天。

沒錯，還有其他因素推升股價飆漲，特別是兩個因素。第一，那段期間，Priceline一直能創造高獲利，14年的稅前息前折舊攤銷前毛利將近30％；第二，Priceline的評價在這段時間一直都「很合理」，本益比（15到25倍）雖然通常比大盤（15到20倍）還要高，但一直都比公司的成長率還低。例如，本益比雖然是20倍，但公司的每股盈餘成長率是30％以上，這表示Priceline很長一段時間的成長調整後評價，是科技股中最有吸引力的股票之一，因為科技股的本益比通常都會和成長率一致，或略高一點，舉例來說，盈餘成長率20％的公司，本益比是30倍。

要說清楚，還有其他重要因素促使營收大幅成長的原因，特別有兩個因素。稍後會有兩堂課分別介紹這些因素，因為這兩個是我所學到重要的教訓：幫助推升營收如此卓越成長的第一個因素是龐大的整體潛在市場，因為Priceline當時所競爭的全球旅遊業市場規模超過1.5兆美元，這表示即使在經過那些年驚人的成長之後，Priceline到了2017年仍然只占全球旅遊預訂市場的5％，意味著公司還可以維持高成長很多年；第二個因素是非常優異的經營團隊。不是每一個經營團隊都很厲害，但是Priceline的經營團隊遠高於平均水準，但這我會等到第8堂課〈經營團隊很重要〉再來說明。

　　這裡的重點是，要推動科技股上漲，營收的重要性勝過一切。這就是從 Priceline 學到的教訓。

　　不過等等，我還沒說完，因爲關於這一點還有更多故事與重點。在 2018 年以後 Priceline/Booking 發生的事情可以看到一些很好的證據，說明營收成長對股價表現的重要性。

　　我稍早提到全球網路旅行社巨擘 Priceline.com 的營收和股價一開始的表現非常驚人，後來很普通。現在來看圖 4.6，這張圖追蹤 Priceline/Booking 從 2017 年初到 2019 年底的股價。之前那個拼命飆漲、令人血脈賁張、想要裱框掛起來的 Priceline/Booking 飆漲的走勢圖已經消失，取而代之的是一個還不錯，但是很普通的 Booking 走勢圖，在那 3 年，股價上漲 39％，與 S&P 500 指數上漲 43％差不多。

　　現在再來看看表 4.5，Priceline 從 2015 年到 2020 年的基

圖4.6　Booking：雖然不錯，但算是普通的走勢圖

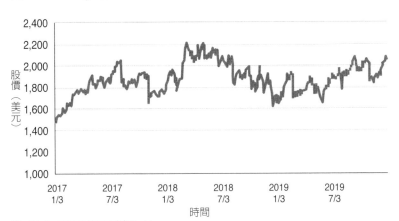

注：Priceline 在 2018 年 2 月改名 Booking

本面。在這5年間公司維持在罕見的高獲利，每一年的稅前息前折舊攤銷前毛利都在41％或42％。順帶一提，稅前息前折舊攤銷前毛利超過40％在科技界是罕見的現象。但是公司的營收卻變了，你可以看到總預訂量的成長持續減少，到了2019年只剩下8％，而訂房天數的成長只剩下11％。所以重點是什麼？當營收已經不再出現高成長（因爲我有豐富的經驗，所以我對高成長的定義是超過20％），股價就不再大幅超越大盤了。

我把Priceline的選股教訓總結爲四個重點：

第一，當你發現一間公司能持續一段相當長的時間（至少5到6季）創造高營收成長，那你可能就碰到很好的股票。但要擔憂是否錯過前面的漲勢嗎？大可不必。相反的，你應該把這幾季當成是高成長會持續下去的證據。看看Priceline的例子。當你看到2007年初時的股價，前3年的營收成長平均是40％，然後你就以爲現在進場太遲了。這樣

表4.5 當Priceline的成長停止時

（100萬美元）	2015	2016	2017	2018	2019
總預訂量 年成長	55,528 24%	68,087 25%	81,226 19%	92,731 13%	96,443 8%
訂房天數（1000） 年成長	432,400 26%	556,600 29%	673,100 21%	759,600 13%	844,000 11%
EBITDA 毛利	3,779 41%	4,406 41%	5,141 41%	6,045 42%	6,180 41%

的話你就會**錯過**接下來11年優於大盤的表現！然後你到了2011年初來看，會發現過去7年的營收成長平均是40%，認為現在進場太遲了，那麼你就**錯過**接下來7年優於大盤的表現。到了2015年初來看，會發現過去11年的營收成長平均是40%，認為現在進場太遲了，那麼你就**錯過**接下來3年優於大盤的表現。有時過去的績效的確**是**未來績效的指標。

第二，你要關注到營收成長大幅減弱的跡象。成長率只剩下一半，這是很大的變化。假設你找到一間公司營收成長持續在30%的水準，結果接下來的3到4季營收成長減弱到15%，那就是個警訊。沒錯，15%的成長率很了不起，但是緊接在30%成長率之後就不是這樣了，這會讓人質疑是不是市占率下滑、市場飽和，或是經營團隊執行不力。所有的成長率到最後都會減弱，這叫做大數法則，重要的是成長率下滑的速度，在短期內（3季或4季）成長率大幅減少50%就要關注。

第三，就算營收成長率逐漸下滑到低於20%，並不表示你會看到「科技股暴跌」或股價大幅修正。Priceline的成長率的確下滑到20%以下，從2017年的19%掉到2019年的8%，但這花了3年的時間，而且在這3年之間，並沒有出現「科技股暴跌」，而是與市場的表現一致。在之前的14年，股價已經漲了120倍。在這樣瘋狂的飆漲之後，我認為這可以算是軟著陸。

第四，多年來，你能夠在Priceline的本益比低於營收成

長率時買進股票也有幫助。如果你能找到一檔股價的本益比低於高營收成長率的科技公司，那絕對值得研究。舉例來說，一家營收成長率30％，而本益比只有20倍的公司。

另外，有高營收成長的好公司，就算沒有評價可以支撐股價，仍然可能是很好的長期持有標的。接下來我就要介紹一個位於加州洛斯加托斯市的DVD出租公司。

Netflix

Netflix在2002年5月上市，2020年才首次公告全年有穩健的自由現金流（定義是超過10億美元）。只要花一分鐘想想看：整整18年都沒有實質自由現金流入，但是這段期間股價飆漲42,000％（見圖4.7）。

顯然Netflix的股價飆漲是因為短期自由現金流預估以外的原因，但是什麼原因呢？那就是營收和訂戶人數。Netflix股價的驚人漲勢就是營收成長和主要顧客指標帶動科技股股價的完美例子。以Netflix來說，主要的顧客指標一直都是付費訂戶的人數：美國和全世界每個月付大約9美元訂閱Netflix影片串流服務的人數。

好吧，我說得太快了。Netflix上市後的最初5年都還只是DVD出租公司，而且在那之後的幾年，串流服務都還不是公司的主要業務。從很多方面來說，Netflix都是投資科技股很好的正面教材。Netflix的整體潛在市場一直都很廣大：

圖4.7　Netflix股價飆漲42,000％的走勢圖

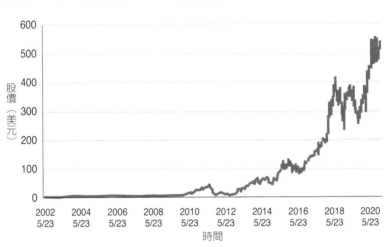

全球消費者一年的娛樂支出超過4,000億美元。Netflix的產品開發一直都很有效率，不然你以為是誰發明串流的？而且Netflix經營團隊是科技業的佼佼者，由創辦人兼執行長里德・海斯汀領導，擁有很強的技術能力、有長期的願景，而且還有勇氣做一些短期內可能不會受到歡迎、但相信長期會有益的事。

如果沒記錯的話，我是1998年底在舊金山國際機場附近的萬豪酒店裡一場新創公司的會議上第一次見到里德・海斯汀，有很多新創公司或成立相對不久的新公司都在向一群投資人簡報他們的企劃案，我不記得里德簡報的細節，我只記得他簡報的房間裡面坐滿了人，而且投資人都知道Netflix的DVD業務，Netflix那時已經被認為是矽谷中比較

有前景的新科技公司。

在接下來的25年中，我和里德與Netflix經營團隊的其他成員一起主持過十幾場會議，包括擔任Netflix財務長將近10年的巴里・麥卡錫（Barry McCarthy）。最近有一本介紹公司企業文化的書描述麥卡錫「脾氣不太好」。我只知道，如果分析師或投資人問他太簡單或沒有經過思考的問題（這種事很常發生，包括我也是），麥卡錫偶爾會以不可置信、翻白眼的表情瞪著發問的人，或只是無奈的趴在桌上。

里德有時候會擺出相同的態度，確實我認為他就是這樣的人。有一次我帶東岸最大一家投資基金的3位資深基金經理人去他的辦公室。我們在一間會議室見到他（每間會議室都以一部電影取名），當時他獨自在會議室裡等我們，沒有其他經理人與助理，就只有里德。他一開始先說他很少參與這樣的會議，但他非常了解和精明的獨立投資人見面的價值，他希望這些投資人能夠挑戰他的思維，給他更多東西思考。里德很熱情，然後帶頭的基金經理人一開始先問了一個與Netflix市場機會相關的普通問題。里德沉默的盯著對方，然後才說：「你們遠道過來開這場會，**這就是**你們想到最好的問題？」

後來會議進行得很順利，那個基金後來買了相當多的Netflix股票，這筆投資帶來非常優異的報酬。我想對那位基金經理人來說，優異的報酬可以補償那尷尬的幾分鐘。而且無庸置疑，我認為里德・海斯汀和其他Netflix經營團隊的

成員是我追蹤科技股25年來看過最好的團隊。而且巴里·麥卡錫不只是在Netflix的表現出色，後來在Spotify上市期間擔任公司財務長也很出色。

回到基本面來看，Netflix可以說是成長最驚人的科技股，從2013年起，連續8年來都創造超過20％的營收成長，不過這還不足以代表Netflix真正的成長故事，因為那還包括DVD出租的營收，這項業務至少從2012年就開始穩定下滑，當時只占Netflix總營收將近1/3。Netflix串流的營收連續8年都成長將近30％。

這可以說是前所未有的成長率，同時期的全球經濟成長率只在5％以下，過去20年來S&P 500指數的企業營收成長率中間值大約是在5％到7％，所以這相當於全世界500大企業核心營收成長率的4倍到6倍，這實在是太了不起了。

訂戶成長率也一樣驚人。事實上，Netflix從2012年到2020年，每年的新增訂戶人數都在成長，除了2019年以外。Netflix的2012年新增訂戶人數是1,000萬人，2020年新增訂戶人數將近3,500萬，新冠疫情使得2020上半年的新增訂戶人數暴增。

這種幾乎前所未有的營收和主要客戶指標成長，就是推動Netflix股價飆漲，成為這10年來表現最好股票的原因。股價飆漲肯定不是因為短期的自由現金流所帶動，因為那段期間自由現金流出愈來愈多。就像表4.6所顯示，Netflix在2012年公布的自由現金流是流出6,700萬美元，2016年自由

現金流出增加到17億美元，到了2019年自由現金流出達到32億美元。

　　這是非常驚人的數字！Netflix 股價不斷上漲，而且是飆漲，儘管自由現金流出卻不斷創新高。價值投資人一定會很後悔，非常後悔。

　　是 Netflix 的投資人搞不清楚公司實際的財務狀況嗎？不，是因為他們願意從營收成長和訂戶成長的趨勢，做出 Netflix 最後一定會創造非常高的自由現金流的結論。他們也看到營業利益成長的趨勢，以及一般公認會計原則盈餘增加，以及獲利的潛力，因此堅持繼續以遠高於 50 倍本益比

表 4.6　Netflix 過去 10 年的基本面表現

年	總營收（100萬美元）	年成長率	串流營收（100萬美元）	年成長率	新增訂戶人數（100萬）	自由現金流（流出，100萬美元）
2012	3,609	13%	2,472	---	10	-67
2013	4,375	21%	3,464	40%	11	-22
2014	5,505	26%	4,739	37%	13	-128
2015	6,780	23%	6,134	29%	17	-919
2016	8,831	30%	8,288	35%	19	-1,659
2017	11,693	32%	11,242	36%	24	-2,013
2018	15,794	35%	15,429	37%	29	-2,893
2019	20,156	28%	19,859	29%	28	-3,162
2020	24,996	24%	24,757	25%	37	1,929

的價格來交易股票。

　　這裡的重點是，在談到推升科技股票的股價時，營收和顧客指標比任何指標都重要。這就是從 Netflix 學到的教訓，也是從 Priceline 學到的教訓，只不過 Netflix 的例子更明顯，因為和 Priceline 不同的地方在於，隨著 Netflix 的自由現金流出愈來愈大，並沒有短期的評價來支撐股價。

　　以下就是 Netflix 選股教訓的 3 大重點：

　　首先，和 Priceline 一樣，當你找到一間能持續創造高營收成長的公司（我的定義是在一段合理的期間至少成長20%，時間至少要5季或6季），那麼你就碰到一檔非常好的股票。而且不要擔心錯過之前的大漲，尤其是像 Netflix 這種訂閱制的事業。

　　第二，訂閱制事業非常好，因為當這種商業模式成功後會發生兩件事：第一，可以提供相當高的營收能見度，當愈來愈多顧客黏著在這項服務時，任何一段期間的營收從一開始就會是「已知」。Netflix 在2017年底時付費的訂戶有1億1000萬人，這表示2018年能創造的營收大約是119億美元（1億1000萬 x 每個月9美元 x12個月），這是在不計入新增訂戶或是執行任何成長曲線計畫（growth curve initiatives, GCI）的營收；第二件會發生的事，就是行銷的支出會有很大的槓桿作用，也就是說，行銷支出占營收的比例會降低。因為行銷支出主要的目的是帶來新訂戶，當訂閱的時間一拉長，行銷的費用占總訂戶數的比例就會變小。

　　第三，公開市場的展望是長期的。矽谷許多精明的投資人可能不會同意這句話，但我相信諸如Netflix和亞馬遜的例子能夠證明這一點。Netflix顯然面臨自由現金流出愈來愈大的問題，如果公開市場投資人不是預期Netflix的營收會增加，以及顧客群能在未來許多年創造自由現金流，那投資人就根本不可能在2020年時把Netflix的市值推升到1000億美元。沒錯，股價會對各種短期事件做出劇烈的反應，但是支撐股價的評估架構是長期的。最重要的指標就是營收和顧客指標，這兩個指標是推升股價最主要的因素，而不是其他指標。

成長曲線方案

　　我要很快轉到剛提到的成長曲線方案。在Priceline那節，我曾警告營收成長顯著減緩對股價帶來的衝擊，這裡我要反過來談營收成長加速所帶來的影響。營收成長加速幾乎總是推升股價的正面因素，一個很簡單的事實就是，成長會加速，評價倍數會重新調整，也就是會變得更高。當盈餘成長加速，本益比就會增加，通常股價營收比也會跟著擴大。

　　按照營收成長加速的動力，本益比可能會調整得更大或更小，這就和之前提過三個增加盈餘的辦法有關，那就是營收成長、減少營業費用，或利用「財務工程」。最受市場關注的，就是營收成長加速帶動的盈餘成長加速，因為這是三

種提高盈餘辦法中最難的一種，而能夠帶動營收成長加速的就是成長曲線方案。

　　那麼成長曲線方案是什麼呢？這是公司為了提高營收成長所採取的步驟。公司用這些方式來把成長曲線往上拉高，導致營收成長加速。我看過最有效的方法包括漲價、進軍新的市場，以及推出新產品。而我要給你們的例子還是Netflix，特別是在2017年底到2018年初的時候。2018年營收的能見度是119億美元。當Netflix成功採取這三種成長曲線方案時，使公司的營收加速、營業利益擴大、評價倍數重新調整，然後股價就在6個月內飆漲98％（見圖4.8）。

　　圖4.8是最後的結果，圖4.9則是深入剖析，可以看到評價的重新調整。從2018年的1月1日到2018年的7月1日，Netflix的公司價值占銷售金額（EV-to-sales）倍數從7倍擴大到13倍。

成長曲線方案對Netflix評價的影響

　　2018年初，Netflix的評價重新調整，主要是受到營收加速和營業利益擴大所推升（見表4.7）。總營收成長從2017年12月季報的33％，到了2018年的3月和6月季報已經加速成長至40％。那兩季的串流營收成長擴大至43％，是5年來最大的成長幅度！營業利益率也跳升至12％的新高。相較之下，2016年的營業利益率是4％，2017年是7％。營收

圖4.8　成長曲線方案對Netflix股價的影響

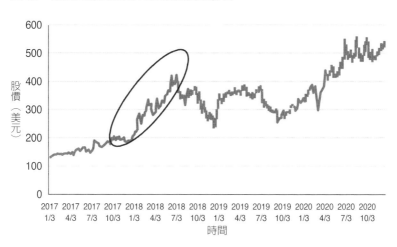

圖4.9　成長曲線方案對Netflix評價的影響

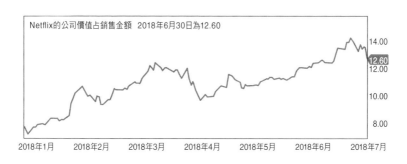

成長加速最好的一點是，可以帶動營業利益率擴大，因為營
收會在固定支出下擴大規模。成功漲價的成效會特別好，因
為收入單位會創造更多的營收，但是提供這個單位的成本卻
是不變的。這就是為什麼漲價的部分可以視為「純益」，也

表4.7　Netflix在2018年第一季反轉向上

（100萬美元）	2017年 第三季	2017年 第四季	2018年 第一季	2018年 第二季
總營收 　年成長	2,985 30%	3,286 33%	3,701 40%	3,907 40%
串流營收 　年成長	2,875 33%	3,181 35%	3,602 43%	3,814 43%
營業利益率	7%	7%	12%	12%

就是增加的營收會直接成為盈餘。換句話說，**如果**漲價很成功，那麼漲價並不會導致顧客大量取消訂閱。

　　另一個看待這些轉折點的方式我稱之為「盈餘成長空間」。當盈餘成長受到一致的營收成長與穩定的營業利益所驅動時，空間就會擴大；當盈餘成長受到加速的營收成長與穩定的營業利益率所驅動時，空間就會擴張得更大；最後，當盈餘成長受到加速的營收成長與擴大的營業利益所驅動時，就是盈餘成長空間擴張到最大的時候，而且股價會對此有正向的反應。如果你在這之前或這段期間投資，就會得到非常好的報酬。

　　這就是為什麼你要去注意成長曲線方案，也就是公司為了拉高成長曲線所採取的措施。公司是不是即將推出新的產品線，或是新的重要功能？是不是即將首次進入一個新的重要國際市場？還是公司即將執行全新的漲價方案，或是推出更高級的產品，看起來相當不錯？你應該要留意這些動作。

2018年初，Netflix採取一些行動。2017年秋天，Netflix將標準方案的價格（2個裝置同時使用）調漲10%（從9.99美元漲到10.99美元），而高級方案（4個裝置同時使用）的價格則調漲17%（從11.99美元漲到13.99美元），而基本方案的價格則維持在7.99美元不變。兩年前，Netflix也實施類似的漲價方案，而且成功了，新增訂戶人數成長並沒有減緩，而且現有訂戶也沒有出現很明顯的不滿。2017年秋天的漲價也一樣成功。Netflix同時也加速推出原創影集，包括新一季的《漢娜的遺言》（*13 Reasons Why*）、《小鎮滋味》（*Santa Clarita Diet*）、《打不倒的金咪》（*Unbreakable Kimmy Schmidt*），還有新的國際影集，例如丹麥的《慘雨》（*The Rain*），還有巴西的《百分之三》（*3%*）。此外，Netflix也開始與T Mobile、Sky與康卡斯特（Comcast）在播映上有合作方案。最後，Netflix還積極打入亞洲市場，就是這樣，公司有大量的成長曲線方案！

再次強調，留意成長曲線方案，因為如果這些方案成功，就會帶動營收成長加速，通常市場會以更高的股價作為獎勵。

同店銷售成長率

以上是我的專業建議。如果要找一致的營收成長趨勢，那麼新冠危機可能會帶來一些挑戰。受旅遊需求影響的公司

（例如 Airbnb、Booking 與 Expedia）、共乘公司（例如 Lyft 與 Uber），或仰賴廣告營收的公司（例如 Google 和 Twitter），2020 全年或部分幾季的營收都比去年同期大幅下滑；而受惠於在家工作或居家生活的公司，例如亞馬遜、Etsy、Netflix、派樂騰與 Zoom，2020 全年或部分幾季都出現顯著的營收成長加速。

這些都讓投資人很難在 2020 和 2021 年找到能持續創造營收成長的公司。「新冠疫情輸家」在 2021 年會公布讓人驚豔的營收回升或加速，而「新冠疫情贏家」則會公布令人擔憂的營收減緩。面對這兩種情況，關鍵是讓財報結果轉換為正常狀態的數字。新冠危機是黑天鵝事件，就像考量精確的獲利趨勢時，不應該考慮財報中一次性的支出或是獲利，應該將疫情對成長率的重大影響調整回正常狀態的數字。

有兩個方法可以這麼做。一個是觀察兩年的營收成長，把任何一季的營收成長年增率，加到前一年同一季的營收成長年增率中，然後追蹤這個數字一段時間，觀察是否有重大的變化。舉亞馬遜當作簡單的範例，在 2020 年 3 月的季報中，亞馬遜公布的營收成長年增 26%，然後新冠危機爆發，隨著實體店面關閉，以及對亞馬遜這類的網路零售商需求大增，亞馬遜在 2020 年 6 月季報的營收成長年增率是40%。因為同店銷售成長率（comps）基期過高，這很可能導致亞馬遜從 2021 年 3 月到 6 月的季報都會出現營收成長減緩。假設亞馬遜的成長率從 2021 年 3 月季報公布的 40%，

減緩到6月季報只剩下24％，這看起來是很顯著的成長放緩。但是從兩年的期間來看，成長率其實是從66％（26％+40％）降到64％（40％+24％）。這顯示亞馬遜的同店銷售成長率調整後的營收成長相當一致，這是個好跡象。

另一個辦法很簡單，就是比較亞馬遜2021年6月季報的營收成長放緩的速率，和2020年6月季報營收成長加速的速率。如果減緩的速率和前一年加速的速率一致，那麼亞馬遜的同店銷售成長率調整後的成長率就是一致的。所以在上述的例子中，亞馬遜2021年3月季報的營收成長減緩16％（年增40％），到6月的季報減緩24％。但這很接近亞馬遜從2020年3月季報（年增26％）到6月季報（40％）14％的增幅。結論是，亞馬遜的同店銷售成長率調整後的營收成長維持一致。

20％營收成長「法則」背後的證據

我把法則放在引號裡是有原因的。因為我要特別強調，好的選股策略其實只是找到營收成長超過20％的股票，然後買起來。

網路股的歷史，證明高營收成長（或營收成長不高）是高成長科技股的主要動力。盈餘當然很重要，但是經驗告訴我，對科技股投資人來說，盈餘成長主要是由營收成長帶動，而非毛利增加或「財務工程」帶動。而且這是有道理

的。營收成長很不容易，高營收成長更難，而一致的高營收成長最為困難。

在這一堂課中，從eBay、Yahoo!、Priceline/Booking與Netflix的歷史可以看出營收成長對股價表現的重要性。亞馬遜和Google（本書稍後將會詳細介紹）的股價走勢，同樣也支持「高營收成長是帶動科技股關鍵」的觀念。這兩間公司在達到250億美元的全年推估營收**之後**，創下幾乎是前所未有、連續10年一致的20％營收成長。只有另一間公司能和他們相提並論，那就是蘋果。這三檔股票都是傑出的長期贏家。Facebook也很有可能朝這個目標邁進，而且Facebook也算是長期贏家。

我也相信過去20到30年來市場有相當多的證據顯示，營收成長維持在20％以上是優質科技股的基本面證據。首先，這是非常罕見的高成長，比S&P 500指數成分股的營收成長中間值還要高出3到4倍。根據一份檢視1994年以來S&P 500指數成分股財報結果的報告，平均只有2％的企業在過去5年能夠持續每年創造20％營收成長，這表示任何一年內，S&P 500指數成分股中，只有10間公司可以辦得到，而且這些企業普遍被認為是最優質的企業。如果要再細分，任何一年中，S&P 500指數中只有15％的企業有超過20％的營收成長，但是在任何一年中只有2％的企業在之前的5年持續有超過20％的營收成長。

第二，能夠持續（5年）擁有超過20％營收成長的企

業，股價往往會大幅超越無法達到相同標準的公司。從2010年到2020年，能夠持續超過20％營收成長的企業，在這11年中有8年的股價表現都超越其他個股（也就是有73％的時間），而且這段期間股價超越大盤中間值52％。把分析時間再往回拉長一點，從1994年到2020年，這27年中有15年（也就是56％的時間）營收成長能持續超過20％的企業，股價都會超越大盤，而有8年是落後大盤（大約是30％的時間），有4年與大盤的表現一致（也就是15％的時間），這段期間股價表現超越大盤中間值約12％（見表4.8）。

同樣的，我把「法則」放在引號裡面，因為我相信能持續創造20％營收成長，是優質科技股的基本面證明。但這是優質、高成長科技股的證明，也是結果。這是接下來4堂課的主題。20％營收成長「法則」不應該單獨使用。

表4.8　營收成長超過20％的公司，股價表現超越大盤

期間	超越大盤	落後大盤	與大盤一致	超越大盤中間值的占比
1994-2000	15年	8年	4年	12%
占總數的比例	56%	30%	15%	
2010-2020	8年	3年	0年	52%
占總數的比例	73%	27%	0%	

註：績效表現衡量的是，S&P 500指數成份股中，前5年持續創造超過20％營收成長的個股，平均一年的未來股價報酬，與沒有創造這麼高營收成長個股的預估股價報酬進行比較。

本章摘要

長期下來，基本面的確會帶動股價，而對科技股來說，最重要的基本面資訊就是營收、營收，還是營收。能持續創造超過20％營收或主要客戶指標成長的公司，都有可能提供很好的報酬，而且幾乎不受短期獲利能力展望的影響。這就是20％營收成長「法則」。持續創造超過20％的成長，我稱為高營收成長，比S&P 500指數成分股的成長高出2到3倍，而且很難維持。這通常反映的是市場機會很大、堅持不懈，而且成功的產品創新、吸引人的價值主張，以及最厲害的經營團隊。當你在尋找好的長期投資標的時，這就是你要找的資訊。首先，你可以找出連續4到6季都創造超過20％營收成長的公司。過去的績效有的時候會是未來績效的指標。

營收成長大幅減緩的公司，舉例來說，在3到4季內營收成長率減半，很可能不是很好的看多標的，尤其是如果營收成長減緩是因為市占率下滑、市場飽和，或是經營團隊執行出錯所造成。但如果成長率下滑是受到重大的黑天鵝事件影響，例如新冠危機，那就是另一回事。相反的，能夠成功執行成長曲線方案的公司，而且營收成長也加速，那麼股價就有可能超越大盤。對投資人來說，成長曲線方案特別有用，因為這是股價上漲很好的催化劑。如果新產品的推出、進軍新的市場與漲價等成長曲線方案成功了，就可能帶動營收成長加

速，而且往往會使毛利增加，盈餘成長空間擴大，對股票重新評價。所以，請留意成長曲線方案。

投資科技股要賺錢，並不表示你要忽略企業的獲利。沒有獲利的成長，長期下來並不會創造價值。但是過去20年來，許多主要科技股的歷史走勢證明，營收成長，尤其是高營收成長，是未來獲利能力很好的指標。可能是公司開始利用固定成本（管理費用、建築支出、研發支出），或是規模成長可以讓單位經濟效益改善，同時公司對供應商有更大的談判空間，而且因為經驗增加與規模壯大，能更有效控制支出。

少了產品，一切免談

成功的產品創新是推升股價最大的基本面因素，尤其是營收成長，而這會推升股價。成功的產品創新可以創造全新的收入來源，並增加現有的收入。成功的產品創新可以觀察到，尤其是以消費者為主的科技公司。而且產品創新可以反覆重現，有過一兩次成功產品創新經驗的經營團隊，可能有能力繼續創造更多的創新產品，因為他們已經有相關的流程，或是企業文化鼓勵成功的產品創新。

如果基本面是長期推升股價的動力，那麼科技股最重要的基本面就是營收，那是什麼在推動營收呢？我認為有四個主要的動力：不停的產品創新、龐大的市場機會、吸引人的價值主張，以及絕佳的經營團隊。在這一堂課要看的是產品

創新。

　　產品創新有很多種。一個最明顯的例子就是蘋果在2007年6月推出第一款iPhone以來，幾乎年年都會推出新的機型。另一個沒有那麼明顯的例子是特斯拉在2008年推出Tesla Roadster後，每個月都會釋出軟體更新。在這一堂課中，我們會探討許多產品創新的例子，大部分都很成功，但也有失敗的例子，這些例子都會證明產品創新有助於提升營收和股價表現。

　　我也要提出一個簡單的道理，那就是大部分的人都可以評估產品創新，因為過去20年來，最重要的產品創新都是以消費者需求為導向。產品創新的重點一直都放在改善現有的消費者體驗，或是創造新的消費者體驗。而你就是消費者，所以你可以自己決定哪些創新很棒，哪一些很普通，哪一些很糟。

　　如果遇到一個產品或服務你認為真的很棒，或者是有大幅改善，那你可能就找到很好的股票。至少你現在有動力去好好研究這檔股票。

　　雖然這是很小的例子，但是我之所以會在2020年初時非常看好Stitch Fix，就是因為我是顧客。我對當時推出的一些新服務印象深刻，尤其是「選購你的顏色」和「選購你的外型」，這樣我就更容易找到我有興趣購買的衣服了。再加上股價被嚴重錯殺，讓我相信基本面和股價會反轉向上。沒錯，這牽涉到運氣，但是這檔股票從2020年4月的12美

元，到年底漲到70美元，部分原因就是這兩個新的功能，使得顧客指標改善，以及營收成長展望變好。

另一個比較大的例子則是2006年推出的AWS，這是亞馬遜的雲端運算服務，後來證明這是（2000年以來）最厲害、影響最大的產品創新之一，與iPhone和特斯拉齊名。現在的科技股投資人都知道，也非常重視AWS，但是剛推出時完全不是這樣。在貝佐斯第一次宣布AWS的時候，有些觀察科技股的分析師（很遺憾也包括我）抱持懷疑的態度，因為當時看起來像是轉戰一個比較小、比較像商品，而且不是很有意思的產業。結果這個「轉戰」，現在占亞馬遜1.5兆市值的一半。

AWS的故事

亞馬遜這些年來推出許多產品創新，有些失敗了，例如1999年3月推出Auction要和eBay競爭，還有2014年6月推出Fire Phone，結果評價有好有壞、消費者不太感興趣，而且在12個月內被迫減記1億7000萬美元的庫存。

其他的產品創新則是相當成功，包括Amazon Prime（2005年推出的快速到貨服務，現在全世界有超過2億訂戶）和Amazon Subscribe & Save（2007年推出的服務，會自動幫訂戶回購家用產品），還有我最喜歡的其中一項服務：亞馬遜Kindle（2007年推出的電子閱讀器，而且成為同類型產品

的領導品牌，並幫助公司的實體書零售業務避開數位反中介的問題）。

對熱愛看書的人來說，亞馬遜Kindle簡直就是天上掉下來的禮物，可以隨時下載並取得幾乎任何一本書，這是一個很大的突破。雖然第一代的Kindle既笨重又不是很好用，但後來的版本已經有大幅改善，而且他們縮短想要看某一本書和開始看書中間的時間。

這種減少使用障礙的概念，就是過去20年來網路和整個科技產業創新的關鍵。如果有更快速、更容易、更便宜的方式，消費者就會更願意去做。減少幾微秒的搜尋時間，就會更常使用Google搜尋；更容易聽到1990年代的鄉村流行金曲，就會更常使用Spotify；加快送貨的時間，就會縮短購買泳池兒童用籃球框的時間（畢竟時間就是金錢），那麼消費者就會更常使用亞馬遜。減少使用障礙的人就贏了。

總而言之，最初的Kindle減少使用障礙，而且改善的潛能很明顯。2008年初，我發表華爾街第一篇有關Kindle的報告：這是什麼產品、對亞馬遜的創新傳遞出什麼資訊，以及對亞馬遜的損益表產生什麼影響。我還記得有一個部落客批評我的分析，並且叫我「回去唸Kindle幼稚園」。我覺得他還蠻幽默的。

但是除了這個網路零售服務之外，亞馬遜最大且最成功的產品創新是2006年推出的AWS。我經常對專業投資人開玩笑說，AWS是非常重大的產品創新，他們應該把股票代

號從AMZN改成AWS才對。我的投資人客戶全都笑了，其實只有幾個人笑而已。

　　在AWS推出的時候，貝佐斯公開說過AWS的規模，有一天可能會和公司的零售業務一樣大。我當時還覺得這個說法很可笑。2006年亞馬遜的營收超過100億美元，而且有超過10億美元的營業利益是來自核心零售業務，沒有什麼全新、「無聊的IT業務」可以達到這麼高的水準。結果AWS到了2015年確實創造超過10億美元的營業利益，到了2016年營收就超過100億美元（見圖5.1）。到了2020年，AWS創造450億美元的營收，以及140億美元的營業利益，這相當於亞馬遜零售業務營收的20%，也是亞馬遜零售業務營業利益的2倍。AWS成長的速度比零售業務還要快，所以AWS其實比較適合當股票的代號。

圖5.1　AWS是全球第二大軟體公司

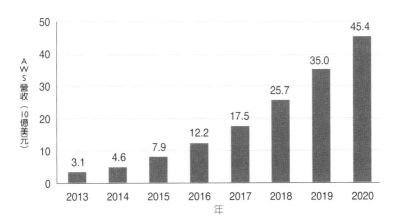

那AWS到底是什麼呢？它又為什麼會這麼創新？亞馬遜形容這是「在雲端提供高度可靠、可以擴充、低成本的基礎建設平台，為全球190個國家成千上萬的企業提供服務」。用外行人的話來說，AWS就是讓公司或組織的資訊部門外包出去。所有伺服器、伺服器的架子、資料庫、電線、纜線，以及其他東西，還有公司要用來儲存、分析和運用資料（包括產品、營運和顧客的資料）所雇用的人員，全都可以外包給AWS。企業不需要一開始就付出相當高的固定資本支出，現在的IT服務可以用多少就付多少。

AWS與雲端運算絕對是革命性的產品。他們可以增加速度和效率，讓任何的組織擴大規模。他們可以讓任何公司「執行」亞馬遜龐大伺服器基礎建設的應用程式和軟體解決方案，讓世界各地的消費者和企業都可以使用。用戶不需要投資龐大的金額在基礎建設上，因此可以節省許多的時間和金錢，並簡化複雜的營運流程。現在正在使用AWS的企業包括全球最大的數位組織，包括Facebook、LinkedIn、Netflix、Snap與中情局。

我有時候會說，AWS和雲端運算是在讓19歲的人冒險，因為他們讓任何有很好生意頭腦的19歲少年，不用花上億美元在基礎建設上就可以做生意吸引到成千上萬個客戶。這麼說來，雲端運算可以很好的帶動整個科技領域的競爭和創新。

那麼雲端運算是亞馬遜發明的嗎？並不是，那是約

瑟夫・卡爾・羅柏奈特・利克萊德（Joseph Carl Robnett Licklider）1960年代在ARPANET工作時發明的。根據維基百科的資料，亞馬遜在2006年推出「彈性電腦雲端」（Elastic Compute Cloud）產品時，將雲端運算「普及化」。不過我會用「商業化」這個詞，大部分的投資人也會這麼認為，因為AWS的營收占整個雲端運算產業營收的一半，使亞馬遜成為全球第二大軟體公司（僅次於微軟）。

如果要用一段話來說明AWS成立的故事，那麼應該是這樣：2000年時，亞馬遜的工程師試著推出一項服務，以便讓像塔吉特百貨（Target）這樣的大型零售業者建立網路購物網站。但這很難做到，因為當時並沒有一般的網路基礎建設服務（例如資料庫、庫存和電腦運算能力）。而亞馬遜內部專案建置的時間總是比預期還長，每一個團隊都是從零開始建立起這些服務。經營團隊最後靈光一閃，他們了解到內部與企業客戶的需求所展現出一個全新市場機會的潛力。

就來看看亞馬遜可能是一檔好股票的指標。我認為這些指標大約是在2008年時開始顯現出來，當時公司已經證明自己有能力維持超過20%的高營收成長，到2008年時，公司已經連續6年都有超過20%的營收成長。當公司證明是一個有高度創造力的公司（已經成功推出至少兩個不同的新產品和服務：Kindle和AWS）。你不用猜也知道雲端運算的商機有多大，你只需要知道，這間網路零售公司完全靠自己的努力（意思是，不是透過併購）推出兩項與核心業務完全不

同、而且看起來很成功的新業務。

　　投資人應該可以看出跡象：亞馬遜的核心業務（網路零售）可以創造高營收成長，而且公司可能還會創造其他的收入來源。一開始這家公司看起來像是一個「平台公司」，這是一種會成功創造許多收入來源的公司。至少亞馬遜清楚證明自己有能力創新，當一個經營團隊顯示自己過去是有創造力的團隊，這就是繼續持有這檔股票的另一個好理由，因為同樣的經營團隊還是會很有創造力（亞馬遜就是如此）。有的時候過去的表現的確是未來表現的指標。

　　就選股來說，我已經給亞馬遜「買進」的評等，直到2008年，但那是技術性買進，也就是說，如果股價飆漲到超過我的目標價時，評等就可能會改變。然後在這段期間，亞馬遜逐漸變成我的核心「長期持有」標的，這表示必須發生真的很重大的事情，才有可能改變我的評等。我愈來愈推崇亞馬遜平台的實力，即使評價大幅改變，我也不會改變我的評等，不過評價的變化的確會影響亞馬遜在「買進」清單中的排序。回想起來，雖然每一年的排序並非都正確，但是我的長期持有評等絕對是正確的。「長期持有」亞馬遜是我事業生涯中最好的一項決定。

串流影音的故事

　　AWS是顯示產品創新可以為企業創造一個全新、穩健

營收來源的好例子，串流是另一個顯示產品創新會毀掉一間公司的核心收入來源、但卻創造更穩健事業的好例子。以Netflix為例。

Netflix的共同創辦人里德‧海斯汀從一開始就想要創立串流服務公司，但1997年公司成立時，科技的環境還無法支援串流。也許最大的轉折點是在2007年美國家庭寬頻網路採用率達到50％的時候。根據聯邦通訊委員會的資料，2000年時，美國有280萬戶家庭使用高速網路，當時的高速網路是200Kbps，而要以串流觀賞標準畫質影片的建議速度是3Mbps，比2000年高速網路的速度高出15倍，所以在2000年不會有人用串流看《天人交戰》（*Traffic*）、《記憶拼圖》（*Memento*）、《衝鋒陷陣》（*Remember The Titans*）或《驚心動魄》（*Unbreakable*）。因此一直到2007年提供串流服務之前，Netflix只從事DVD郵寄出租業務。

郵寄DVD對Netflix來說是一個很不錯的業務，這讓Netflix在2007年創造12億美元的營收，有730萬付費訂戶，而淨利也有少少的6,700萬美元。雖然是門不錯的生意，但不是非常好，而且業務已經開始顯著下滑。Netflix的營收成長大減超過一半，從2006年的46％，降到2007年的21％，2008年時再降到13％，而且2007年是Netflix首度出現訂戶成長減緩，那一年的新增訂戶人數只有120萬，相較之下，2004年新增訂戶是110萬，2005年是150萬，2006年是210萬。Netflix的股價看起來也不再是成長股，2006年下

跌5%（S&P 500指數則上漲14%），2007年上漲3%（S&P 500則上漲4%），年底收盤價是3.80美元。別忘了，Netflix 的股價一度高達500美元。

　　所以是串流拯救Netflix，但是事情沒有那麼簡單。首先，經營團隊必須有勇氣擁抱串流，這個業務會打擊公司核心DVD業務的成長，而且的確如此。到了2007年底，Netflix大約有700萬DVD訂戶，現在的DVD訂戶則不到200萬。沒錯，現在串流是連想都不用想的業務，但在2007年時並非如此。Netflix必須改變業務，從支持穩定但緩慢的DVD業務，變成大舉投資在當時並沒有明確的大眾市場吸引力、單位經濟效益不確定，而且技術基礎建設也不穩定（Netflix的串流服務品質要視許多變數而定，例如個別用戶的寬頻連線品質與家中的無線網路品質）的串流服務。當Netflix宣布推出串流服務時曾警告華爾街，投資支出可能至少高達4,000萬美元，這差不多是Netflix在2006年的全部淨利，所以說Netflix下了很大的賭注。

　　接著Netflix必須對這筆賭注有很好的執行力。公司必須開發有吸引力的產品，也就是內容的選擇、使用方便、可靠等特性。一開始時只有1,000部電影（不過有7萬部的電影DVD），而且只能在最新的Windows和IE瀏覽器版本上運作，限制很多。但是Netflix這筆賭注執行得好不好？是否獲得回報？絕對沒錯。

　　在一陣起伏之後，Netflix成為領先的全球串流公司，

從2009年開始超過10年都能創造超過20%的高營收成長，2009年到2019年，每年的新增訂戶人數都在加速，除了2011到2012年以外，因為當時公司想大幅提高訂閱費並分拆DVD業務（Qwikster災難）*，阻礙訂戶數與12個月的營收成長（見表5.1）。哈佛商學院本來要針對Qwikster災難進行個案研究，但是《周六夜現場》（*Saturday Night Live*）搶先播出史上最好笑的企業短劇。後來Netflix的串流影音業務變得非常成功，使得全球最大的娛樂公司（迪士尼）也完全改變商業模式，開始推出串流業務（Disney+）。Netflix成為10年來股價表現最好的股票。

　　成功的產品創新（以這個例子來說就是串流）提振Netflix的基本面與股價。Netflix的方法就是花時間創造更好的消費者體驗去享受影視娛樂，以各種裝置提供訂戶立即隨選取得超過1萬部影片，而且Netflix獨家的影片所占的比例愈來愈高。此外，收費還低得離譜，基本訂閱費很多年來都維持在每個月7.99美元，最終（在2019年）調高基本月費到8.99美元，但這樣還是很便宜。在美國大部分的城市和鄉鎮，不可能一個人去電影院花不到8.99美元看一部電影。所以，以相當於一張電影票的錢，Netflix讓你在一整個月裡每天看兩部電影，還有超過1萬部電影可以選擇（而且很明顯一天想要看多少影集都可以）。

---

* 編注：Netflix原先預計把DVD業務分拆給新公司Qwikster，但後來分拆失敗。

表5.1　Netflix基本面的故事

年	總營收 （100萬美元）	年成長率	不重複 訂戶總人數 （100萬）	淨新增訂戶 （100萬）
2005	682	36%	4	2
2006	997	46%	6	2
2007	1,205	21%	7	1
2008	1,365	13%	9	2
2009	1,670	22%	12	3
2010	2,163	29%	20	8
2011	3,205	48%	26	6
2012	3,609	13%	35	9
2013	4,375	21%	44	9
2014	5,505	26%	57	13
2015	6,780	23%	75	17

　　成功的產品創新（也就是串流）也提供Netflix的基本面和股價另一個重大優勢，它更容易進軍國際市場，因此大幅擴大Netflix的整體潛在市場。如果是郵寄DVD服務，Netflix就不可能成功跨出美國市場。當串流在美國市場的動能加速，Netflix就開始迅速轉向全球市場，首先是2010年進軍加拿大。2011年進軍拉丁美洲，然後2012年進軍歐洲。這段時間下來，Netflix發現在國際市場消費者採用的速度和美國的經驗差不多，甚至是更快。現在Netflix超過

60%的訂戶都是美國以外的消費者。

身為分析師，我在過去整整10年來都維持Netflix的「買進」評等，真的是很好的決定！同樣的，我也有很多很糟的決定，而且過去10年來也有好幾段時間Netflix並不是很好的「看多」標的。但是有三個因素讓我長期看好Netflix：Netflix能夠維持一致的高營收成長、公司推出的串流證明他們有絕佳的產品創新能力，以及我每一季對廣大消費者所做的調查都顯示訂戶滿意度非常高。

這裡的選股重點在於，其中兩個因素都是散戶看得到的。而第三點，廣泛的對消費者進行調查，散戶可以根據自己對Netflix的服務品質和價值的印象自行判斷。做這個研究的成本一個月只要7.99美元，就可以讓你看到這個服務有多直覺、多容易使用、具有娛樂性，而且平台在不斷改進，不只是推出新的節目，有些還是原創節目（例如《紙牌屋》），還可以尋找節目、個人化設定等等。你不需要知道串流背後的機制是什麼，就像很少人知道手機是如何傳遞訊號一樣。你只需要發展合理的信念，認為串流會變得大受歡迎，而且Netflix在可預見的未來很可能成為串流的龍頭。成功的產品創新可以是好股票的好指標。

Stitch Fix

Stitch Fix在2017年11月17日以15美元上市，到2021年

初時股價漲了291％，輕鬆打敗大盤46％的漲幅。你可能會
以為在這3年來Stitch Fix都是很好的看多標的，不過你這樣
想就錯了。

　　如果你上網搜尋「SFIX IPO」，一開始看到的搜尋結果
會是「失敗的IPO」，那是因為股票上市隔天就跌破上市價
15美元，跌到14.85美元。但是只有那一天而已，Stitch Fix
的股價在接下來的兩年半實際上都維持在15美元以上，大
致上在20到30美元間，偶爾會跌破或漲破這個區間（見圖
5.2）。

　　接著新冠危機爆發，股價從2020年2月21日的29.37美
元，一路跌到4月2日的11.47美元，跌幅67％，比S&P 500
指數在這段期間24％的修正還要大。有兩個因素導致Stitch

圖 5.2　Stitch Fix 的股價走勢

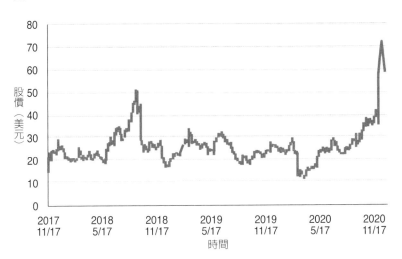

Fix的股價重挫：首先，公司的6個配送中心之中，有3個爆發新冠疫情，導致一度只能執行30%的運作量；第二，公司的產品需求大幅降低，因為就地避難的限制，使得消費者不需要優質的時尚服飾：如果只有配偶、孩子、小狗和少數的鄰居會看到你，就沒有必要「人要衣裝」了。2020年4月的季報顯示，公司連續14季超過20%的營收成長中止，營收年減9%。

以下是Stitch Fix成立以來的重點。這家公司是由卡翠娜‧雷克（Katrina Lake）在2011年創立。Stitch Fix提供個人時尚服務，收取一次性的設計費用，然後寄送為個人挑選的服飾和配件。客戶要先填寫一份線上調查表，然後設計師會利用演算法所產生的結果，挑選5件產品寄送給客戶。顧客安排一天去收取產品，公司稱這是「出貨」（Fix）。顧客收到產品後有3天的時間可以選擇要收下產品，或是要退回部分或全部的產品。顧客也可以選擇送貨頻率，例如每兩周一次、一個月一次，或兩個月一次。

我後來很喜歡這個服務和這間公司的股票，對我來說這個服務很有用，因為他幫助我得到更多時尚產品（很容易達成的任務），而且很方便（東西就送到我家門口），而且穿起來很舒服（我在逛服飾店的時候從來不這麼覺得，也許是對時尚的不安全感）。這檔股票看起來似乎會大漲，因為已經達到相當大的規模（10億美元的年營收，200萬經常使用的顧客）、擁有獲利能力（上市時已經連續兩年有獲利），

還有最重要的就是高營收成長（上市時就已經有連續好幾年超過20%的營收成長）。

所以我在2017年12月最初給「買進」評等，目標價29美元。然後我開始等股價反應，一直等、一直等，就是沒反應。其實這麼說也不對，2018年的股價跌了34%，然後2019年又漲了50%，最後收在26美元，和2018年初時的股價是一樣的。所以表示兩年來股價都沒變，儘管這兩年還是有高營收成長。

所以是哪裡出了問題呢？就是主要的顧客指標。從2018年初開始，接下來的6季中有5季的新增顧客成長人數減緩。舉例來說，2017年7月的季報，Stitch Fix增加12萬名顧客，但是到了2018年7月的季報只增加5萬4000人。營收成長持續，但顧客人數成長卻沒有（見表5.2）。新增顧客成長減緩最後拖累營收成長，這就是市場對Stitch Fix的看法。Stitch Fix需要成長曲線方案和重大的產品創新，才能改變市場的觀點。而公司就是這麼做的。

從2019年初開始，Stitch Fix推出兩個新的成長曲線方案：進軍英國市場，以及推出兒童服飾。這兩個方案都需要時間才會看到成效，而且第一年進軍英國市場時有些延誤，也面臨一些挑戰。但這兩個措施都提升公司的長期成長展望，並擴大整體潛在市場。這兩個方案都包括調整和改變Stitch Fix的核心產品，然後推出一系列客製化的改進，使他們的服務變得更客製化。新的功能全部都包含在一個稱為

表5.2　Stitch Fix 背後的基本面故事

季	總營收（100萬美元）	年成長率	活躍客戶（1000人）	新增活躍客戶（1000人）
2018年1月	296	24%	2,508	112
2018年4月	317	29%	2,688	180
2018年7月	318	23%	2,742	54
2018年10月	366	24%	2,930	188
2019年1月	370	25%	2,961	31
2019年4月	409	29%	3,133	172
2019年7月	432	36%	3,236	103
2019年10月	445	21%	3,416	180
2020年1月	452	22%	3,465	49

「直接購買功能」（direct buy functionality）下，讓用戶可以直接向 Stitch Fix 購買服飾，不必再等下一次「出貨」。

　　Stitch Fix 的 APP 和電子郵件會根據之前買過的產品，建議可能想買的產品。例如可以搭配之前買過商品的產品（一件可以搭配休閒褲的襯衫），或是很像之前買過商品的產品（同樣的上衣，只是不同的顏色），或是可以搭配或取代之前買過商品的產品。我知道卡翠娜和她的團隊致力於一些創新功能已經有一段時間了，但我曾經向她抱怨過，我很喜歡我買的一條牛仔褲，但是公司並沒有提供我用一個簡單的方法再買一條。而當時卡翠娜告訴我：「我們正在研究。」

　　這些客製化（也就是產品改進）開始有成效，到了2020年7月的季報時，Stitch Fix的新增顧客人數比2019年7月的季報稍微成長（10萬4000人）。2020年10月的季報則增加24萬1000人，這是公司有史以來新增顧客人數最多的一季。並不是新冠疫情的管制放鬆使得新增顧客人數增加，因為後來新冠病毒案例再次增加，美國許多地方又恢復封城令，而是因為這些產品創新的累積效應，使成功率、顧客回購率，以及整體的顧客滿意度得以改善。此外營收成長再次加速，而且公司的財測預估年度營收成長將會恢復到20%以上。到了2020年的下半年，Stitch Fix股價就飆漲136%。

　　Stitch Fix這間公司和SFIX這檔股票始終在不斷的進步。2020年3月初，公司公布的1月季報令人失望，結果股價重挫超過20%。公司表示是因為出貨延遲，而且需要進一步調整「直接購買功能」，才能推出讓所有的顧客使用。從Stitch Fix的歷史可以看得很清楚，成功的產品創新是公司的基本面和股價的關鍵因素，而**持續**成功的產品創新也是基本面和股價的重要因素。

Spotify

　　在2019年初的一篇部落格貼文中，Spotify創辦人兼執行長丹尼爾‧艾克（Daniel Ek）宣布，聲音（不只是音樂）將是「Spotify的未來」。他說Spotify已經是全世界最多

人使用的APP之一，但他看到一個「以全新方式超越音樂去接觸到用戶」的機會。Spotify正準備進軍podcast市場，艾克的貼文宣布當時正要收購兩間podcast公司（Gimlet和Anchor），而Spotify的財務長巴里・麥卡錫（Netflix知名的前財務長）則是宣布公司打算在2019年花4億到5億美元收購podcast節目。

所以這個產品創新大多奠基在併購上，雖然不是全部。除了2019年的併購之外，Spotify也花1億美元找來非常受歡迎的podcast主持人喬・羅根（Joe Rogan）在2020年底加入公司的平台，還以相當高的金額讓比爾・西門斯（Bill Simmons）、蜜雪兒・歐巴馬（Michelle Obama）與艾美・舒默（Amy Schumer）加入，總金額將近10億美元。想要知道這個金額有多大嗎？10億美元比Spotify在2016年、2017年、2018年和2019年創造的自由現金流總和還多。沒錯，這是一筆**大賭注**，就像Netflix賭在串流一樣。

這是傳統的產品創新嗎？並不是，但是對Spotify的用戶體驗來說，這絕對是產品創新。同樣只要花基本月費9.99美元，Spotify的用戶可以不受廣告打擾，收聽幾乎所有音樂，還有不斷累積的優質、談論各種主題的podcast節目，包括喜劇、新聞與政治、犯罪紀實、名人資訊等等主題。對大部分的Spotify的付費訂戶來說，他們的訂戶費物超所值，他們的Spotify體驗正在改善。

這個產品創新成功了嗎？是的，但我們先來看看公司的

背景故事。

　　Spotify是2006年由丹尼爾‧艾克和馬丁‧洛倫森
（Martin Lorentzon）在瑞典的斯德哥爾摩成立，2009年進軍
英國，然後2011年進軍美國，目前幾乎在全世界所有國家
經營，除了中國、北韓與少數幾個國家。2011年，Spotify
公布付費訂戶有100萬人。到了2020年底，這個數字增加到
1億5000萬人，每個月的活躍用戶約為3億5000萬。Spotify
採用免費增值模式，也就是提供免費但由廣告支付的音樂串
流服務，以及付費訂閱而無廣告的服務。這是目前世界上最
大的音樂／聲音服務，用戶比其他服務還要多出兩倍以上。

　　Spotify在2018年4月3日上市，參考價是132美元。
我在3月底給予「買進」評等，目標價220美元（這是直
接上市，而非傳統的IPO，所以研究報告公布的規定也不
同）。我的第一份報告標題是〈我看到警長了〉（I SPOT the
Sheriff）*，回頭看這個標題很蠢。我看多的理由很簡單：
音樂將會開始串流，串流可以走到全球；Spotify是全球的
領導品牌，而且有可持續的競爭優勢；Spotify的商業模
式正在轉趨向上，評價很合理，而且我的目標價隱含將近
70%的上漲空間。

　　接下來兩年的股價幾乎沒有變動，和Stitch Fix很像
（見圖5.3）。從2018年4月上市時的132美元，到2019年4
月初是140美元，到2020年4月初又回到132美元，Spotify
的股價這兩年來幾乎沒有什麼改變。這表示股價表現比S&P

圖5.3　Spotify的產品創新讓股價解鎖

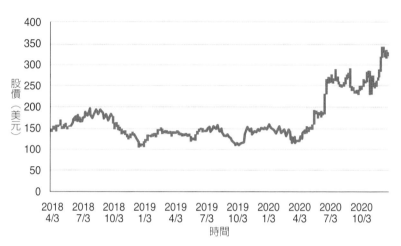

500指數下滑4％稍微好一點，這要多虧2020年2月底爆發的新冠疫情。雖然Spotify之前至少4年創造高營收成長（20％以上），而且從2016年到2019年新增的每月活躍用戶大幅增加，從2016年的3,200萬、2017年的3,600萬、2018年的4,800萬，到2019年是6,400萬，但股價並沒有大幅超越大盤。

　　股價沒有起色是因為毛利率偏低所帶來的壓力，部分原因是大型唱片公司對產業經濟的限制，以及因為Spotify在經濟較差的地方用戶成長較多，例如亞洲（定價較低），導

---

*　編注：Spotify的股票代號是SPOT，英文字剛好是「看到」的意思。

致用戶平均收入下滑所帶來的壓力，還有成長轉移到產生營收較低的家庭與學生方案。股價需要解鎖，而這就是產品創新和podcast開始發揮作用的時候。

雖然Spotify在2019年初就推出重大的podcast方案，但是一直到2020年才開始對主要顧客指標產生影響。在2020年前3季，Spotify的顧客續約率開始增加，而且每月平均用戶也增加，股價開始有所反應，2020年上漲109％，終於突破了2018年8月的高點，在2020年6月漲到當時的高點192美元，然後又繼續大幅上漲。雖然有一些科技公司很明顯受惠於新冠疫情，例如Zoom、Netflix和亞馬遜是三個最大的贏家，但是Spotify並非其中之一，公司的營收成長和主要用戶指標並沒有出現顯著的正向轉折。不過用戶指標的確有顯著的改善，主要就是因為podcast的吸引力。

Spotify的故事不只有積極投資在podcast產品創新與股價解鎖。一方面，Spotify投資podcast的時機很好。我對線上音樂和podcast用戶進行8年的調查，2020年，美國家庭線上收聽podcast的比例首次遠超過50％；第二，podcast為Spotify創造一個機會可以讓收入稍微多元化，那就是創造更多的廣告收入，而且可能可以改善毛利率，因為podcast產生的廣告收入不需要與大型唱片公司分享；第三，podcast提高Spotify服務的整體價值，使公司終於可以對用戶調整訂閱費。

我會接觸到有趣的podcast是因為熱門的HBO影集《核

爆家園》(*Chernobyl*)，這部影集在2020年贏得金球獎最佳迷你影集，我覺得這部總共5集的迷你影集非常好看，而且我發現還有一個5小時的podcast節目是在討論這部影集，所以我就在Spotify上全部聽完了。我負責主持2019年11月的一場投資人會議，當時Spotify即將離職的財務長巴里‧麥卡錫和即將接任的財務長保羅‧沃格(Paul Vogel)在問答時，我脫稿演出，因為我想讓他們和出席者知道，對我來說，podcast是改變情勢很重大的因素。聽《核爆家園》podcast帶給我的快感，把Spotify在2020年「買進」清單中的排名拉高。

這是另一個例子顯示，即使是透過收購，成功的產品創新對基本面和股價的影響有多大。所以要眼觀四面、耳聽八方，這樣你就有可能遇到可以創造良好選股機會的例子。

為什麼Spotify可以打敗Pandora？

2021年3月，Spotify的市值已經超過500億美元。2019年2月，SiriusXM以35億美元併購Pandora，這表示Spotify的市值比兩年前被併購的Pandora高出15倍。所以Spotify勝出。但是為什麼呢？這件事帶來怎樣的投資教訓？

Spotify和Pandora在很多方面很類似。他們都是早期音樂串流的先驅。Pandora在2000年成立，Spotify則在2006年成立，當時三大唱片公司（環球、索尼和華納音樂）擁有絕

大多數現代流行音樂的版權，因此它們都同樣面臨產業的供應者過於集中，所以很難從中獲得利益的挑戰。他們還面臨三大科技平台的強勢競爭，包括蘋果、Google和亞馬遜。最後，兩間公司的營收都包括廣告和消費者付出的訂閱費，不過Pandora傾向內嵌廣告的服務，而Spotify則傾向提供付費訂閱。

不過Spotify和Pandora也有很多不同的地方，這些差異也許可以解釋Spotify勝出的原因。首先Spotify更擅長產品創新，也就是這一堂課的主題。這一點很難證明，但是這些年來我所做的用戶調查明確顯示，消費者比較喜歡Spotify的功能。此外，還有一個明顯的差異，那就是Spotify花在研發上的資金比Pandora高出許多。從2016年到2018年，Spotify花在研發上的資金比Pandora高出大約3倍（11億美元 vs. 3.5億美元）。第二，Spotify發源於歐洲，這是使得Spotify比Pandora更國際化的原因之一。

雖然Pandora曾經短暫進軍澳洲和紐西蘭，但實際上還是一間只經營美國市場的公司。而Spotify最後則是進軍全世界幾乎所有的市場，除了中國和少數其他國家。這表示Spotify面對的整體潛在市場比Pandora還要大，所以更能利用規模效益。最後，Spotify受惠於更一致、以創辦人為主的經營團隊。共同創辦人艾克一直都是Spotify的執行長，但在2013到2017年的5年間，Pandora卻換了5位不同的執行長。

　　這就是Spotify勝出的原因。而且這顯示不停的產品創新、大規模的整體潛在市場，以及絕佳的經營團隊，就是公司和股價會成功的主要因素。選股時，請尋找這些條件。

產品創新失敗的下場

　　如果找出Twitter從上市以來的股價走勢圖，就會看到一個微笑（見圖5.4），不是你在微笑，而是會看到一個微笑曲線。你會看到Twitter的股價走勢圖從左上角開始，然後持續往下走3年，然後再持續往上走3年，然後在2020年底回到2014年初時的水準。雖然看起來有點扭曲，但仍然是一個微笑。

　　這個微笑有好幾種解讀方式，但是對於在上市時買進的長期投資人，或是一年後、兩年後買進的人來說，並不是成功的投資。和大多數股票一樣，這也有精挑細選的機會。在幾乎整個2016和2017年，Twitter的股價維持在15到20美元，可以買進股票並在2018年中突破這個區間後賣出，或是持有到2020下半年網路廣告股飆漲的時候，就能夠創造超越大盤的報酬率。但是這張股價走勢圖特別值得注意的是，Twitter有很長一段時間是失敗的新股投資，大約有4年股價都低於上市價格，之後才反彈。即使是這樣，也要到2020下半年才有顯著的漲勢。這有幾個主要的原因，但其中一個原因就是產品創新失敗。就先快速看一下Twitter的

圖5.4　Twitter的微笑走勢圖

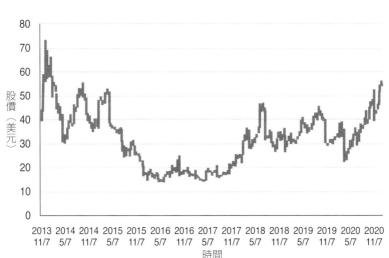

故事。

　　Twitter是在2013年11月7日以26美元上市，第一個交易日就爆漲73％，收在將近46美元。股價一直上漲，兩個月後，到了1月初時達到69美元。後來Twitter的股價連續7年沒有看到這個價格。2015年5月初，在3月季報的結果異常疲弱下，股價跌破38美元，直到2018年底和2019年底才看到46美元。在整個2016和2017年，Twitter都是「失敗的IPO」，股價都遠低於上市價26美元。Twitter在2020年底收在54美元，比第一個交易日的收盤價46美元高出將近20％，花了超過7年。這其中一定有什麼教訓可以學習。

　　確實如此，但先大致了解公司背景會有幫助。Twitter在

2006年3月由傑克・多西、諾亞・格拉斯（Noah Glass）、畢茲・史東（Biz Stone）與艾文・威廉森（Evan Williams）成立。Twitter是一種微網誌和社交網路服務，用戶可以發文和回應留言，而這些發文和回應稱爲推文（tweet）。有些推文會變得很有名，例如2011年5月1日，索海布・阿沙爾（Sohaib Athar）推文：「凌晨一點直升機在亞波特巴德（Abbottabad）上空盤旋（是很罕見的事）。」這是第一個以網誌現場記錄突襲奧薩瑪・賓拉登（Osama bin Laden）的行動；愛倫・狄珍妮（Ellen DeGeneres）在2014年的奧斯卡頒獎典禮上貼上一張和布萊德彼特（Brad Pitt）、梅莉史翠普（Meryl Streep）、布萊德利庫柏（Bradley Cooper）與一些明星的合照，這張照片後來被重推310萬次；2011年3月的推文警告日本民眾發生8.9級的地震，而這場地震又演變成後來的福島核災；川普總統在4年的任期內都使用Twitter來制訂政策，包括開除資深官員。

　　Twitter幫助塑造時代精神，即使到現在也是這樣。Twitter現在有2億用戶，連續6年都創造相當高的正現金流。從上市以來，營收增加到將近3倍，從2014年的14億美元，一直到2021年遠超過40億美元。但股價走勢圖還是令人失望的長長微笑。

　　Twitter的其中一個挑戰就是營收。和Snap很類似的一點是，Twitter在上市後的最初兩年，成長都穩定減緩：從2013年12月季報年成長116％，到2016年6月季報年成長

20％，這導致這段期間股價營收比穩定從17倍下滑到5倍。2016年6月季報之後，成長仍持續減弱，只有一次因為2017年營收驚人下降3％，使2018年成長超過20％，然後才在2020年12月的季報飆升至28％。之所以驚人是因為這間公司是在一個長期成長的產業（網路廣告）競爭，這個產業的年成長率至少有15％，而且這是一個全球性的品牌，有龐大的用戶群。

從2016到2020年的5年來，Twitter在主要網路廣告平台公司（Facebook、Google、Pinterest和Snap）中，一直是財報表現最差的。這裡的最差不是指獲利率，而是投資人最重視的營收成長。在這段期間，行銷支出很顯然都轉移到網路，但Twitter卻在主要網路廣告平台中敬陪末座。

Twitter從2014到2019年的基本面與股價面臨的挑戰，很難說是某一個特定因素造成的，但也不能不說是因為公司產品開發很弱的關係，也許也和公司特殊的管理結構有關。這些因素是我這7年來一直給Twitter「持有」或「賣出」評等的原因，只有在股票上市6個月後，錯誤的給予「買進」評等。

我說「產品開發很弱」是指Twitter提供給廣告主在平台上管理廣告活動的工具。部分可能是因為這個平台瞄準用戶的能力有限，因為Twitter能讓用戶維持匿名。我可以在Twitter用@toptechstockpicker（頂尖科技股選股專家，但這不是我真正的Twitter用戶名稱），但Facebook會知道我是馬

克‧馬哈尼，還有一大堆人口統計和消費心態的詳細資訊可以使用。Twitter早期對廣告商的說法是，Facebook有用戶的社交圖譜，Twitter則有用戶的興趣圖譜：他們會追蹤哪些部落客和用戶，但是這些資料可能讓廣告主對用戶的了解有限。直到2019年底前，Twitter的功能都無法讓用戶追蹤特定的主題（例如創投、奧斯卡獎、馬里蘭大學男籃）。

　　Twitter的經營團隊在2021年2月25日的分析師會議上，承認公司的產品開發弱點，這點值得讚許。執行長傑克‧多西特別承認，公司的發展緩慢，而且不夠創新：

> 我們承認自己不夠創新，這和我們的反應太慢有關。如果我們不能快速推出程式碼，就不能反覆實驗，而且每次推出新功能都有很大的期待和花費。幾年前要花6個月到1年的時間，才能讓客戶使用一個新功能或新產品，但我們現在的狀況比較好了，我們的目標是持續在幾周內推出新功能。

　　而且很遺憾，Twitter的用戶人數也比Facebook和Google少很多（只有它們的1/3），所以廣告商**非常**重視的觸及人數和曝光頻率都比不上Facebook。Snap的年輕用戶很多，Pinterest明顯是以商業為主，Pinterest的用戶會尋找例如居家裝潢之類的資訊，舉例來說，可以幫助他們裝潢房屋，而Twitter就只是有一大堆匿名用戶、很多粗魯、不堪、負

面的言論（而且會拖很久才被刪除），還有用戶的「興趣圖譜」。因爲這些因素，Twitter的產品創新必須非常完美，不過實際情況是公司並沒有這麼做。

這讓我想到兩個近期的例子。第一個是Twitter公布2019年9月季報時，結果令人失望，營收和營業利益率都比華爾街預期還要差很多，結果股價在單日內重挫20％。經營團隊歸咎在「生產收益的問題」（revenue product issues），而且是「程式錯誤」（bug）讓Twitter無法做定向廣告，並且與廣告主分享資料；第二個例子是一年後，Twitter公布2020年9月季報的結果好壞參半，股價也同樣在一天內狂瀉20％。

對華爾街來說，最大的負面因素是用戶增加人數大幅減少，但是公司一直拖延到2021年，才推出一個投資人引頸期盼的重要廣告產品改進，希望能使成長加速，也是令投資人失望的原因。同樣的，由於公司在網路廣告產業的地位很差，Twitter必須完美執行產品創新，但它就是辦不到。

很難不去比較Twitter和Snap的產品開發、基本面和股價挑戰（見表5.3）。雖然Snap初期的產品開發一團亂（尤其是在Android裝置上的整合挑戰），但公司過去幾年來也推出一系列針對用戶與廣告商高度創新功能，創造大量的用戶群，使得廣告營收也持續且顯著的成長。這就是Snap的股價雖然一開始也是下滑，但卻不像Twitter那樣呈現拉長的微笑的原因。

Snap的產品創新眞的比Twitter好很多嗎？除了Twitter自己負責任的揭露一些產品問題外，這很難證明。我相信散戶、甚至專業投資人也很難判斷。但Snap有很強的產品創新能力，是任何投資人都能發現的，Snap有很多新功能都被Facebook模仿，從和Snap很相似的地理位置濾鏡和自拍面具、Snap的Story功能，以及Snap與手機相機相關的產品，有很多Facebook跟著Snap腳步的例子。你只要搜尋「Facebook抄了Snap哪些功能」，就可以找到很多文章和其他例子。這不是祕密，而且也不違法。Snap的執行長伊凡·斯皮格很有風度，公開說，Facebook的抄襲「我老婆比我還要不爽」。對投資人來說，產品被競爭者仿效是一個很合理的好跡象，顯示公司的產品創新能力很好。模仿也許

表5.3　Twitter（上）和Snap（下）的基本面比較

	2017	2018	2019	2020
廣告收入（100萬美元） 年成長	2,100 -6%	2,617 24%	2,993 14%	3,207 7%
mDAU（100萬人） 年成長	115 -	126 9%	152 21%	192 27%

	2017	2018	2019	2020
總營收（100萬美元） 年成長	825 104%	1,180 43%	1,716 45%	2,506 46%
mDAU（100萬人） 年成長	176 22%	188 7%	205 9%	245 19%

mDAU = 可變現每日活躍用戶數

是最能顯示產品創新成功的方式。

　　Twitter的產品創新紀錄不太好，可能是因為公司特殊的管理團隊結構，實際上傑克・多西同時擔任Twitter和Square的執行長。現在的確有幾個成功擔任兩間公司執行長的例子，例如伊隆・馬斯克（Elon Musk），他在特斯拉就展現卓越的創造力。而多西的另一間公司Square在公開市場上的表現也非常出色。我也認為，多西共同創辦兩間不同的公司，而且都很成功，的確是很值得稱許。他絕對是我們這個世代最厲害的創業者之一。

　　我記得在2015年中Square上市的研究分析師會議期間，我和多西聊天時的一段話。我特地問他怎麼有辦法在同時擔任兩間公司執行長的需求中取得平衡。他直視我的雙眼，把手親切的放在我的肩膀上，然後說：「我非常善於利用時間。」我微笑走開，心裡想：「我也很善於利用時間，我是華爾街的分析師、養育四個孩子，還能同時在Netflix盡情追劇，但我認為不可能同時經營兩間納入S&P 500指數成分股的企業。」我還是傾向執行長只能付出一半的時間，是Twitter有時候產品開發能力不佳背後的原因之一，但我還是很佩服多西的成功與自信。

　　我想把對Twitter的評論結束在一個觀察上，那就是成功的產品創新能力不是非黑即白的。一間公司過去的產品創新能力可能好壞參半，但不表示永遠都會這樣。2021年初時，Twitter實際上因為重新打造網路廣告管理系統（ad server），以及推出很多合理的新產品功能，例如Fleets（短暫動態）、Spaces（語音聊天直播）、更穩定的Topics，以及新的訂閱產品，展現產品創新能力改善的證據。如果這些產品創新都做對了，最終能帶動基本面達到轉折點，將Twitter的股價推升超越上市價。

本章摘要

產品創新很重要。成功的產品創新能力是推升基本面最大的動力之一，尤其是營收成長，而營收成長又是推升股價的動力。成功的產品創新可以創造全新的收入來源（例如亞馬遜的雲端運算）、取代現有的營收來源（例如Netflix的DVD和串流），以及提升現有營收和推升主要顧客指標（例如Spotify投資podcast，以及Stitch Fix的「直接購買功能」可能也是）。如果你能找到成功的產品創新，這可能是長期推升股價的動力。

產品創新能力可以看得到。市場的投資人，包括我在內，很少一開始就看出雲端運算的革命性、市場機會有多大。但是在AWS推出後的幾年內，雲端運算成為許多新聞報導的趨勢，而投資人只要知道，雲端運算對這間原本在網路賣書的公司來說是個實質的好機會，並且因此認為亞馬遜是間有創造力的公司就行了。要調查Netflix的串流是否是好的產品創新需要花多少錢？7.99美元。現在一些最有趣的產品創新都是以消費者為導向，思考一下零工經濟（gig economy）公司，如Airbnb、DoorDash、Lyft和Uber，這些公司10年前根本不存在。你就是消費者，你可以試試他們的服務，如果你很喜歡，那可能就是個很好的投資機會。最後，當你看到一間公司的創新被別人積極模仿（Snap的功能被Facebook模

仿），那麼被模仿的公司很可能是受人認可的創新公司。

產品創新會重複出現。一間公司或經營團隊如果有一、兩次讓人讚嘆的產品創新，也許就有能力持續產生更多創新。當亞馬遜這樣的公司「發明」網路零售業、雲端運算和Kindle，那麼它可能就有能力在其他領域上創新（例如廣告營收、Echo裝置，或無人商店），因為公司有創新的流程或文化，或是經營團隊會鼓勵成功的產品創新。如果Netflix能成功創造串流，那麼它也許就有能力成功創造原創的節目，然後再創造各種語言的原創節目，而Netflix的確辦到了。有時候，過去的成功**真的就是**未來表現的指標。

整體潛在市場愈大愈好

整體潛在市場很重要。整體潛在市場愈大,高營收
成長的機會就愈大,而高營收成長就是科技股和成
長股的主要動力。藉由排除使用障礙和增加新的使
用案例,可以擴大整體潛在市場。有時候很難確定
整體潛在市場,尤其是在一項傳統產業被破壞的時
候,這時就需要有創意的新方法來衡量市場機會。
最後,龐大的整體潛在市場有助於帶動成長,使規
模擴大,這麼做的內在效益在於經驗曲線、單位經
濟效益優勢、競爭護城河,以及網路效應。規模經
濟會勝出,而龐大的整體潛在市場能提高企業善用
規模效益的機會。

整體潛在市場是營收成長的第二大動力,也是最重要的

基本面指標，這可以推升股價。我們就開始吧。

　　金融業有一個概念叫做大數法則，這是統計與機率論的誤用版本，主要是說，當企業變得愈大，成長率不可避免會減緩。這非常合理，但未必如此。

　　這裡做個思想實驗。假設你有兩間公司，A公司的營收是100億美元，B公司的營收是1,000億美元。在所有條件相同下，哪一間公司會成長比較快？大數法則會說是A公司。但如果A公司是在500億美元的市場中競爭，而B公司是在1兆美元的市場競爭呢？這樣的話，A公司占整體潛在市場的20%，B公司占整體潛在市場的10%。你大概懂我的意思了，你可能會說，「在所有條件相同下」的限制誤導你了。

　　真正的重點是，雖然規模的確會影響成長潛力，但整體潛在市場更重要。這就是為什麼Google（B公司）在營收達到、然後超過1,000億美元之後，還是能維持高營收成長（20%）這麼多年（10年！）。

　　整體潛在市場是投資時非常重要的考量因素，因為這有助於判斷營收成長，這是我這些年來學到最大的教訓，而且，你猜的沒錯，整體潛在市場愈大愈好。

　　專業投資人很清楚這一點，這就是為什麼幾乎所有上市公司，以及所有想要上市的公司，在投資人說明會時，一開始就先說明整體潛在市場的預估。投資人說明會的簡報通常是這樣層層展開的：

1. 我們面對的是$XYZ億美元龐大的整體潛在市場。
2. 我們是這個$XYZ億美元龐大的整體潛在市場的領導者／領導者之一。
3. 我們來看看獲得$XYZ億美元龐大的整體潛在市場更高市占率的策略。
4. 我們的技術正好可以支持我們在$XYZ億美元龐大的整體潛在市場的成長計畫。
5. 我們的經營團隊都是經驗豐富的巨星，我們一定能在$XYZ億美元龐大的整體潛在市場中勝出。
6. 我們剛才提到我們面對的是$XYZ億美元龐大的整體潛在市場嗎？

　　沒錯，整體潛在市場是重要的因素，所以會以「有創意的方式」估算、預估並列成清單。公司能夠說服別人預估的整體潛在市場愈大，分析師與投資人就愈會考慮投資這間公司的股票。我也看過整體潛在市場被誤解或沒有被真正了解的例子，在研究潛在投資標的時，了解公司的整體潛在市場對投資人是最重要的事。較大的整體潛在市場可以創造更多營收成長的機會，而且能夠有很大的規模效益。

Google 不是傳統的公司

　　Google 2004年的上市公開說明書一開始是創辦人瑟

吉・布林（Sergey Brin）和賴利・佩吉寫的一封信。一開頭的兩句話是：「Google不是傳統的公司，我們也不打算成為傳統的公司。」

Google在很大的程度上沒有辜負這項承諾。創辦人的信中承諾的事還包括「不作惡」，以及「讓世界變得更好」。公司總部鼓勵並維持大學校園的氣氛，充滿創意和挑戰，有很多整夜不打烊的美食咖啡館。公司第一個「分析師日」的特色不是財務長喬治・雷耶斯（George Reyes）的報告，而是行政主廚查理・艾爾斯（Charlie Ayers）的報告。我在隔天發表的投資報告中，對這件事提出批評，結果Google的投資人關係部主管（莉絲・拜爾〔Lise Buyer〕，現在是我的好朋友）憤怒的回應：「不然你要我們的財務長說什麼？你明知道我們不談短期財務目標。」我的回應是：「該怎麼說呢，那談談長期財務目標如何？」

Google在維持長期投資目標上也不傳統。公司從來不提供財測給華爾街參考，經營團隊非常樂意在某個季報內嘗試改變搜尋演算法，就算這麼做會導致財報結果低於分析師的預期。結果這種長期傾向對Google的投資人來說是很好的事。

Google從來不會試著明確說明、預估或量化整體潛在市場，這也不傳統。18年後回頭看Google的上市公開說明書，這是最大的缺失部分。如果你去看任何一間大型網路廣告公司的上市公開說明書，就會看到某個地方會提到或討論

全球廣告市場。舉例來說，Pinterest 2019年的上市公開說明書在「市場機會」那節中提到，全球廣告市場是8,260億美元，但Google的上市公開說明書就沒有這樣的東西。

我不知道爲什麼Google的上市公開說明書沒有具體說明整體潛在市場，我猜是因爲經營團隊考量到產品已經引起很多人興趣，所以覺得沒有必要，或是眞的不知道該如何衡量眞正的市場機會。提供全世界的人這個世界的資訊，服務的市場有多大？或是讓任何地方的任何廣告商，把廣告放在正在尋找相關資訊的消費者眼前，這樣的服務市場有多大？機會非常大，而且幾乎從一開始就爲Google創造高營收成長的機會，並且多年來帶動Google的股價愈來愈高。

Google的簡史

Google是由佩吉和布林在1998年成立，當時他們還是史丹佛大學的博士生。他們的大膽目標是爲身在世界任何地方的任何人立即提供任何主題的相關資訊，他們靠著部署一種稱爲PageRank的專利演算法辦到了（至少到目前爲止比任何人都做得更好），這個演算法會根據連結到那個頁面的所有網頁數目和品質加以排名，簡直就是魔法！

在上市公開說明書中創辦人的信裡宣稱，公司致力於提供用戶「絕佳的商業資訊」。令Google在財務上成功的原因是在Google上進行搜尋，找到的結果有很大的比例（大

約1/3）是商業內容。舉例來說，如何找到飛往休士頓最便宜的班機、去哪裡買棒球手套、如何雇用好的醫療事故律師，而且有很多行銷人員很樂意付費針對這些搜尋直接提供廣告。

有兩個主要的原因可以解釋為什麼Google一直有這麼龐大的整體潛在市場，以及高營收成長的機會。

第一，Google大幅提升取得資訊的便利性。Google可以讓人更容易在網路上搜尋任何東西，因為當時全世界所有的資訊都移到網路上，而Google使得尋找全世界的任何東西都變得相對容易，而且又快又免費。想一想，你有多常「上Google搜尋」。長期下來，Google讓「記憶事實」變成落後、老舊的活動，何必記憶任何東西呢？只要上Google搜尋就好了。而Google再加上影音網站小老弟YouTube，已經變成我們這個世代最好的一種教學工具。

第二，Google也創造出有史以來最好的廣告和行銷工具之一，這是真的。在Google搜尋中，只有在用戶點選你的廣告並進入你的網站時，你才需要付費。行銷費用不會浪費在只是「留個印象」。誰真的會在經過時代廣場的時候看到並注意我的廣告？誰知道？現在就算有人點選你的搜尋廣告，進入你的網頁，但是沒有買你兜售的產品或服務，至少你會知道你的廣告費花在哪裡，你知道這會為生意帶來潛在客戶，這表示你可以計算在Google搜尋廣告的投資報酬率。更好的是，你幾乎可以藉由花在Google搜尋的費用，

產生任何想要的投資報酬率。

　　搜尋的計算方式是這樣子的，假設你在加州的索諾瑪市（Sonoma）經營一間精品旅館，你想要增加業務量，也就是吸引更多人入住。你對「索諾瑪市精品旅館」的關鍵字出價，並決定每次有人點選你在Google的付費搜尋連結，你就要支付3美元，而且只有在有人輸入「索諾瑪市精品旅館」時，你的搜尋廣告才會出現。然後假設進入你的網站的人中有10%會真的訂房，也就是轉換率10%，平均入住時間是兩天，而且平均每日房價是150美元。所以，你以30美元的成本創造300美元的營收，扣掉行銷的支出就是270美元，因此行銷支出的投資報酬率是9倍。

　　這個例子很酷，有兩個原因。第一，使用Google搜尋，你就可以計算投資報酬率，至少比起任何提供印象的廣告模式（他們有看到我的廣告嗎？）少了很多猜測。第二，你可以自己增減投資報酬率，想要吸引更多的潛在旅客入住嗎？那你可以提高「索諾瑪市精品旅館」關鍵字的出價，提高搜尋結果出現的位置，那麼點選的人數就會增加。以每個房間相同的轉換率來計算，點選一次6美元，你就能創造240美元的收入，那麼投資報酬就是4倍。或者你可以決定藉著把出價降到2美元來得到更高的投資報酬率，那麼投資報酬就是14倍。這樣看到廣告的潛在客戶肯定會變少，因為你在搜尋結果的位置會變低。但是投資報酬率（主要）還是掌握在自己手中，這就是Google的祕密配

方，而且這個祕密配方實在是太美味了，所以行銷人員讓Google成為世界上最大的行銷通路。沒錯，現在全世界的行銷支出有大約15％都花在同一間公司，那就是Google，從來沒有任何一間公司有這麼強的地位。

有個產業專家一開始就了解到Google的破壞力，那就是CBS和天狼星廣播公司（Sirius Radio）的前執行長，梅爾・卡瑪辛（Mel Karmazin）。作家肯恩・歐來塔（Ken Auletta）在《Google大未來：工程師與企業家的戰爭，將把世界帶向何方？》（*Googled: The End of the World as We Know It*）中，揭露卡瑪辛早期參觀過Google總部的故事。在聽完高階主管解釋的商業模式之後，據說卡瑪辛說了一句非常「有名」的話：「你們在亂搞魔法。」Google提供更好的行銷管道給所有的廣告主：更好的衡量方式、更好的分析工具、更多掌控權、更好的結果。

據說知名的零售業高階主管約翰・沃納梅克（John Wanamaker）曾經說過一句很有名的話：「我花的廣告費有一半都浪費掉了，問題是，我不知道哪一半浪費了。」而Google就是要讓你清楚看到你的廣告費都花到哪裡去了（有多少潛在客戶、多少銷售額），還有你的廣告支出浪費的比例，這的確很神奇。

這個背景能夠讓你知道Google具有多大的破壞力，以及有潛力可以賺走全世界每一分廣告錢，如果把這些數字加起來，那就是差不多1兆美元的整體潛在市場。整體潛在

市場上兆美元的企業真的很少，但是當你找到這樣的公司時，就是值得進一步研究的投資標的。這就是從Google所學到的重要教訓。

Google的股價表現

　　Google在2004年8月19日以85美元上市（2014年3月，股票由1股分割為2股後，相當於上市價42.50美元），隱含市值約240億美元。Google的上市流程有點爭議，因為公司可能有選擇性的對《花花公子》（*Playboy*）雜誌揭露這個訊息，但是Google上市之後就再也不回頭了。到了2004年底，股價就漲超過一倍，達到96美元（經股票分割調整後），到了2005年底，股價站上207美元，隱含市值已經超過900億美元（見圖6.1）。如果你在上市時買進Google，那麼你的投資在18個月內就會增加到將近3倍。

　　我不確定投資人是否意識到Google在上市後將近17年變成一個多麼龐大的巨獸，不只是因為這檔股票從上市以來已經漲了4,000％，而且這段期間的表現還比S&P 500指數高出17倍，Google有很長一段時間持續超越大盤。

　　有很多方法可以衡量股價表現，選擇進出場的時間點，可以用來支持幾乎任何一種說法，但我試著用幾種較直接的方式來衡量。在Google上市後的16個完整年度中，有10年的表現超越S&P 500指數，把這段時間分成3個5年區間

圖6.1　Google股價走勢圖

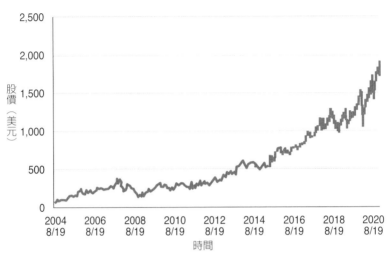

（2005到2010年、2010到2015年、2015到2020年）來看，每個區間的表現都超越S&P 500指數，2005到2010年超越大盤43倍、2010到2015年超越2倍、2015到2020超越3倍（見表6.1）。

　　績效超越大盤43倍比超越大盤2倍和3倍還要來得厲害的多，我同意，但是超越大盤就是超越大盤，而且如果你只想要看簡單的絕對報酬率的話（說到底，這也是我們最關心的事），Google從2005年到2010年漲了201％、2010年到2015年漲了148％、2015到2020年漲了229％。

　　最後兩個值得注意的事情，你可以比較從2005年到2020年間各3年的表現（也就是2005到2007年、2006到

表6.1　Google的股價持續超越大盤

各區間的報酬率	Google	S&P 500指數	超越大盤的倍數
上市-2020	4,024%	224%	16
2005-2010	201%	5%	43
2010-2015	148%	80%	2
2015-2020	229%	83%	3

2008年，以此類推），就會看到在這14個區間中有12個區間的表現超越S&P 500指數，唯一績效落後大盤的期間是2010到2012年。你也可以拿各兩年來比較，在這15個區間中有14個區間的表現超越S&P 500指數，只有在2010到2011年落後大盤（見表6.2）。簡單來說就是，Google許多年來的股價表現持續且大幅超越大盤。

　　為什麼Google可以持續這麼多年大幅超越大盤呢？因為Google的基本面這麼多年來都持續而且大幅超越其他股票，我想最有力的證明就是過去10年來Google的營收成長紀錄。從2010到2019年，Google的年營收成長平均是23％，這就是連續40季的數字。而且我們是從Google的營收基礎大約是250億美元開始算起，直到今天，也就是10年後，S&P 500指數中，只有1/5的企業能達到這樣的營收。為了證明連續40季的營收成長平均真的是23％，這40季的營收成長中間值也是23％，簡單來說就是，Google在這10

表6.2　Google的股價表現有多厲害？

3年報酬率	Google	S&P 500 指數	Google 與大盤績效比較
2005-2007	250%	22%	228%
2006-2008	-27%	-29%	2%
2007-2009	33%	-21%	54%
2008-2010	-14%	-13%	-1%
2009-2011	109%	35%	74%
2010-2012	13%	26%	-13%
2011-2013	88%	45%	43%
2012-2014	62%	61%	1%
2013-2015	116%	40%	76%
2014-2016	42%	22%	20%
2015-2017	98%	30%	68%
2016-2018	37%	25%	13%
2017-2019	67%	43%	24%
2018-2020	66%	39%	27%

年的營收成長都維持在接近23％，其中只有6季低於20％
（有3季是19％、2季是18％、1季是17％）。

　　史上只有極少數公司能夠持續創造這種程度的高營收成
長，實際來說只有兩間公司：蘋果和亞馬遜。微軟肯定沒
有，微軟在2001年達到250億美元的全年推估營收後，連續
10年的營收成長平均是11％；英特爾也沒有，公司在1997

表6.2　Google的股價表現有多厲害？（續）

2年報酬率	Google	S&P 500 指數	Google 與大盤績效比較
2005-2006	133%	18%	115%
2006-2007	64%	16%	48%
2007-2008	-34%	-36%	2%
2008-2009	-11%	-23%	12%
2009-2010	92%	35%	57%
2010-2011	3%	11%	-8%
2011-2012	19%	12%	6%
2012-2013	72%	45%	27%
2013-2014	47%	41%	7%
2014-2015	39%	12%	28%
2015-2016	49%	9%	40%
2016-2017	38%	33%	5%
2017-2018	31%	11%	19%
2018-2019	27%	20%	7%
2019-2020	71%	50%	21%

年達到250億美元的全年推估營收後，10年的營收成長平均是5％；Salesforce.com的全年推估營收還沒有250億美元；蘋果在2007年達到營收250億美元的水準後，10年營收成長率平均是27％；亞馬遜在2009年達到250億美元的水準後，營收成長率平均是28％（見表6.3）。

表6.3　誰能「跟Google一樣」?

公司	營收達到250億美元的年份	之後的10年平均成長率
亞馬遜	2009	28%
蘋果	2007	27%
Google	2009	23%
微軟	2001	11%
英特爾	1997	5%

　　這種財務成績實在太罕見了，我把這稱為「跟Google一樣」（pulling a Google）：在營收250億美元的水準下，10年的年營收成長率超過20%。這個標準實在是太高了，因為金融史上只有3間公司能創下這樣的紀錄，不過我會用這個詞來討論在某個規模水準下（10億美元營收以上），連續多年創造高營收成長（20%以上）的公司。

Google的整體潛在市場

　　這種在財務上的成功有很多原因。首先，Google是一間高度創新的公司。在Google出現前就有至少6個搜尋引擎，包括Alta Vista、Excite、LookSmart、WebCrawler、Lycos、Yahoo!搜尋，這只是其中的幾個，後來還出現更多的搜尋引擎，像是Overture、Ask Jeeves、Inktomi、MSN搜尋、DuckDuckGo。但是最吸引人的還是Google，這是以用

戶人數這種最客觀的方式來衡量。Google的全球搜尋市占率一直都非常高，超過70％，而且在許多市場甚至是超過90％；第二，Google從成立以來一直都是非常有創造力的公司，公司目前的投資支出（包括研發和資本支出）一年將近500億美元，沒有幾間公司有這樣的能力和文化投資這麼多錢；第三，Google的執行力普遍很好，包括自然成長與一些重要的併購案，尤其是併購YouTube和DoubleClick，都顯著擴大Google所能接觸到的廣告主。

但我相信整體潛在市場對Google維持高營收成長也相當的重要。如果Yahoo!也能像Google這麼有創造力和執行力，可能會驚人成長一段時間，會「跟Google一樣」。而另一間在網路廣告產業可以說和Google一樣創新與有效率的公司是Facebook，可能會複製Google的營收成長紀錄：以250億美元營收為基礎，10年的平均複合營收成長率20％，因為這些公司的整體潛在市場目標**如此**的大，將近1兆美元。

這1兆美元是個非常龐大的數字，有時也是不穩定的數字。在提到Pinterest在2019年的上市公開說明書時，我說到預估全球廣告規模約為8,260億美元。當我在研究報告中試著計算全球廣告和行銷市場的規模時，我計算的包括品牌廣告（大約4,500億美元）、直接行銷（大約3,000億美元）與廣告支出（大約3,000億美元），我是這樣算出1兆美元的。我預估的金額很高，但實際金額也有可能很低，但即使是1兆美元左右的規模，還是一個非常龐大的市場。

　　身為投資人，你絕對想要尋找整體潛在市場很大的投資標的，通常這表示公司在全球的營運很成功，因為光是美國市場很少可以達到這樣的規模。我的軟性大原則是，我總是比較喜歡跨國營運的企業，因為這表示整體潛在市場更大。Google從一開始的優勢就是，它在全世界幾乎所有的市場中都極為成功，當然很明顯除了中國之外。Google從股票上市以來，總營收有40％來自全球市場。

　　我也相信Google可以排除使用阻礙，來擴大整體潛在市場。網路可以讓企業和服務供應商以更符合成本效益的方式擴大他們的目標市場，這就是網路可以擴大市場規模的原因。網路還可以幫助企業更專注於地區的銷售和行銷策略。除此之外，Google還推出更多強大的自助工具，讓任何人、任何組織和企業都可以在網路上執行行銷活動。如果不是讓買廣告和行銷活動變得非常簡單，Google就絕對不可能像現在有多達1,000萬個廣告主。

　　接著還有智慧型手機和語音啟動裝置等重大的創新，在Google上都可以進行更廣泛、更頻繁、更方便的搜尋。事後看來，智慧型手機的普及引發很多人對Google投資主題的辯論，其實是很意外的事。從2010年開始的那幾年，看空的人認為，Google的行動搜尋獲利將無法和桌上型電腦搜尋的獲利相提並論，因為行動設備的螢幕比較小，而且行動搜尋的本質比較隨性，或是比較具有地方性。但最重要的想法應該是，智慧型手機的普及反而能夠排除使用障礙，智

慧型手機使消費者更容易隨時隨地進行更多想要的搜尋，而更多的搜尋就表示行銷人員和廣告主會有更多潛在顧客，也就是整體潛在市場更大。

Google的整體潛在市場愈大，表示營收成長潛力愈大，再加上從一開始就具備獲利能力的商業模式，有助於創造長期股價的好表現，所以請關注整體潛在市場。

我給Google的投資評等

所以我對Google的評等是正確的嗎？答案是，大錯特錯，但也非常正確。我最早提供華爾街第一份正式的Google研究報告。標題是〈一個對非傳統上市案的傳統看法〉，我是在Google提供上市公開說明書那天（2004年4月29日）晚上寫的。當時我在美國科技研究公司（American Technology Research）擔任網路股分析師。我在Google上市的隔天正式提出初次評等，目標價110美元（股票分割前），並給予「持有」評等，我預測Google會是「網路股中的貝他值之王」。我的意思是，即便網路產業有波動很大的特性，Google也會是波動很大的股票。結果我說對了，但是Google在接下來3年是**往上**的波動，像火箭那樣往上狂噴。

然後我犯了一個也許是分析師生涯中最大的錯誤，我在Google公布第一次財報前，把Google的評等下調至「賣出」。我相信在財報公布之前漲了50％的Google已經超

漲，而且我相信 Yahoo! 是基本面更好的標的。事後看來，我犯了三個錯誤。我過於專注於短期的價格波動（我想在財報公布前後賺一波）、我對一檔股票投注太多的情感（我比較喜歡 Yahoo!，因為我比較了解這檔標的），以及我低估 Google 的破壞性潛力與市場機會。

我預測 Google 的第一次財報無法達到市場這麼高的預期，結果 2004 年 10 月 21 日，Google 的營收比市場預期高出 10％，每股盈餘更是超過華爾街預估 20％。然後隔天 Google 的股價就跳升 15％，持續上漲到年底，直到 2005 年。同時，我也面對當時最有影響力的財經新聞電視節目《科德洛與克雷默》（*Kudlow & Cramer*）對我的嚴厲斥責，因為在 Google 第一次公布財報後的那天晚上，大約是財報公布後一小時，股價在盤後飆漲。節目請到兩位來賓，一位是看好 Google 的分析師（名叫喬登・羅涵〔Jordan Rohan〕），一位是看空 Google 的分析師（就是我）。

賴瑞・科德洛（Larry Kudlow）先介紹羅涵是他的「好兄弟、老朋友」，然後問他為什麼這麼厲害，給 Google「買進」評等非常正確。然後吉姆・克雷默轉向我，他介紹我的時候是這麼說的：「馬克，身為超級丟臉的分析師，你有什麼話要說嗎？」雖然不是精確的字，但差不多就是這樣了。一般人往往不會忘記自己難堪的時候，那我是怎麼回答的？我事前已經想過要如何回答即將面臨的各種問題，我知道必須承認自己錯了，所以我就承認了。我的回答差不多是

這樣：「很明顯的這個人（也就是我）該去閉門思過。」後來訪談的內容我已經記不清楚了，不過我還是帶著一點尊嚴錄完節目，節目結束後克雷默稱讚我很有膽量來上節目承認自己的錯誤。天哪，這個錯誤還真大。

所以這就是我對Google這檔股票的評等所犯的嚴重錯誤，而非常正確的評等就是，在幾個月後我把Google的評等調升至「買進」，而且接下來的16年都維持這個評等，唯一的例外就是在2011年，執行長的位置從艾力克・施密特轉交給賴利・佩吉的那一小段時間，我暫時把評等調降至「持有」。以Google的整體潛在市場、高營收成長紀錄、卓越的創新能力與Google的獲利能力，一定要抱緊這種股票。

Uber 和 DoorDash

以下這兩間最近上市的公司，就是具有龐大整體潛在市場很好的例子，光是他們的整體潛在市場，就值得科技和成長股投資人稍作研究。

先介紹我的2020年首選股票Uber。我在2020年初時就鼓勵科技股投資人，在尖牙股（FANG）中加入U，因為我認為Uber非常有看多的潛力。我提議把FANG改為FANGU！然後就看著這檔股票因為新冠危機，從2月18日跌到3月18日，股價狂瀉了63％，然後到年底前上漲超過65％，輕鬆超越大盤。

　　Uber在2020年4月11日向證券交易委員會提出上市公開說明書,裡面的資訊和資料多到讓人看不完,實在是太多了。圖6.2顯示上市公開說明書中的「市場機會」部分的主要資料,詳細列出Uber的全球整體潛在市場,然後是「服務可觸及市場」(serviceable addressable market, SAM,也就是全球整體潛在市場中Uber目前正要在競爭中取勝的部分)。然後又把服務可觸及市場分成「目前可觸及市場」(Uber目前正在競爭的57個國家),和「短期可觸及市場」(加入6個Uber打算很快進入的國家),唯一缺少的資訊就是「直接可觸及市場」(direct addressable market),這是我想出來的概念,因為市場機會的細節實在是多到看不完,我實在是累了。

圖6.2　將Uber的整體潛在市場與可觸及市場量化

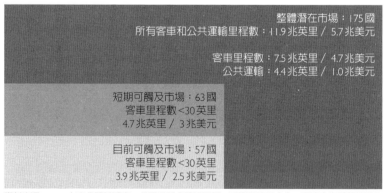

整體潛在市場:175國
所有客車和公共運輸里程數:41.9兆英里 / 5.7兆美元

客車里程數:7.5兆英里 / 4.7兆美元
公共運輸:4.4兆英里 / 1.0兆美元

短期可觸及市場:63國
客車里程數 <30英里
4.7兆英里 / 3兆美元

目前可觸及市場:57國
客車里程數 <30英里
3.9兆英里 / 2.5兆美元

資料來源:Uber上市公開說明書、美國聯邦公路管理局、國際道路聯合會、經濟合作開發組織的國際交通論壇展望。

　　全部加起來，Uber宣稱全球整體潛在市場5.7兆美元，這個整體潛在市場真的非常龐大，公司計算的方式是根據政府和產業的資料，預估每個國家的車輛里程數和公共運輸里程數的總和，然後再乘上每輛車每英里的持有成本（大約是0.65美元），以及公共運輸每英里的花費（大約是0.25美元），這也是根據政府和產業的資料。有很多數字要計算，但是要徹底檢查這些數字，只要用加法和乘法就夠了。真正未知的是資料的品質，但是資料來源看起來並沒有問題。

　　這個整體潛在市場背後也隱含一件很簡單的事情，Uber想要成為**所有**交通工具需求的替代選項，**這**就是為什麼整體潛在市場會**這麼**龐大。這樣呈現Uber的市場機會是否符合實際的狀況呢？2014年，在像舊金山這樣的城市，Uber的叫車數量已經超過當地的計程車和禮車服務市場，這顯示Uber的服務已經成為許多交通工具需求的替代選項了，所以或許可以達到這個目標。

　　但是大部分的投資人真正要注意五件事。首先，不管你怎麼算，Uber的整體潛在市場真的非常龐大，就算所有的估計都高估5倍，整體潛在市場仍舊達到1兆美元；第二，這只是Uber核心的汽車部門的整體潛在市場，公司還有Uber Eats（也許全球整體潛在市場是2.8兆美元）與Uber Freight（也許整體潛在市場1兆美元以上）這兩個龐大的整體潛在市場；第三，前面兩點意味著Uber是個擁有許多收入來源的平台公司，當新冠疫情爆發時，這些收入來源的價

值就會展現，Uber叫車的業務瞬間減少，但是Uber Eats的業務卻暴增；第四，Uber已經是一個全球性的平台，在全世界60個國家營運，而且國際市場已經占公司總營收至少40％；第五，Uber排除使用障礙與增加使用案例，已經穩定擴大整體潛在市場很多年了。

最後這一點在2014年一場Uber評價的公開辯論上被凸顯出來，參與辯論的是紐約大學商學院教授、寫過一本談論評價的重要著作作者亞斯華斯・達摩德仁（Aswath Damodaran），以及Uber的早期投資人、科技界經驗最豐富的創投投資人比爾・葛雷（Bill Gurley）。當時達摩德仁試圖評估Uber都會區叫車服務的價值，得出的結論是不超過60億美元。葛雷的回應是，達摩德仁的分析也許低估Uber的市場機會25倍，因為他的分析沒有考量到潛在的使用案例，例如郊區叫車服務、租車的替代選項、大眾運輸的替代選項，甚至是車主的替代選項。達摩德仁也非常有風度，公開感謝葛雷批評他對Uber的市場機會觀點太過狹隘。

有趣的是，7年後，葛雷的分析也許低估Uber的市場機會25倍，不過可能沒有差**那麼**多，但是葛雷的分析並沒有考量到Uber Eats或Uber Freight，這兩個部門加起來可能相當於Uber共乘業務的規模。而且葛雷的分析沒有考量到這兩個部門，是因為Uber的經營團隊和董事會可能在2014年之後好幾年才開始考慮這些機會，或使用這些案例。但這就是平台公司的好處，他們打造這些擁有龐大客群的業務，一

段時間過後，有更多的部門和收入來源可以放進平台上。我完全沒有要批評葛雷的意思，他比幾乎所有投資人還要更聰明、更有經驗、長得更高（他的身高205公分），而且他在計算Uber評價以前，至少先使用過Uber的服務了，而達摩德仁在知名的評價計算與分析之前，根本沒有用過Uber的APP。（各位投資人，在決定投資某一間公司的股票前，請先使用他們的APP。）

新冠病毒大流行嚴重打擊Uber的財務，2020年大部分時間，全世界都無法移動，Uber的共乘服務全年營收銳減40％，而且公司的總營收減少10％到130億美元左右。雖然要等到從疫情中恢復還需要一段時間，但是Uber到2022年的營收很可能會達到250億美元，而且因為公司的整體潛在市場非常龐大，在那之後Uber也很有可能連續多年維持高營收成長。Uber很有可能會「跟Google一樣」，因此可能會成為科技股和成長股投資人的核心持股。

第二個例子是DoorDash，公司在2000年12月上市，第一個交易日就暴漲86％。DoorDash吸引非常多投資人的興趣，因為上市前就已經是家喻戶曉的品牌了（上市前在全美國的客戶就有1800萬人），公司被視為是新冠疫情的贏家（就地避難的限制使這間公司看到龐大的需求），而且創造非常高的成長率（營收成長年增率超過200％）。

對長期投資人來說，DoorDash如何描述自家公司也很重要。DoorDash在上市公開說明書中的使命宣言第一句話

就說：「我們的使命就是讓地區經濟成長並賦予力量」。
對幾乎所有消費者來說，DoorDash只是食品訂購與外送公
司，DoorDash外送Chipotle、Little Caesars、Wing Stop等知
名餐廳的餐點。「幫助地區經濟成長並賦予力量」聽起來比
食品外送還要更了不起，但是公司是認真的。

　　不要弄錯，核心餐點外送市場的確很大，規模大概是
這樣子；美國人2019年花1.5兆美元購買食品和飲料，其中
有6,000億美元是花在餐廳，而這其中又有將近50％不是在
店內食用，這表示有將近3,000億美元是花在外帶與外送市
場。而疫情的隔離政策讓許多人了解到，在家工作也表示要
在家吃飯，因為有DoorDash、Uber Eats和Grubhub這樣的公
司，增加速度、選擇性與便利性，所以剛才說的50％外送比
例未來可能會持續升高。DoorDash的上市公開說明書中包含
全美餐飲業協會（National Restaurant Association）所做的研
究，數據顯示美國58％的成人和70％的千禧世代比兩年前
更有可能使用餐點外送服務，而且這是在疫情爆發前所做的
研究。

　　所以DoorDash的餐點外送市場非常大，但是公司能
不能達到上兆整體潛在市場，將視兩個因素而定。第一，
DoorDash是否能成功進軍全球餐點外送市場。在股票上市
的時候，DoorDash只有在澳洲和加拿大營運，所以這一點
還不清楚，但這對未來潛在的投資人來說是關鍵。Uber已
經立足全世界許多市場，比DoorDash更有機會維持高營收

成長，因此DoorDash要繼續發展下去，成功進軍全球市場將會是解鎖股價的關鍵。

　　第二件事就是，是否有證據可以顯示DoorDash真的在「幫助地區經濟成長並賦予力量」。公司這句話的意思是，從現有的餐廳，擴展到雜貨、便利商店，以及其他潛在的特殊零售產業，例如寵物用品店，這將由消費者自己決定和判斷。要回答餐點外送業是否真的能成為一個產業，也就是消費者需求是否足夠這個問題，就要知道是否會有足夠的消費者願意花5到10美元來獲得餐點在30分鐘內送達的便利服務。以餐點外送業到目前為止的規模來看，答案似乎是非常肯定的「是」！但是其他的垂直產業（雜貨、便利商店的品項等等）就不那麼清楚了，而這正是決定像DoorDash這種公司真正的整體潛在市場的關鍵。新的服務類別如果成功，幾乎可以確定DoorDash的終端市場（光是美國這個市場）將擴大到超過1兆美元的門檻。

　　專業投資人會進行非常廣泛的消費者調查與分析信用卡資料，去試圖回答這個問題，但是一般投資人無法這麼做，一般投資人只能靠自己的邏輯、直覺還有經驗。我就是這樣，我注意到現在有愈來愈多的7 Now送貨服務（由DoorDash提供），從我住的小郊區當地的7-Eleven取貨，我也注意到那時13歲的兒子偶爾會用這個APP訂貨。

　　DoorDash、Uber和Lyft等公司的使用案例是否能顯著擴大到雜貨和便利商店，這是要密切觀察的重點，因為這有

助於投資人判斷像DoorDash這樣的公司面對上兆的整體潛在市場，是否有機會能創造非常高的營收成長。整體潛在市場愈大，營收成長展望就愈強，股價的潛力就愈大。

我研究DoorDash的經驗還學到一件很簡單的事：仔細閱讀小字（使命宣言），這往往會讓你知道公司的整體潛在市場會有多大。

Spotify

Spotify的上市公開說明書提供兩個重要的資料，幫助投資人計算整體潛在市場。第一，Spotify引述一份業界消息，指出全球唱片業2016年的營收是160億美元；第二，Spotify引述另一份業界消息，指出全球廣播廣告的營收是280億美元。所以這樣加起來，全球的整體潛在市場就是440億美元。

440億美元全球整體潛在市場是很大的規模，但沒有到大得誇張。Spotify確實能創造訂戶費和廣告收入，而且Spotify一直都在經營全世界的市場，美國只占總營收的一小部分。但這有兩個問題。第一，Spotify上市時，第一份財測暗示2018年營收上看60億美元，這表示Spotify已經拿下整體潛在市場的一成；第二，這隱含Spotify永遠無法真正「跟Google一樣」。如果Spotify的營收達到250億美元，那它就已經拿下整體潛在市場的50％。如果之後每年成長

20％，那麼只要4年就會拿下整個整體潛在市場。這些都清楚暗示Spotify很快就會碰到成長的瓶頸，也就是說，成長率很快就會開始大幅減緩。

現在，只有極少數的公司能真正「跟Google一樣」。（同樣的，在我看來到目前為止世界上只有三間公司辦得到。）不是每間公司都能遇到上兆的整體潛在市場，但是沒關係，整體潛在市場較小，就可以連續多年創造高營收成長，只不過基期的規模沒有那麼高。我常常想，正確的投資教訓是否應該是只專注於整體潛在市場占有率不到5％的公司，因為你真的想要找到的是可以擴大營收基礎的公司，這樣才會有內在優勢可以擴大規模。所以，理想的組合應該是整體潛在市場很大，但是市占率低5％的公司；接著是在龐大的整體潛在市場中，市占率高達兩位數的公司；然後是整體潛在市場小，而市占率不到5％的公司。實際的市占率和整體潛在市場的實際規模要視很多變數而定，但是這個大原則可有所幫助。

關於這點，我要回頭提到Priceline，這間公司一直到2014年的10年間，都創造超高（30％以上）的營收成長（也就是訂房的成長），部分原因是公司在整體潛在市場超過1兆美元的全球旅遊市場中，能持續拿下個位數市占率。2012年的訂房達到250億美元營收後，「只有」5年能每年創造超過20％的營收成長，不完全「跟Google一樣」。所以Priceline「跟半個Google一樣」！正因為在這麼大的整體

潛在市場中只有這麼小的市占率，所以能大幅推升營收成長的機會。Priceline 也許到了2019年才達到兩位數市占率。所以再次強調，請尋找龐大整體潛在市場中市占率較小的公司，這是很棒的組合。

當我開始研究 Spotify 時，我相信還可以用更有創意的方式來看待公司的整體潛在市場，而不只是看全球唱片業和全球廣播廣告的營收。為什麼呢？因為那些都是過去、傳統的市場。傳統的市場？沒錯。全球唱片產業的營收包括實體銷售營收（包括 CD、黑膠、卡帶），以及數位銷售營收（包括永久性下載），這些年來這些類別逐漸變得不重要，有其他東西出來取代它們，或者是說，某個東西使得這些類別變得不重要，那就是智慧型手機。

我和專業投資人在接下來的幾年做了很多調查，來追蹤這個情況，認為找出 Spotify 真正整體潛在市場的正確技巧是理解到，音樂變成**所有**智慧型手機裡最主要的應用程式。我請客戶在心裡做一個練習：如果你看著從世界各地隨機找來的 1,000 部手機，你覺得桌面上有音樂播放 APP 的比例會有多高？我不知道真正的答案是什麼，但我猜非常有可能在 90% 以上。

你可以上 Google 簡單搜尋「最多人下載的 APP」，就會看到 Spotify 在許多國家通常排在前 20 名，或是會看到幾乎所有智慧型手機都已經預先安裝某種音樂 APP。顯然這樣的全球音樂市場，已經和智慧型手機出現前的 8 軌錄音帶的年代

很不一樣了，所以該找出一個更好的方法來計算整體潛在市場的構成，並且看清楚智慧型手機已經大幅排除音樂娛樂產業的使用障礙，讓用戶可以隨時透過身上的手機播放音樂。

　　我的團隊和我想出比較好的整體潛在市場構成。許多來源都顯示，接下來的幾年，全世界（中國除外）的智慧型手機用戶將達到30億人，這是假設其中一半的用戶會使用免費、內嵌廣告的服務，而另一半則會是付費的訂戶，我們的分析如表6.4。

　　這個假設很簡單，也許太過簡單，但是比起使用傳統的產業預估方式，我認為這更適合，而且更能反映出Spotify和其他串流音樂服務所提供的實際使用案例。Spotify和（另一個音樂串流服務）Pandora都公布內嵌廣告的每用戶平均收入（annual revenue per user, ARPU）為1美元左右。而Spotify在上市時，付費訂戶服務的每用戶平均收入則接近6美元。Spotify的上市公開說明書顯示，大約一半的用戶是付費訂戶，一半是內嵌廣告的免費用戶，所以我們將30億智

表6.4　聰明估算Spotify的整體潛在市場

潛在市場	每月每用戶平均收入（美元）	智慧型手機用戶數	整體潛在市場價值（10億美元）
內嵌廣告	$1.00	15億	$18
高級會員	$6.00	15億	$108
整體潛在市場			$126

慧型手機用戶分成付費訂戶和內嵌廣告免費用戶各占一半，並使用這些每用戶平均收入數字，然後就得到1,260億美元的整體潛在市場，這是傳統的產業資料來源預估大約3倍。

我們對整體潛在市場的結論有比較精確嗎？如果考慮到音樂串流的消費者使用案例，這肯定比較符合邏輯。由於Spotify過去3年的成長都超過20％，這顯示Spotify真正的整體潛在市場比原本想的還要大。還有另外一個重點，這個概念顯示，Spotify也許可以連續好幾年出現主要顧客指標的高成長。在2020年底，Spotify公布用戶總人數大約是3億5,000萬，如果把30億的智慧型手機用戶視為Spotify的市場機會，那麼這個概念是說，未來10年內，公司的顧客群有可能會增加2倍、3倍，甚至是4倍，這暗示Spotify長期將會有非常大的成長潛力。

這裡學到的教訓是，雖然整體潛在市場是很重要的考量，但有時候我們需要更有創意的判斷整體潛在市場是什麼，尤其是如果這個市場裡面有一間公司會大幅破壞整個傳統市場。

在考慮到各種主要使用於智慧型手機的應用程式和服務時，這個智慧型手機整體潛在市場的練習很有幫助，尤其是考量傳統的市場。就以Netflix和影音串流為例，現在全世界有超過2億個帳戶，每個月支付Netflix大約11美元，假設每一個帳戶都有2、3位用戶，那麼Netflix的全球用戶就有將近5億人。這個數字聽起來很大，感覺起來好像未來10年

內都不會增加2倍或3倍，但是當你發現全世界至少有30億智慧型手機用戶，而且根據Apptopia的資料，Netflix是2020年全球下載次數前十名的APP，以及現在的年輕人似乎都使用智慧型手機來看電視，那你可能就會願意接受「Netflix在可預見的未來內將持續高成長」的構想（見表6.5）。

在計算整體潛在市場的時候，必須要有一點創意，而且還要合乎邏輯。

規模有什麼好處？

我在這一堂課中有好幾次提到規模的好處。整體潛在市場大，營收成長就有可能很高，那麼就會擴大規模，而這會有好處，那麼好處是什麼呢？

以下四點值得注意。真正的經濟學家可以做出更好、更深入的解釋，但這是我25年來觀察已達到規模經濟與未達

表6.5　2020年全球下載量前十大的應用程式

1	抖音	6	Messenger
2	WhatsApp	7	Snapchat
3	Facebook	8	Telegram
4	Instagram	9	Google Meet
5	Zoom	10	Netflix

資料來源：Apptopia

到規模經濟企業的心得。

　　首先，規模可以提供經驗曲線。根據《維基百科》的定義，學習曲線或經驗曲線表達的是，生產一個產品的經驗與生產效率之間的關係。我把這個定義簡化如下：當你做某件事情愈多，你就會愈擅長那件事。我記得在2012年出席一場搜尋廣告的商展時，遇到好幾位Expedia的員工，他們出席展覽是為了學習Priceline的搜尋廣告如何這麼有效率，以及為什麼會這樣，答案就是Priceline在搜尋廣告的支出比Expedia要高很多，Priceline比Expedia執行搜尋廣告的時間更久，而且強度更大，此外，從這麼多的經驗中可以學習如何更有效的執行搜尋廣告，而這正是網路旅遊公司最重要的成長管道。

　　第二，規模可以提供單位經濟效益優勢。經濟學教科書會談到固定成本和變動成本，固定成本是指不論產量的多寡，都不會變動的支出，變動成本則是會按照產量增減而變動的支出。在實務上，我覺得**階梯式固定成本**（step-fixed costs）比**固定成本**更精確。像亞馬遜、Facebook和Google這樣的公司隨著時間成長，就算是它們最「固定」的支出（管銷支出、總部的經常性支出、法律支出），都會隨著營收基礎提升而增加，但是增加的幅度會比營收成長的幅度還要慢得多，比較像是階梯式的成本，而不是變動成本。所以這些公司就有一些利基，可以把營業費用按照營收的比例降低。成長或規模經濟的確可以擴大利潤，有時會大幅

擴大，有時則是小幅擴大，但就是會擴大。想知道小幅擴大的例子嗎？亞馬遜在2017年的管銷支出是32億美元，占營收的1.8％，到了2020年管銷支出是56億美元，占營收的1.6％，但是這段期間的公司營收成長將近一倍。不過每個專業投資人都知道，任何一點點的成長都會有幫助。

第三，規模可以創造**競爭護城河**。有時候規模是很難競爭的，而且代價高昂，Netflix就是一個很好的例子。假設回到2016年，你認為串流影音的商機很大，所以你決定要和Netflix競爭。那一年Netflix花70億美元在內容上，另外花了10億美元在行銷上，所以Netflix一年的全部成本大約是80億美元。如果你決定先按兵不動，觀察串流產業的發展，那麼你可以延後3、4年再推出你的平台，但是到了2020年，Netflix花超過120億美元在內容上，另外花20億美元在行銷上。所以「淘汰Netflix」的成本差不多是140億美元，世界上沒有幾間公司花得起這麼多的錢。規模也為Netflix創造一種飛輪效應，長期下來就愈難跟它競爭。Netflix的全球訂戶愈多，創造的營收就愈多，這樣就能買更多的內容，吸引更多的訂戶，然後創造更多的營收，並且一直循環。這就是為什麼我相信里德·海斯汀和Netflix的經營團隊會這麼積極打造串流業務，甚至將DVD出租費用大幅提升，就是為了讓客戶不要再租DVD，因為他們知道規模經濟帶來的飛輪效應與競爭護城河的優勢。

第四，規模經濟有助於企業受惠於**網路效應**。網路效應

是一種現象，這是指用戶從產品或服務所獲得的價值或效益取決於相容產品的用戶人數，就像是「人愈多愈有意思」。這個概念被普遍用於科技投資的簡報中，但是說實在的，我認為這是規模經濟效用最低的好處，我是從一個慘痛的教訓學到的。在2006年eBay的高營收成長開始減緩時，我還是一直給予「買進」的評等，而且維持了太久。我假設公司的網路效應優勢能夠帶動高成長很多年，畢竟eBay上的買家愈多，就會創造更大的市場給賣家，然後吸引更多的賣家，這又會創造更大的市場給買家，然後吸引更多買家，一直循環下去。但是亞馬遜有更優異價值主張與更好的執行力，破壞eBay的網路效應優勢。身為社群網路的Facebook本來有最好的網路效應優勢，但是半路殺出Instagram跟它競爭（導致Facebook收購Instagram），然後是Snap，接著是抖音，之後還會有其他的公司。儘管如此，雖然這種效應的影響經常被誇大，但肯定還是有一些網路效應，像是Uber這樣的公司就是很好的例子，在任何一個地理範圍內，Uber的駕駛愈多，對乘客來說這個服務的價值就愈高（例如等待時間更短），這樣就能吸引更多的乘客，所以對更多司機來說這個服務的吸引力就更高（例如等待乘客的時間更短）。

簡單的重點就是，整體潛在市場愈大，的確能為公司創造更多的機會，並受惠於龐大的規模經濟，這就是為什麼整體潛在市場很重要。

本章摘要

整體潛在市場很重要。整體潛在市場愈大，高營收成長的機會就愈大，這正是帶動科技股和成長股上漲的主因。還有很多因素也很重要，像是產品創新的程度、對客戶來說產品或服務的價值主張強度，以及經營團隊的品質。一個龐大的整體潛在市場會創造龐大的成長機會。一個上兆的整體潛在市場（像Google的全球廣告市場有1兆美元的整體潛在市場），可以從規模經濟創造高成長的機會。上兆整體潛在市場很罕見，但是你可以尋找有潛力「跟Google一樣」的企業，以規模經濟創造高營收成長。原則是，在龐大的整體潛在市場中市占率不到10％的企業，可能是值得科技股投資人考慮的對象。

整體潛在市場可以擴大。只要排除使用障礙與增加新的使用案例，整體潛在市場就可以變得更大。這些年來，Lyft和Uber就是這樣做。透過降價、增加平台中司機的人數、減少等待時間，還有使付款與小費的支付變得非常輕鬆，Uber使得共乘的使用案例增加，並增加共乘服務的吸引力。透過排除使用障礙，這兩間公司都增加使用案例，並且因此擴大共乘的潛在市場。公司還可以採取兩個特定的步驟來擴大整體潛在市場：擴大營運的地理範圍，以及創造新的營收來源。截至2021年初，DoorDash正在做這兩件事。如果這兩件事情

長期下來會成功的話，就能對感受到的整體潛在市場、成長率潛力與股價表現有很大的影響。

有時候整體潛在市場很難確定，特別是當一個傳統產業被破壞的時候。而且需要有創意的新方法，Spotify 就是這樣，當時公司正在破壞兩個知名的市場（唱片業和廣播廣告），但是公司的做法可能代表市場將會比一開始想的還要更大。智慧型手機的普及（30 億支，而且還在成長）很可能顛覆整個媒體市場，可能擴大整個媒體模式的整體潛在市場。使用障礙被排除了，消費者就可以 24 小時輕鬆使用媒體，最好的媒體產品就可能會有更大的市場機會和成長機會。

龐大的整體潛在市場有助於推升成長，並產生規模經濟，而規模經濟有其內在的優勢。有四個特定的優勢是：經驗曲線、單位經濟效益優勢、競爭護城河與網路效應。具有規模經濟，就能有機會學到以更好／更聰明的方式來經營；具有規模經濟，就有機會以更具成本效益的方式來經營；具有規模經濟，就有機會提高新競爭者的進入門檻；具有規模經濟，就有機會從網路效益中獲益。這些優勢都不相同，但全都是來自規模經濟。規模經濟不只是很重要，還能讓企業勝出。龐大的整體潛在市場會讓企業有更多的機會利用規模經濟的效益。

跟著價值主張投資

顧客價值主張有吸引力的公司,不論是市占率或市值,都會比擁有良好商業模式的公司更好。或是說,以顧客爲中心的公司,會比以投資人爲中心的公司好。

2011年夏天,我在花旗擔任網路股分析師,負責帶著投資人包車參觀矽谷的主要網路公司。我一年會主持這種活動二到三次,一次會有20到30位主要的公開市場科技股投資人。這一次的旅程很特別,我們去參觀eBay,並見到當時的執行長約翰・唐納霍(John Donahoe),唐納霍現在是耐吉(Nike)的執行長。

唐納霍很大方的花時間陪我們,並對投資人提出的問題提供詳盡、充滿見解的回覆。在一個小時的問答時間,唐納

霍正在回答一位投資人關於eBay的商品物流問題時，他說到一半停下來，轉向我們說：「你們知道嗎？亞馬遜正在朝當日到貨的目標發展，這是無可避免的。」

那次會面大約5年前，亞馬遜宣布Amazon Prime提供數百萬種庫存商品兩天到貨的服務，這是「不限次數出貨」的方案。那次和唐納霍會面大約5年後，亞馬遜就宣布好幾個美國最大市場的當日到貨服務，後來幾年又擴大當日到貨的範圍。

所以唐納霍說得沒錯，他預見亞馬遜的未來。我非常相信他也知道提供當日到貨服務需要的投資有多麼龐大，這需要在全國各地打造大型的配送中心網路。我不知道的是，唐納霍是否知道，這些投資帶給亞馬遜長期多大的競爭優勢，以及亞馬遜股票的投資人能從這些投資中受惠多少，因為投資人正在要求亞馬遜創造盈餘和現金流。

但亞馬遜與eBay對決的故事，也發生在許多主要的垂直產業，包括網路餐點外送、網路汽車銷售，以及網路不動產。商業模式不好（毛利低、資本支出高）、但顧客價值主張比較有吸引力的公司，能打敗商業模式好（毛利高、資本支出低）、但價值主張比較沒有吸引力的公司。

我們就來看看一些公司的故事。

為什麼亞馬遜能打敗 eBay？

2021年初，亞馬遜的市值是 eBay 的40倍，亞馬遜 2020年創造的營收是 eBay 的30倍，現金流超過10倍。大部分的投資人都知道亞馬遜現在比 eBay 大太多了，但只有少數投資人還記得在10年、15年和20年前的情況和現在的差異有多大。

只要看看圖 7.1 就知道，圈起來的地方就是亞馬遜的市值終於開始超越 eBay 的時候，這是過去20年來我看過最戲劇性的變化，而且我認為這提供當今投資人一些重要的教訓。

圖 7.1　Amazon 與 Ebay 意想不到的變化

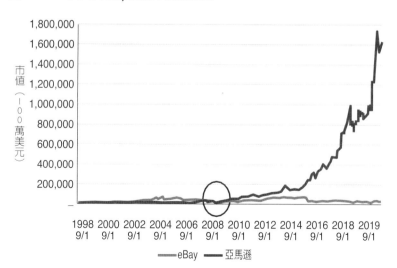

　　絕對不要懷疑，eBay 是「網路時代最初 10 年」明顯的贏家，而不是亞馬遜，eBay 是網路零售之王，而不是亞馬遜，以三種方式來衡量，eBay 的地位至少持續到 2008 年。

　　首先，直到 2008 年，eBay 的市值比較大（見圖 7.2）。雖然亞馬遜在網路泡沫時（1998 年到 2000 年 3 月）的市值比較大，但亞馬遜的評價幾乎從沒有超過 eBay 的兩倍。例如當亞馬遜的市值在 1999 年 11 月達到 290 億美元的高峰時（後來 7 年都沒漲回來！）eBay 的市值是 210 億美元。然後從 2000 年中開始，一直到接下來的 8 年，eBay 的市值一直都比較大，在 2001 年底時是亞馬遜的 6 倍（130 億美元 vs.20 億美元），2004 年底是 5 倍（650 億美元 vs.140 億美元），2006 年初時是 4 倍（550 億美元 vs.150 億美元），2007 年初時是 3 倍（440 億美元 vs.160 億美元），eBay 就是網路零售商霸主。

圖7.2　**Ebay 是網路時代最初 10 年的網路零售霸主**

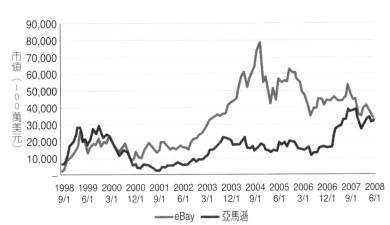

　　第二，eBay的顧客與網路總零售量一直都比亞馬遜多，而且有時候多出很多，至少直到2008年是如此（見圖7.3）。例如2003年底，亞馬遜的顧客人數是3,900萬，eBay是4,100萬（多出5％）；2005年底時，亞馬遜的顧客人數是5,500萬人，eBay是7,200萬（多出31％）；2007年底時，亞馬遜的顧客人數是7,600萬，eBay是8,500萬（多出12％）；一直到2008年底時，他們的的顧客群才開始旗鼓相當（8,800萬人），然後亞馬遜的顧客人數開始穩定超越eBay。就網路零售量來說，eBay會公布網站總成交金額（gross merchandise volume, GMV），但亞馬遜則不公布，但亞馬遜公布的資料足以讓人猜到公司的總成交金額，就算是2008年，eBay的網路總零售量也是亞馬遜的兩倍（約600億美元vs.300億美元）。亞馬遜在這方面的指標一直到2011年才超越eBay，當時這兩間公司的網站總成交金額都在約700億美元左右。所以，eBay許多年來都是網路零售之王。

　　eBay明顯是網路時代最初10年的網路零售之王的第三個原因，則是考量投資人的感受。從市值比較就看得出來，但是另一個比較的方式是看道瓊旗下的財經雜誌《霸榮周刊》相關的文章。《霸榮周刊》在股市向來具有影響力，但是在2000年3月20日刊出的封面故事〈燒個精光〉中，根據網路公司燒錢的速度，正確預測網路泡沫即將破滅，使得《霸榮周刊》對網路股的影響力變得更大。那篇文章的前兩句話做出以下總結：「網路泡沫何時會破滅？數十間新創

圖7.3　eBay是網路零售之王！

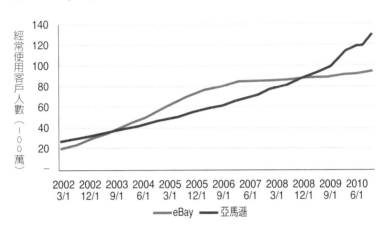

網路公司在今年底前就會聽到泡沫破掉的聲音。」事實上，《霸榮周刊》在那斯達克達到高點後一周刊登那篇封面故事，此時那斯達克指數即將開始78％的大幅修正，使得華爾街科技股投資人在接下來好幾年都非常信任《霸榮周刊》。

　　《霸榮周刊》在前一年就已經對亞馬遜下了定論，在1999年5月的封面故事〈亞馬遜炸彈〉（Amazon.bomb）中，《霸榮周刊》做出的結論很嚴酷：「對貝佐斯來說很不幸，亞馬遜正進入投資人不再那麼相信他的個人魅力的階段，並提出更難的問題要求他回答，例如『這間公司到底何時會開始賺錢？』」還有：「亞馬遜的策略看起來愈來愈像一顆暗淡的燈泡，每筆銷售都虧錢，但還想賣更多東西來彌補虧損。」這評論還真是毫不留情。而且《霸榮周刊》接下來幾年都對亞馬遜抱持保守／負面的態度，並在〈燒個精

光〉那篇封面故事中指出，亞馬遜只剩下10個月的現金了。

而《霸榮周刊》給eBay的封面故事卻截然不同。2005年6月，《霸榮周刊》的封面故事以eBay為主，標題是〈快下標〉，指出eBay「已經成為全球最重要的電商公司」。文章提到那一年eBay的股價已經修正35％，並認為公司的成長前景還是很穩健，並且建議買進這檔股票。結論說：「eBay的股票看起來很便宜，就像eBay上賣的東西一樣。」《霸榮周刊》的文章也指出eBay的核心市場商業模式很有吸引力，而且毛利率和營業利益率都很高，不像亞馬遜的業務需要那麼龐大的實體基礎建設，這一直都是eBay在上市時吸引投資人的原因：和亞馬遜一樣是網路零售商，但是財務模式比亞馬遜好得多。

亞馬遜勝出的原因

我知道敘事謬誤（narrative fallacy）是什麼，我知道硬要從一連串的事實中找個解釋，然後從解釋中汲取教訓會有什麼風險，但是這裡有些明顯的事實。多年來，eBay都是比亞馬遜大得多的網路零售平台。多年來，eBay的市值都比亞馬遜大得多，但改變很劇烈。同樣的，這是過去20年來我們看過最戲劇性的逆轉勝。提醒完所有注意事項後，以下是從基本面和評價來看亞馬遜為什麼能擊敗eBay所做的解釋。這是根據我研究這兩間公司將近25年，分析每一季

的財報（每間公司的財報都將近200份），並寫下超過500份報告所做的說明。

首先，亞馬遜在產品創新方面比eBay還好。我大可以再提一次AWS，這是過去20年來最重要的科技創新之一（還有iPhone和特斯拉電動車），然後就解釋完了。AWS的市值可能就是今天eBay的20倍，但亞馬遜在其他方面的創新也很傑出，包括Kindle、Alexa語音助理裝置、Prime送貨方案、頂尖的物流、無人商店，這只是其中一些而已。投資人會獎勵高創造力的公司，而亞馬遜有很高的創造力。

第二，亞馬遜比eBay更加持續維持長期投資。亞馬遜的長期投資風格有很清楚的紀錄。創辦人在第一份給股東的信（1997年）中明確提到：「我們會繼續根據長期市場領導者的考量制訂投資決策，而非短期的獲利考量或短期的華爾街反應。」那封給股東的信中第一個重要的宣誓就是：「長期是最重要的。」eBay的經營團隊也放眼長期，但我相信他們並沒有做得像亞馬遜那麼成功或一致。有人說過，亞馬遜的高階主管薪酬是由年度績效來決定，而eBay則是一直到2008年前都是由當季的績效來決定。雖然很難證明，但根據那些年來我和兩方經營團隊的互動，我一直都覺得亞馬遜比eBay更願意忽略短期的市場期望，eBay比亞馬遜更重視管理數字和市場期望。

第三，雖然經營團隊很難比較，但是這種比較卻很重要。亞馬遜無疑有比較好的經營團隊，而且肯定有比較穩

定的經營團隊。根據《西雅圖時報》（*Seattle Times*）2020年2月的一篇文章，亞馬遜的高階經理人（S Team，共有20位左右的高階主管）平均任期是16年。這在大公司中很罕見，而且在科技公司中更是如此。而且亞馬遜從上市到2021年都只有一位執行長，eBay則換了四個。

第四，亞馬遜的整體潛在市場比較大。雖然eBay採取一些措施，在最新的零售商品類型中競爭，但公司總是以市場末端的產品為優先，也就是產品周期初期很難買到的商品（例如Beanie Babies絨毛玩偶、大頭娃娃、第一款Xbox主機、第一款iPods、絲絨運動服），還有產品周期末期很難買到的商品（例如舊款服飾、值得收藏的棒球卡、二手車零件），這表示亞馬遜的整體潛在市場總是比eBay還大。全球零售的整體潛在市場有20兆美元以上，而eBay的目標市場只是一小部分，遠低於1兆美元。因此亞馬遜的零售部門比eBay能維持高營收成長超過10年，亞馬遜的成長跑道更長。

第五，亞馬遜一開始就比較以顧客為中心。那封給股東的信中第一個重點是長期目標，而第二重點是「以客為尊」。有些網站專門探討亞馬遜和貝佐斯的顧客中心原則。我最常聽到經營團隊說的話是：「我們從顧客的需求出發，再逆向工作。」eBay的挑戰在於，公司非常專注於賣方的成功，這些年來，公司的關注從小型賣家轉移到大型賣家，然後又再轉回小型賣家。對eBay來說，顧客通常是賣家，但對亞馬遜來說，顧客則是消費者（至少在零售業務如

此）。這對亞馬遜的長期成長有非常大的影響。

Amazon Prime

　　最能說明亞馬遜成功（打敗eBay和其他零售業者的原因）的事件，就是2005年2月2日推出的Amazon Prime服務。那天下午收盤後，亞馬遜按照計畫公布2004年12月的季報，稍早在亞馬遜的首頁有一封貝佐斯寫的信，貝佐斯在信中很興奮的宣布推出Amazon Prime，一年79美元快速出貨的會員方案，他說希望Prime可以讓亞馬遜吸引更多顧客購物，但也警告，他預期Prime「在短期內對亞馬遜網站來說代價高昂」。

　　我當時是美國科技研究公司的網路分析師，我看到這封信後的結論是，亞馬遜那天晚上很可能公布謹慎的財測。當執行長宣布新的方案，並且說「短期內代價高昂」時，這通常是每股盈餘預估會下滑的好指標。我和CNBC跑亞馬遜的記者科瑞・強森（Cory Johnson）談話，並告訴他我的預測，結果的確是如此。

　　亞馬遜3月的季報和2005年的全年營業利益展望，都比華爾街的估計要低得多，公司預估2005年資本支出可能會增加一倍，Prime會員的出貨對亞馬遜來說的確是代價很高。重點是亞馬遜的營業利益從2001年開始就一直穩步上升，而2004年的營業利益率將創下亞馬遜的紀錄。結果不

是這樣，2004 年只有 6.4％。（另一個不符合預期的是亞馬遜的營業利益率**再也沒有**這麼高了。沒錯，一直到 2021 年初都是。）Prime 會讓亞馬遜的獲利列車出軌，而投資人可不高興。

那天盤後交易，亞馬遜股價立即下跌 15％，接下來的幾個月仍持續承受賣壓。科瑞那天下午在 CNBC 的節目一開始就說：「馬克‧馬哈尼說對了！」我的確是說對了，但只是從短期交易來看是如此，當時我對亞馬遜的股價持保守態度，評等是「持有」。

我還是相信亞馬遜無法證明自己是核心「長期持有」的股票，直到 2008 年，當時顯示公司的零售業務能持續創造高營收成長，同時證明他們有能力推出全新的業務（例如 AWS 和 Kindle）。但是 Prime 的推出顯示，雖然短期內對投資人不利，但亞馬遜願意投資對消費者有利的長期方案。對於一個月在亞馬遜購物兩次的一般顧客來說，Prime 讓他們 3 個月就能省下荷包。但是對亞馬遜的投資人而言，在每股盈餘公布後幾分鐘內，Prime 就害他們的荷包失血 15％。

Prime 成功了嗎？當然，我還認為 Prime 是網路史上、甚至是有史以來最好的顧客忠誠度方案。到了 2008 年，這個方案的訂戶已經超過 1 億人，到了 2020 年初時有 1.5 億人。根據我做了將近 10 年的廣泛調查，Amazon Prime 的顧客是亞馬遜或其他網路零售業者的客戶中，最投入、最頻繁、最忠誠，也是消費金額最高的顧客群。Prime 是亞馬遜

高營收成長得以解鎖的其中一個主因，調查顯示，亞馬遜的到貨速度是最吸引人的特色之一。

Prime的推出與成功，符合亞馬遜成功的許多要素。這是個非常創新的做法，當時沒有其他網路零售業者提供訂戶制出貨服務。這個方案以長期為導向，短期雖然成本高昂，但是因為深化顧客的忠誠度，因而提升長期的獲利能力。而且是以顧客為中心，Prime的顧客長期下來節省數百美元的運費，雖然投資人的反應不佳，讓股價跌了很多，但消費者的反應很好，讓亞馬遜在未來的10年能持續超越eBay和其他網路零售商。（2017年3月時，eBay推出「保證送達」方案，提供2,000萬種產品在3日內到貨保證，雖然晚了一點，但總比沒有好。）

我們可以從亞馬遜對決eBay的故事學到的教訓是，願意從顧客的角度大膽創新的公司，就算短期不符合投資人的預期，最後還是會成為更大的長期贏家。亞馬遜的成功背後有很多因素，但是以顧客為中心，而不是以投資人為中心，則是主要的因素。

為何DoorDash可以打敗Grubhub？

Grubhub是很棒的股票（見圖7.4）。上市第一個交易日漲了31％，之後股價持平3年。2014年4月4日收盤價是34美元，2017年4月4日的收盤價是33美元，接下來的

圖7.4 Grubhub的股價起落

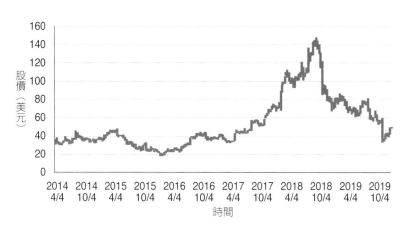

18個月飆漲320％，在2018年9月漲到146美元，然後修正77％，2019年10月底又跌回34美元。

　　這其中一定有什麼選股教訓。的確有，先來看看2019年10月28日Grubhub給股東的信，我稱之為「不專情的信」。

　　Grubhub的經營團隊在信中揭露，最近看到訂單成長趨勢「顯著低於我們的預期」，顧客回購率和下訂單的頻率都出現疲軟。Grubhub的經營團隊將整體的疲軟怪罪於產業成熟，以及網路訂餐的人變得「更不專情」，意思就是顧客還向競爭對手訂餐。然後又繼續大幅調降下一季的財測，隔天Grubhub股價重挫57％，股價跌回到34美元的水準。

　　整封「不專情的信」中，公司強調商業模式的吸引力和可持續性，並提到「我們的商業模式具有龐大的經濟規模」。然後還說：「透過我們有紀律的投資方法和不同的商

業模式，能在網路訂餐產業創造高獲利的公司全世界只有兩間，美國只有一間，本公司就是其中之一。」信中描述競爭者「持續大額支出，因而公司承受重大的虧損。」

競爭者是誰，他們發生了什麼事？嗯，最大的競爭對手就是DoorDash，公司在2020年12月上市，第一個交易日就飆漲86％，2021年初的市值大約是500億美元，而Grubhub的市值高峰則大約是150億美元，所以DoorDash現在的市值是Grubhub最高時的3倍。股價會隨時間改變，市值也一樣，DoorDash的市值可能減半，更奇怪的事都發生過，但即使是如此，市值還是比Grubhub最高的時候高得多。

DoorDash的市值比Grubhub高出許多最大的一個原因可以從圖7.5看得出來，這是DoorDash上市公開說明書中的圖，顯示DoorDash在美國網路食品產業的市占率從2018年初的17％，增加到2020年10月的50％，Grubhub的市占率卻從39％降至16％。

在發出「不專情的信」的時候，Grubhub宣稱是「美國最大、最深入的餐館市場」。情況顯然已經變了。為什麼呢？原因有很多，但其中一個核心原因是DoorDash比較以消費者為中心，而Grubhub比較以投資人為中心，這和亞馬遜與eBay之間的情況很像。

這全都可以在「不專情的信」中看得出來。Grubhub的經營團隊說：「我們從經驗中得知，用餐者選擇哪一個市集的決定性因素，就是餐館有沒有提供用餐者想要的東西。」

圖7.5　DoorDash贏得食物大戰的方法

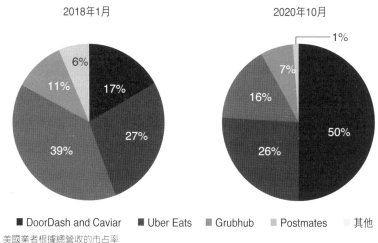

美國業者根據總營收的市占率
資料來源：DoorDash的上市公開說明書

Grubhub很長一段時間只允許可以自己外送的餐廳加入旗下
餐廳網路，所以Grubhub其實是合作餐廳的網路行銷合作夥
伴（就只是這樣而已），根據那封信裡的說法，這能「為雙
方創造高度獲利的合作關係」，對投資人來說很棒，但對消
費者來說不好。

　　DoorDash和其他業者（Postmates和Uber Eats）也理解
到，多種餐廳選擇是網路餐點外送服務的消費者選擇的主要
因素，所以他們各自大幅擴展自己核心市場的餐廳選擇，提
供外送物流服務給核心市場的**所有**餐廳。這麼做很昂貴，也
需要支出一大筆錢打品牌廣告，並吸引用餐者、外送員和
餐廳，也需要花大錢打造複雜的區域物流網路。DoorDash

最後募得20億美元的資本來進軍美國網路餐點外送市場，2018年淨虧損2億美元，2019年時虧損將近7億美元。但是DoorDash專注於消費者最想要的東西，這讓公司的市占率變得比Grubhub還要大，最終市值也比Grubhub更大。（這個故事有個重要的更新：Grubhub在2020年6月以73億美元賣給Just Eat Takeaway。）

再來看看這個教訓，你知道不專情的消費者是誰？就是一般消費者。他們對你的服務並不非常滿意，這就是為什麼他們會嘗試其他服務。如果他們找到比你更重視消費者的服務，例如提供更多餐廳選擇、更快也更可靠的外送品質，他們就會換個服務。

DoorDash打敗Grubhub的原因有很多。DoorDash專注於郊區的市場，而郊區比都會區市場更有物流的優勢。DoorDash在增加餐廳供給方面的表現非常出色，能提供一致而更快速的外送服務，這對消費者來說也是很重要的因素。DoorDash上市後市值立即改變，顯示市場預期公司可以成功擴展物流系統至其他垂直產業，例如雜貨和特殊零售業。但是DoorDash能打敗Grubhub的核心原因之一，是DoorDash比Grubhub更重視消費者。

比起只是捍衛說自己商業模式很有吸引力的公司，願意大量投資來打造更好消費者體驗的公司，會是更好的長期投資標的。這麼說有點誇大，但這仍是我追蹤這些股票學到最大的一個教訓。亞馬遜與eBay，還有DoorDash與Grubhub

的故事都顯示，以消費者爲中心（而不是以投資人爲中心）的公司長期下來會勝出，不論基本面或是股價都是。

對於整個食品業的大戰，相對受到歡迎的矽谷觀點是，因爲DoorDash當時不是上市公司，所以可以「承受龐大的虧損」，上市公司做不到這一點。這可能是眞的，也可能不是。投資以消費者爲中心（或是不要以投資人爲中心）的企業仍然是有效的投資教訓。但有間知名的上市科技公司很有趣，這間公司大幅改變商業模式，放棄純粹以高毛利、對投資友善的模式，選擇以消費者爲中心但是極度不確定的商業模式，而且還生存下來繼續奮鬥。接下來就要介紹Zillow這間公司。

Zillow 的轉型

Zillow已經成爲美國家喻戶曉的品牌。2020年11月，《紐約時報》一篇專文的標題是〈我們現在都需要逛Zillow網站，逃避現實〉。數百萬消費者會上Zillow網站尋找住宅不動產的出售資訊，夢想自己想住的各種類型的房子，有點像在看房屋的色情片。

確實就是房屋的色情片，就像《周六夜現場》2021年2月播出的搞笑短劇，這齣短劇模仿Zillow的廣告口號：「滿足你性幻想的網站」，就是偷看別人的房子。（超搞笑的！YouTube上看得到。）順帶一提的是，在這裡，這可能也是

個很好的選股教訓。《周六夜現場》在2011年時諷刺Netflix投資Qwikster失利的事，為Netflix投資人創造很棒的進場點。《周六夜現場》對Zillow的諷刺是否有相同的效果呢？

　　Zillow在前10年成為美國人心目中的住宅不動產詢價中心。天啊，這聽起來也太正式了，改成這樣如何：Zillow的Z估價（Zestimates）可以評估全美國幾乎所有的房子，包括朋友、同事、老闆，甚至是你找得到地址的名人房屋價格。長期下來，Zillow成為所有住宅不動產交易必要的一部分，全美國幾乎所有房屋交易的雙方或至少一方，會用Z估價來查詢房價。

　　Zillow由幾個高階主管在2006年成立，包括瑞奇·巴爾頓（Rich Barton）、洛伊德·芬克（Lloyd Fink）與史賓賽·雷斯科夫（Spencer Rascoff）。這三位在創辦Zillow前都有豐富的科技業工作經驗，尤其是巴爾頓，他創辦網路旅行社Expedia。Zillow在2011年7月以20美元上市，第一個交易日就飆漲80％，到了2014年7年底漲到160美元，把公司市值推升到超過300億美元。因為一些問題，包括與監理機關的問題和重大的法律挑戰，隔年Zillow的股價重挫近90％，跌回上市價，然後接下來的5年進入區間盤整，直到一個高風險、昂貴的商業模式轉變，股價在2021年初又漲回到2014年的高點。當時我說這是我看過科技公司承擔最大風險的賭注，我稱之為「Zillow的轉型」。（其實更像是擴大規模，而不是轉型，但「Zillow轉型」聽起來比

「Zillow擴大」有意思多了。）

在那之前，Zillow的商業模式主要是提供不動產仲介行銷方案，有點像Grubhub，餐廳付錢給Grubhub取得潛在顧客，也就是想在網路訂購餐點的人，不動產仲介公司則付費給Zillow取得潛在顧客，也就是想要買賣房屋的人。這是很好的模式，也有很好的整體潛在市場。

我指的「好的模式」，意思是Zillow的網路不動產廣告毛利率高達80％以上，而且不需要龐大的資本支出。而「很好的整體潛在市場」則是指網路不動產廣告的整體潛在市場大約在100億到200億美元，雖然不是上兆的整體潛在市場，但還是穩健的市場機會。

然後到了2018年4月12日，Zillow宣布將進入直接購屋／賣屋市場。公司在高利潤的不動產廣告市場中是明顯的領導者，但公司將不再只在這個市場競爭，而要擴張進入直接買賣房屋的市場，有時又稱為iBuyer市場，我稱之為homeflipping.com（買來翻新再賣掉）市場。

主要的背景是，在直接住宅市場背後的推銷可以大幅減少住宅銷售／買進流程的阻礙。賣方上網提供賣屋資訊，像Opendoor、Redfin、Offerpad和Zillow等公司會在賣屋資訊刊登後48小時內，考量重新裝修房屋並在90天內出售的成本後，出價以現金買入。雖然賣方賺到的佣金會高於透過傳統仲介刊登的模式，不過這種交易的速度快又簡單，對賣方來說可能好得多，因為可以更快賣出房屋，然後拿到錢買新

房子。到了現在，地區市場的iBuyer模式愈來愈受歡迎，有10%以上的房屋是以這樣的方式賣出的。

對Zillow來說，這是一個**重大轉型**，而且從很多方面來說很冒險。

首先，這比Zillow的廣告業務需要更多龐大的資本，公司需要承擔10億美元的債務或股權融資；第二，這有很多資產和景氣循環風險，公司必須將房子以更高的價格賣出才能獲利，但卻不一定能賣得出去；第三，這需要有不動產專業能力，但Zillow卻是提供行銷工具的公司，未必具有這方面的能力；第四，這可能有破壞Zillow核心仲介廣告模式的風險，如果iBuyer市場真的成功，可能會有風險使不動產仲介業者賺不到佣金，但這本來就是付費購買廣告的客戶（這很像Netflix推出串流業務可能會、而且也真的破壞核心DVD出租業務）；第五，iBuyer市場已經有很多競爭者，主要的非上市公司（Opendoor）已經得到一檔大型基金的融資，這個基金還曾資助DoorDash去和Grubhub競爭。

風險的確很高！正如Zillow創辦人擔心的情況，而且市場也這麼認為。Zillow宣布直接買屋計畫後，盤後股價下跌5％，一直到年底跌了42％，績效大幅落後大盤，因為市場預估公司的獲利能力大幅降低，部分原因是這些投資需要買房業務成功發展才會成功。那時我寫道，轉型「對公司來說可能是正確的做法」，但「會大幅提升執行風險」。我說是「正確的做法」，意思是此舉顯然為賣屋者提供很有吸引力

的新價值主張,如果成功了,就有可能大幅提升Zillow的整體潛在市場。而「執行風險」是指上述的五個風險。因此一個月後,我把評等從「買進」調降為「持有」,主要就是因為這個風險。

故事還沒有結束。「Zillow轉型」要過幾年才會成功,就像亞馬遜的Prime投資和Netflix轉型串流服務一樣。Zillow的基本面顯示轉型成功的初步證據(「直接買」現在更名為「Homes」)在2021年初才出現,顯示這個業務開始出現可持續的獲利能力,而產業的iBuying需求似乎出現轉折點。更重要的選股教訓是,Zillow的股價在2021年初漲到歷史新高(見圖7.6)。

圖7.6 Zillow轉型成功

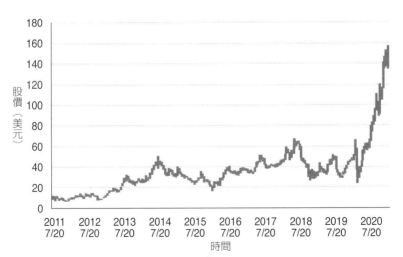

接下來幾年，Zillow將會考驗以消費者中心、但短期內投資人風險更大的方法是否眞的有用，以及投資人是否會獎勵這樣的轉型。我對這兩個問題的偏見是：會。我強烈猜測Zillow董事李奇・巴爾頓（Netflix的董事）和洛伊德・芬克（Grubhub的董事）之前的經驗可以讓Zillow成功轉型。Zillow的創辦人已經看過公司接受（Netflix）和不接受（Grubhub）更有吸引力的價値主張會有的後果。而且三位主要創辦人（巴爾頓、芬克和雷斯科夫）完全支持這個轉型，有助於轉型成功，確實，這對轉型非常重要。

也許5到10年後，「跟Zillow一樣」會是用來讚美公司的話，意指成功從以投資人中心轉型爲以顧客爲中心的策略。而且可能會有人想，如果eBay或Grubhub「跟Zillow一樣」會發生什麼事。

訂價能力的飛輪

2014年是網路史上重要的一年，也可以被視爲是商業史上重要的一年。在這一年，第一次有網路公司成功對消費者漲價，亞馬遜第一次提高Amazon Prime的價格，Netflix也是第一次提高串流服務的價格。這兩個漲價案例都很成功，兩者都凸顯打造以消費者爲中心的商業模式優勢：訂價能力的飛輪。

以下就是相關的細節。

2014年3月，亞馬遜宣布調高Prime的價格20美元，從79美元漲到99美元，漲幅高達25%。這是2005年推出這個方案以來第一次漲價，相同的價格維持了9年。當時亞馬遜的財務長湯姆・斯庫塔克（Tom Szkutak）是個一絲不苟、低調、保守的金融天才，擁有完美的財務長特質。在公司前一次的公告每股盈餘法說會上，他宣布公司考慮漲價20到40美元，以反應燃料與交通成本上揚，讓市場措手不及。漲價25%到50%？而且是低價商品的領導者亞馬遜！斯庫塔克瘋了嗎？

一個月後真的宣布漲價20美元時，亞馬遜在首頁上強調Prime從2005年來已經變得更有價值，可以不限次數免費兩日到貨的商品已經從原本的100萬件增加到2,000萬件。而且Prime會員現在還可以免費無限制觀賞超過4萬部電影與電視節目，還有超過50萬本Kindle電子書。

所以亞馬遜正在為漲價辯解。但毫無疑問，漲價幅度實在是很高（25%），這是一著險棋。

9個月後，2015年1月時，亞馬遜揭露在漲價後，2014年全球的Prime會員人數增加53%。雖然亞馬遜沒有揭露Prime訂戶的總人數，但這項資訊強烈顯示Prime雖然漲價，但訂戶還是大增。當公司漲價但顧客群增加的速度卻提高，這**絕對是**非常厲害的成就，這顯示的肯定是顧客對Prime的接受度很高。貝佐斯說Prime是「購物史上最划算」的選擇，也許是，也許不是，但顯然消費者認為很划算。

　　2018年5年，亞馬遜再次提高Prime的價格，這次漲到119美元，所以最後的確達到斯庫塔克在2014年初暗示50%的漲幅。同樣的，這似乎沒有對亞馬遜或Prime的受歡迎程度造成任何負面的衝擊。我從2013年到2020年對Amazon Prime的用戶所做的追蹤調查顯示，Prime的接受度幾乎每年都在上升，美國的網路用戶在2020年中的接受度高達70%（見圖7.7）。儘管價格已經漲了50%。

　　以目前超過1億5,000萬Amazon Prime訂戶來計算，漲價40美元是相當大的金額，超過60億美元，相當於亞馬遜從2014到2017年的淨利總和。漲價就是這麼棒，如果成功，就全都是利潤，這筆錢就會直接進入淨利中，但亞馬遜

圖7.7　即使漲價，Prime的接受度仍上升

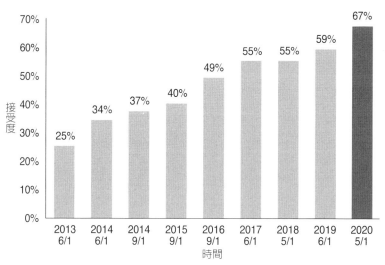

資料來源：SurveyMonkey民調；Amazon Prime訂戶的應應比例。

完全**不是**這麼做的。相反的，亞馬遜將額外的收入用來抵消燃料和交通成本上漲，以及提升 Prime 的價值：更快到貨（現在已接近一日保證到貨）、更多電影、音樂、電子書等等。這提高 Prime 的整體消費者價值主張，讓亞馬遜未來可以再漲價，然後再提升 Prime 的價值，並且持續這個循環。這就是訂價能力的飛輪。

以消費者為中心的企業，持續並積極從消費者的立場創新，只要執行得好，就能從這個飛輪中受益。亞馬遜辦到了，Netflix 的做法更是顯著。

2014 年 5 月時，Netflix 的標準串流服務價格漲了 1 美元，從 7.99 美元漲到 8.99 美元，這是 Netflix 自 2007 年推出串流服務以來首次漲價。Netflix 的執行長里德·海斯汀以類似亞馬遜的方式，在對分析師的財報法說會前一個月，暗示公司考慮提高標準訂閱月費 1 到 2 美元，這相當於 13％到 25％的漲幅，後來的實際漲幅是 13％。海斯汀的理由是：「如果我們要持續擴張、製作更多好的原創內容……就必須漲價一點。」但 Netflix 在確保漲價時非常小心，讓現有的用戶維持 7.99 美元的標準方案長達兩年，然後才實施漲價。甚至推出新的基本方案，價格為 7.99 美元：標準畫質影片、一次僅限一台設備觀看，對照高畫質、可讓兩部設備觀看的 8.99 美元標準方案。換句話說，這大概是你看過最謹慎的漲價方案了。

而且成功了。Netflix 也和亞馬遜一樣，雖然漲價，2014

年公布的訂戶人數還是增加。2013年增加1,100萬串流用戶，2014年增加1,300萬。一年半後公司又漲價，標準方案再漲1美元，到9.99美元。兩年後，標準方案漲到10.99美元。再過一年，標準方案漲到12.99美元，而且基本方案首次漲價到8.99美元。到了2020年底，Netflix的標準方案漲到13.99美元。

這段時間，Netflix除了2019年新增訂戶略有減少，每一年的新增訂戶都有增加（見圖7.8）。Netflix在2015年新增1,600萬新訂戶、2016年新增1,800萬、2017年新增2,100萬、2018年新增2,900萬、2019年新增2,800萬、2020年更是暴增3,700萬。訂戶大增的原因有很多，包括2020年新冠危機。但基本的事實是，就算漲價，Netflix的新增訂戶人數

圖7.8　訂價能力的飛輪：Netflix的風格

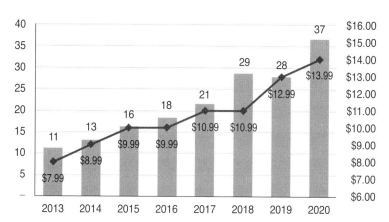

仍然增加，這顯示消費者價值主張一直以來有多強：從7.99美元漲到13.99美元，相當於一個月多繳6美元。海斯汀在2014年提到的「漲價一點」，變成6年來漲價75％！以2億訂戶來計算，全年的利潤就高達140億美元。當然，Netflix並沒有把這筆錢灌到淨利中，很多錢都用來買進和創造更多內容，飛輪效應就開始了。更多的內容能創造更好的服務，更好的服務就能支持價格調漲，這又有助於資助更多的內容，然後再創造更好的服務。

回到選股教訓。亞馬遜和Netflix在過去1年、5年、10年的股價表現都非常優異，大部分原因是他們能持續創造高營收成長。Netflix的營收計算方式一直都很簡單：營收等於訂戶數乘上每個訂戶的收費。Netflix大部分的營收都是由訂戶成長驅動。但是營收大幅成長1/4到1/3，則是因為每個訂戶的收費增加所帶動。結果漲價大幅推升營收。擁有訂價能力的公司非常少，而且他們能享受額外的營收成長槓桿。

亞馬遜和Netflix都受惠於額外的營收增加槓桿，因為他們都持續創新，並改進消費者價值主張，因而推升顧客人數成長。兩間公司都積極讓Prime和串流成為購物和娛樂產業最便宜的選擇：一年支付119美元就能快速到貨，還能使用許多媒體（影片、音樂、電子書）；一個月13.99美元可以收看幾乎無限數量的優質影音內容，隨時都可以在任何一部設備上觀看。這是很划算的價格，而且要花很多錢來維護。

但是亞馬遜和Netflix為消費者打造並持續改善這些划算

的服務，就能利用訂價能力的飛輪，長期創造正向的商業模式效應。漲價並不保證會成功，像我一樣的分析師就不確定亞馬遜和Netflix的漲價會不會成功。我也絕對沒有預料到，Netflix能在6年內累計漲價75％，結果新增訂戶數還幾乎年年成長。Netflix也沒預料到，否則公司漲價時就不會這麼小心。專注於吸引人的價值主張（以消費者為中心），亞馬遜和Netflix都能利用飛輪，讓基本面和股價飆漲。

　　還有別的公司可能利用這個飛輪嗎？那就是Spotify。公司這些年來打造出音樂／聲音產業中很有吸引力的消費者價值主張，而且到2021年初時才要開始調漲訂戶費用。結果會如何，我們等著看，或是該說，等著聽吧。

　　與此同時，投資人可以學到的教訓是，專注在重視消費者價值主張更甚於任何一切的公司。

本章摘要

跟著消費者價值主張投資。過去10年來股價表現最好的公司中，有好幾間都重視顧客滿意度，**更甚於**投資人短期的疑慮。亞馬遜可以說是代表，公司一直願意大舉投資，以提供更有吸引力的價值主張，即使會因此犧牲短期獲利。2005年初推出Prime就是典型的例子：利潤下滑，而且資本支出超過兩倍。不過後來的結果顯示，這是網路史上最佳的顧客忠誠度方案，而且可能是「購物史上最划算的選擇」。不論如何，網路零售公司如果從事開發並積極投資，以維持領先業界的消費者價值主張，就會勝出，不論是基本面或股價表現都是。

以投資人為中心的公司可能是很糟的投資。我認為eBay和Grubhub是沒有把重心放在創新以滿足消費者需求的例子，我相信部分原因是他們非常想維持高獲利能力的商業模式，因此兩間公司最後給長期投資人不一致的報酬。說句公道話，從2016年初到2018年底，Grubhub是表現非常好的「長期持有」標的，eBay上市後最初5年的股價表現非常好，過去5年來也有不錯的時候。但是這兩間公司最令我意外的是，儘管他們最大的競爭對手（亞馬遜和DoorDash）市占率和市值成長都很大，而且都以消費者需求為優先，但他們都沒有善用優勢。我不認為這兩間公司都沒救了（不過，Grubhub

被收購了），其他以投資人為中心的公司也是。雖然轉型為以消費者為中心的公司可能要花很多錢，而且很可怕，一開始可能還會在公開市場被投資人懲罰，但是有可能成功的，就像Zillow的「直接買」轉型計畫已經做出證明。

雖然打造和維護有吸引力的消費者價值主張可能很昂貴，但最後都能帶動正向的商業模式效應。 就深厚的顧客忠誠度、更多的顧客回購率和更低的顧客流失率來看，有些是直接了當的，不過所有這些都對商業模式有長期的效益。有吸引力的價值主張也能創造訂價能力飛輪，亞馬遜和Netflix就是因此受惠，特別是Netflix。雖然直接面對消費者的公司很少擁有訂價能力，誰想要花更多錢買商品或服務？但是當商品或服務很有吸引力時，消費者就會接受漲價，這就能讓公司進一步投資於改善商品或服務，然後推動飛輪。這表示以消費者為中心的企業，可以創造良好的長期投資報酬。

經營團隊很重要

長期來說，股價是受到基本面帶動，而基本面主要是由經營團隊帶動。經營團隊如果適當，股價就會上漲。所以請尋找由創辦人帶領的公司，而且有很深的科技背景和團員、長期導向、有很棒的產業願景，以及深度聚焦在產品創新，並瘋狂專注於顧客滿意度。

美國證券交易委員會要求投資基金警告投資人，基金過去的績效不代表未來的結果。任何電視、廣播或平面上的基金廣告都有這樣的字眼，這是聰明和實用的警告標籤，但不適用於經營團隊。

身為投資人，當你遇到過去有很成功紀錄的經營團隊時，就不要放手。我所謂的成功紀錄，不是指獲利能一直超

越華爾街的預期，或是有很漂亮的股價走勢圖，我是指可以一直創造高營收成長、成功推出新產品和功能改進，以及贏得愈來愈多顧客滿意度與忠誠度的公司。這些基本面和核心動力都很可能帶來很好看的長期股價走勢，而經營團隊要對基本面和核心動能負很大的責任。

在追蹤科技股將近25年來，我還沒看過股價長期超越大盤的公司不是由很好的長期基本面帶動。蘋果、亞馬遜、阿里巴巴、Facebook、Google、微軟、Netflix、Priceline、Shopify、騰訊和特斯拉，全都是長期贏家，因為他們都證明自己是長期基本面的佼佼者。他們全都受惠於非常有效率的經營團隊，雖然並非從公司成立以來一直是如此。就算是經營團隊最棒的公司，偶爾也會犯下很嚴重的錯誤，或是執行成效不佳，像是Netflix的Qwikster、亞馬遜的Fire Phone、Google和Google Glass與微軟一開始錯過網路轉型。但是幾乎所有績效最好的科技股，都受惠於效率絕佳的經營團隊。

重點是，股價是由基本面帶動，而基本面由經營團隊帶動。如果得到正確的整體潛在市場也會有幫助，但是其他兩個主要的基本面動力，包括不停的產品創新與具有吸引力的價值主張，全是由經營團隊帶動。如果經營團隊對了，基本面可能就對了，因此股價就對了。

上面列出的11檔股票是我遇過唯一絕佳的經營團隊嗎？不是，但我的確認為，需要花多年的時間和挑戰，才能真正考驗經營團隊的本事。這裡要提醒的是，身為公開市場

分析師，我只能密切追蹤上市公司的經營團隊，但他們可能在上市前的許多年就已經證明自己的經營能力很好，或是很不好。但也沒關係，我只能判斷我能追蹤的公司，每一季、每一年的追蹤，散戶也一樣。所以我通常偏好等待公開市場績效3到5年，然後才對經營團隊做出「最後的」結論。

過去幾年來，我追蹤過網路產業中一些比較有潛力的經營團隊，包括Chewy、Etsy、Pinterest、Roku、The Trade Desk、Stitch Fix、Snap、Spotify、Lending Tree、Wix和Zillow。平心而論，The Trade Desk、Lending Tree、Wix和Zillow都有很長的追蹤紀錄，所以能在這本書中被列在最佳經營團隊。

但我們還是來談談我相信良好的經營團隊應有的特質。以下是身為散戶的你應該尋找的特質，這些特質中最主要的包括：

- 由創辦人所帶領的企業
- 長期導向
- 有很好的產業願景
- 瘋狂專注於顧客滿意度
- 深入的科技背景與團員
- 深度聚焦於產品創新
- 招募頂尖人才的能力
- 充滿信心的對員工和投資人說明錯誤與挑戰

　　極少有公司具備以上所有的特質，而且你也不需要找到具備所有特質的公司，但你要找到具備大部分特質的公司，才能信任經營團隊的素質。

由創辦人帶領的企業很重要

　　阿里巴巴、亞馬遜、蘋果、Facebook、Google、微軟、Netflix、Shopify、騰訊和特斯拉有什麼共通點？他們都是全球市值最大的企業，而且目前或有很長一段時間都是由創辦人帶領。阿里巴巴的馬雲、亞馬遜的貝佐斯、蘋果的賈伯斯、Facebook的祖克柏、Google的布林和佩吉、微軟的蓋茲、Netflix的海斯汀、Shopify的托拜亞斯‧路特克（Tobias Lütke）、騰訊的馬化騰，還有特斯拉的馬斯克（見表8.1）。

　　看看這些創辦人的平均任期：24年！這比麥爾坎‧葛拉威爾在《異數》中所說，花10年，也就是1萬個小時來精通一門技藝的法則還要久，而且這個數字還因為祖克柏直到2004年才想要創辦Facebook（當年他19歲，比合法飲酒的年齡要小兩歲），路特克一直到2004年（當時25歲）才構思創辦Spotify，還有馬斯克在2003年幫忙創辦特斯拉之前忙著經營PayPal（當年他32歲）而被拉低。這些創辦人從開始、建立並協助經營這些公司很長一段時間，而他們長時間直接參與這些公司的經營，就是公司的基本面和市值成功的主要因素。

表8.1　創辦人和公司

公司	成立年度	公司所在地	創辦人	創辦人經營期間（年）	市值（10億美元）
阿里巴巴	1999	中國杭州	馬雲等人	20	713.14
亞馬遜	1994	華盛頓州西雅圖市	傑夫・貝佐斯	27	1,664.28
蘋果	1976	加州古柏提諾市	史帝夫・賈伯斯等人	23	2,283.35
Facebook	2004	加州門洛帕克市	馬克・祖克柏等人	17	767.31
Google	1998	加州山景市	賴利・佩吉和瑟吉・布林	23	1,401.76
微軟	1975	華盛頓州瑞蒙市	比爾・蓋茲和保羅・艾倫	45	1,838.57
Netflix	1997	加州洛斯加托斯市	里德・海斯汀和馬克・藍道夫	24	247.61
Shopify	2004	加拿大渥太華市	托拜亞斯・路特克等人	17	174.70
騰訊	1998	中國深圳	馬化騰等人	23	1,103.22
特斯拉	2003	加州帕洛奧托市	伊隆・馬斯克等人	17	815.36

賈伯斯的任期扣除在1985年離開蘋果到1997年回任的時間；
根據2009年的庭外和解，伊隆・馬斯克被列為共同創辦人。
市值計算至2021年2月9日。

　　我真心相信，由創辦人帶領的企業有較好的能力與意願，在面對爭議、批評、甚至是輕蔑時仍堅持願景，這讓他們有能力以長期思考，而且大致忽略短期的壓力。

　　以下是我想到的例子：

- **範例一**：貝佐斯在2005年時推出 Amazon Prime，儘管有很龐大的支出，而且華爾街幾乎絕對會懲罰股價，直到有足夠的證據顯示這個方案會成功（這花了將近一年）。我認為會做這種決定的人都是抱持老闆或創辦人的心態，貝佐斯就是這樣。貝佐斯有一句話常常被引述：「如果你要做任何新鮮或有創意的事，就必須願意被人誤解。」我覺得老闆／創辦人比專業經理人更願意被誤解。如果你經營的是上市公司，股價呈現劇烈波動就是你被人誤解的時候。2000年中網路股泡沫破滅時，亞馬遜就跌得很慘。貝佐斯對那年夏天股價腰斬的反應是，在辦公室的白板上寫下「股價不能代表我」，以此鼓勵員工保持正面心態與專注。（這個故事是出自布萊德・史東撰寫的亞馬遜與貝佐斯傳記《貝佐斯傳》〔*The Everything Store*〕）。同樣的，我相信只有老闆／創辦人才會有這樣的想法。

- **範例二**：Facebook 在2018年中大舉投資在平台安全性與產品開發。同樣的，祖克柏和 Facebook 的經營團隊在2018年6月的法說會上大幅調降給華爾街的財測，這麼做幾乎可以肯定股價會大跌。唯一的問題是會跌多久。（答案是一年。）最後 Facebook 每股盈餘減少30％，股價重挫40％。祖克柏在法說會上是這麼說的：「由於對安全性的投資增加，我們可

以選擇減少對新產品的投資，但我們不會這麼做，因爲這不是服務我們社群適當的方式，而且**因爲我們的目標是長期經營，而不是下季財報的表現。」**這是創辦人才會說的話，這是創辦人才有的心態。而且那次超積極的投資促使Facebook的基本面更強勁，有助於創造更好的長期股價。

- **範例三**：2011年中，Netflix試圖同時漲價和分拆郵寄DVD業務，但是失敗了。這個後來被稱爲「Qwikster災難」是這樣發生的，Netflix把DVD和串流業務分開，要求同時使用兩種服務的訂戶開立兩個不同的帳號，而且月費從10美元漲到16美元。這成爲網路時代的「新可樂」（New Coke）時刻，一個糟糕透頂的產品決策，並激怒訂戶，2011年9月那季減少80萬訂戶，而且對品牌的損害花了超過一年才彌補回來。當公司在2011年10月24日宣布訂戶減少80萬時，股價在一天之內狂瀉35％，從17美元跌到11美元。《周六夜現場》根據這件事製作一集諷刺劇，讓這場災難被載入科技史冊中。

　　Qwikster災難幾個月後，我和Netflix的一位董事一起吃晚飯，我問他董事會怎麼會同意這個看來很清楚（事後看來也很清楚）的糟糕構想。他的回答說明創辦人的權力有多大，他說，董事會本來也對此舉有點憂心，但因爲尊重海斯汀，還是同意

了。董事會的說法是：「如果麥可・喬丹（Michael Jordan）說：『把球給我，我來灌籃，』你就會把球給他。」這顯示創辦人的權力有多大。

Qwikster 災難背後真正的錯誤在於，海斯汀想強迫市場。他的願景和信念是，家庭影音市場會走向串流，而且成為市場最大的參與者有相當大的優勢。所以他想利用訂價和產品選項來加速往串流轉型。他試圖逼迫這個市場，結果適得其反。眼光正確，但策略錯誤。Netflix 最終還是恢復元氣，海斯汀也從這場災難中學到教訓。

另一個大家印象沒那麼深的災難是，就在 Qwikster 風暴過後不久，Netflix 宣布進軍英國和愛爾蘭，還有不久前才進軍拉丁美洲市場。Netflix 也宣布，這次進軍國際市場會令公司從 2011 年的獲利，到 2012 年變回虧損。Netflix 的股價本來就已經很慘了（就像被火燒掉），結果 Netflix 的經營團隊還火上加油。Netflix 股價在接下來的 12 個月內跌到 7.70 美元的低點，然後才在 2012 年底回升到 Qwikster 時的水準（23 美元），之後 2013 年時顯示 Netflix 進軍國際市場成功，股價才漲了一倍。什麼樣的公司明明知道股價一定會跌得很慘，還這樣火上加油？就是由創辦人所帶領的公司。但才剛搬了磚頭砸腳後，大舉進軍國際市場的賭注，讓海斯汀、Netflix 與長期

股東有很好的報酬。

● **範例四**：2015年8月時，Google宣布公司重整進一個稱為Alphabet的新組織，所有Google的主要資產（搜尋引擎、YouTube等），全都在核心Google業務中，其他則歸在稱為「其他賭注」（Other Bets）的部門下。佩吉的信中形容「其他賭注」是「在其他領域比較小的賭注，和我們目前的業務相比，看起來可能很投機，甚至很奇怪。」這些是公司11年前提交的上市公開說明書中的文字。「比較小的賭注」包括Life Sciences（當時正在開發感測葡萄糖的隱形眼鏡）、Calico（專注於人類壽命的業務，就是延長人類的壽命，不再有死亡）、Wing（無人機送貨服務），還有Waymo（Google的自動車部門）。這些業務聽起來都很棒，直到後來市場發現這些「比較小的賭注」導致2015年的營業利益虧損將近40億美元。虧損的程度一點也不小，而且接下來至少5年都只有最低限度的營收成績。你知道什麼樣的公司會堅持進行這種「較小的賭注」嗎？就是由創辦人所領導的公司。創辦人（布林和佩吉）持有Google 51%的有投票權股份，讓他們有效控制這間公司。

　　「其他賭注」究竟能不能為Google和股東創造投資報酬，仍是未知數。這些投資被很多人說是「登月任務」，但是以終端市場的規模來看，想解決自動

駕駛、延長人類壽命的問題，我覺得應該是「登上銀河系的任務」還差不多。不過關鍵在於，是創辦人的遠見和膽識，讓Google能虧損多年來支持這些「較小的賭注」。就像佩吉在Alphabet的信中寫的：「瑟吉和我很認真在創造新東西的事業。」我不相信非創辦人會寫得出這樣的話，而且還認真執行。我想這樣的做法應該會讓Google的長期股東繼續受惠。

- **範例五**：Zillow在2018年4月決定進入直接買賣房屋市場前，經營團隊討論和辯論了很久。高階主管和董事會都相當了解這次「轉型」是一個不太有吸引力、不確定性高的商業模式，會有股價下跌的風險。而這個風險果然發生了，Zillow在宣布後股價重挫40％。但Zillow還是決定轉型，正是因為三位主要創辦人（巴爾頓、芬林克和雷斯科夫）全都決定，就算華爾街會有任何負面反應也要這麼做。其中一人後來告訴我，如果市場不喜歡或不了解他們的轉型，他們願意（至少短期）對華爾街說「滾一邊去啦」。巴爾頓和芬林克控制公司絕大多數投票權，但是身為創辦人，這三個人都有能力與信譽做出這樣冒險的決定。我很懷疑創辦人以外的經理人能有本事把這樣的轉型做好，並且也為股東創造很大的利益。

以上就是由創辦人帶領的企業，對長期股價有好處的幾個主要例子。我又想到一個例子，那就是特斯拉和馬斯克。身為分析師，我從沒研究過特斯拉，但身為固定的市場參與者，不可能不注意到公司創辦人的膽識、見識與動力。馬斯克對公司和股價的成功有絕對的影響。

就算所有績效最好的科技股幾乎都是由創辦人所帶領，並不表示所有由創辦人所帶領的公司都是好股票。Grubhub就是由創辦人帶領的公司，Pandora（音樂串流公司，不是珠寶公司）也是由創辦人所帶領。兩間公司都被併購，而且併購時的市場評價遠低於最大競爭對手（DoorDash和Spotify）目前的股價。

Priceline也是這樣的例子，10年來都是很高價的股票，而且不是創辦人的執行長（傑夫・波伊德）也經營得很好。

但是過去的股價表現通常會反映出創辦人領導公司的正面影響，所以當你在尋找公司和股票時，應該把這當成是注意的重點。

長期導向

放長線，釣大魚。很老套的一句話，卻是真的。但我也相信長期導向是我追蹤過的科技股中，最佳經營團隊明顯具備的特質。尤其是有間公司因為維持長期導向而為長期持有的股東創造很大的利益。我說的不是亞馬遜、Google或

Netflix，而是Facebook。

　　這一堂課開頭所列出的頂尖科技公司創辦人中，圍繞最多爭議性的大概就是Facebook的共同創辦人馬克・祖克柏了。貝佐斯、賈伯斯、比爾・蓋茲、佩吉和布林在公司還沒上市時，好萊塢都沒有推出以他們為藍本的賣座電影（只有祖克柏的《社群網戰》）。他們在股票上市宣傳時所穿的衣服，都沒有像祖克柏的連帽衫那樣引起投資人辯論：「連帽衫門」（Hoodiegate）！而且他們都沒有像祖克柏那樣被指控破壞民主和公民社會，尤其是2016年美國總統大選的時候。

　　你可以把這些爭議怪到祖克柏身上，也許是他的個性使然，但我不相信他的個性和其他科技公司創辦人有那麼大的不同。祖克柏給我的感覺一直都非常執著於公司的成長與成功，但是任何大型科技公司的創辦人也是這樣，而且這樣執著於成長，正是投資人應該要尋找的公司領導人特質。說實話，祖克柏也給我另一個印象，他至少和大部分大型科技公司經理人一樣重視促進健全的公民社會，我不確定這樣的標準算高還是低，但至少是個標準。你可以不認同祖克柏對於如何捍衛言論自由與管制仇恨言論和宣傳活動的觀點，但我對於祖克柏2019年在喬治城大學的演講中，公開闡述對言論自由的看法給予讚揚。

　　我想祖克柏的爭議大部分在於Facebook平台的影響力太驚人，有多達30億用戶，這表示Facebook幾乎可以代表全人類（除了住在中國的14億人以外）。這也表示Facebook

平台上的表達有好的、壞的、美的和醜陋的，那就是我們的本性。幫助然後審核全人類的互動可說是不可能的任務。之所以不可能，是因為絕對會有人不喜歡你的做法，所以Facebook和祖克柏才會充滿爭議。這個話題就到此為止。

身為分析師，我不斷看到並聽到Facebook經營團隊的特質就是長期導向。說實話，我相信Facebook的這個特質沒有被重視，雖然這個特質一開始就對公開市場的投資人說得很清楚。以下是祖克柏在公司第一場法說會時說的話：**「希望你們從今天的法說會中，能清楚我們的投資想要創造的長期價值，那就是讓Facebook**對全世界所有使用我們服務的人來說更有用。」（粗體字是另外強調）

以下是祖克柏在之後兩次法說會時說的話：「我最常被問到的問題是，**我們想要在未來的5年或12年，對世界做出什麼重大的改變**？我們已經連結起10億人，下一個抱負是什麼？我想要實現三個主要的目標：連結所有人、了解世界，以及協助打造知識經濟。」（粗體字是另外強調）有多少上市公司執行長會在法說會上談5年和12年的計畫？以我的經驗來說，非常少，但這就是你身為長期股東想要執行長說的話。在那之後，祖克柏在好幾次法說會上會花一點時間向投資人說明這三個目標的最新進展，這是很獨特的優點。

長期投資人會想要經營團隊不只是談長期目標。說是一套，做是一套。就像是當Facebook在2018年6月的季報法說會上，宣布要大舉投資並大幅調降給華爾街的財測時，真

的很重要。當你遇到能做到這兩件事的經營團隊，就是很好的跡象。

很好的產業願景

如果在Google搜尋「是誰發明串流？」，你會學到是喬治・斯奎爾（George O. Squier）在1920年代的發明，當時他因為一個可以用電線傳輸和配送訊號的系統而獲得專利，你也會學到這是後來「背景音樂」（Muzak）的技術基礎。

所以Netflix沒有發明串流，也沒有發明背景音樂。有失，才有得。但Netflix在2007年1月宣布有限的串流服務時，的確發明我們現在所知的串流影音類型。這就是產業願景，也是好的經營團隊會有的特質。

15年前當海斯汀宣布Netflix串流服務時，他對《紐約時報》說了兩句話：「因為DVD不是百年格式，人們在想Netflix的下一步是什麼。」還有「我們看過很多矽谷的公司都是遵循一個世代的運算技術，投資人理當會擔心只有一種商業模式的公司。」海斯汀和Netflix似乎很早就清楚知道不能只是DVD出租公司。的確，公司的名稱就已經隱含未來是串流的世界，而且公司在消費性寬頻網路被廣為採用、使得串流得以用於商業用途之前10年就已經成立。**這就是**願景。

Netflix目前的投資人如果回顧海斯汀在2007年串流服

務上市時說過的一段話時，一定會微笑。在回應有關競爭的問題時，海斯汀對《富比世》說：「我最擔心的是競爭時間：和用戶自己創作的影片與網路遊戲競爭。」10年多過去了，海斯汀在2018年12月寫給股東的信中說：「我們比HBO更需要和電玩「要塞英雄」（Fortnite）競爭（而且還輸給它）。」這段提到「要塞英雄」的評論，在財務團隊引起相當多的辯論，但至少海斯汀從第一天就對Netflix的競爭風險有一致的態度。儘管如此，他在2017年說的話有點太誇張了，他說：「我們實際上是在與睡眠競爭。」幸好他沒有說Netflix是在跟人們在床上做的另一件事競爭。

2007年Netflix推出串流服務那天，還有一句話證明是先知般的預言。《富比世》報導海斯汀在評論時預測，Netflix串流最後會包括「一種用戶模式、一種經濟模式，以及一種會員模式，有愈來愈多的電影選擇和螢幕選擇……我們很想在手機螢幕、電腦螢幕和連網電視上播放串流影片。」別忘了，這是在iPhone推出之前（大約兩周前）的訪問。太強了！海斯汀和Netflix在接下來的20年執行這些挑戰，但他們的願景真是**太精準了**！實在令人佩服。

海斯汀和Netflix對娛樂的願景，以後還是會這麼屬害嗎？誰知道呢？但是他們正確預測郵寄DVD和串流的龐大吸引力，讓人不能不相信他們的本事，而這正是當你在尋找經營團隊時想要看到的產業願景。

瘋狂專注於顧客滿意度

巴菲特50多來每年都發表致股東信，這些信對投資專業人士和散戶都很有影響力，內容是投資與企業管理無價的教訓。你可以在亞馬遜的網站買到最早的50份沒有編輯過的致股東信，售價是274.99美元。（超貴！）

你也可以去亞馬遜投資人關係網站，找到貝佐斯從1997年以來每年寫給股東的信，這些都是貝佐斯自己寫的。我發表過的好幾篇報告，完全都是根據他的致股東信。我認為其中幾封最重要的信包括：

1. 在1997年的〈第一封信〉中，貝佐斯介紹公司的長期心態與執著於滿足顧客。

2. 在2000年的信中，貝佐斯承認股價大跌，並提醒投資人市場長期就像體重機，還承認投資Pets.com和living.com是個錯誤。

3. 在2005年的信中，貝佐斯形容以數學為主的決策程序來管理亞馬遜。

4. 在2007年的〈介紹Kindle的信〉中，貝佐斯描述成功推出Kindle。

5. 在2013年的〈每一項業務的信〉中，貝佐斯說明公司9個部門／方案的進度，包括AWS、Prime、Fire TV和Fresh Grocery。

6. 在2014年〈第四根支柱的信〉中，貝佐斯形容市集（Marketplace）、Prime和AWS是亞馬遜的三根支柱，並說要找到第四根支柱。

7. 在2016年的信中，貝佐斯談到公司規模雖然龐大，但仍能維持創造力，而且持續像第一天創業一樣採取行動。

8. 在2019年的信（2020年春天發表）中，貝佐斯描述亞馬遜在新冠危機期間的表現。

這幾封信是過去25年來事業最成功的創業者和高階經理人提供的無價教訓和見解。（比274.99美元便宜太多了。）

在每年的致股東信結尾，貝佐斯總是會附上1997年的第一封致股東信，我相信這是展現公司的一致性，至少是展現公司長期的投資方向與對顧客滿意度的執著。

過去25年來，我追蹤過的所有科技公司中，我不認為有哪一間公司比亞馬遜更一致、堅持不懈並成功的專注於顧客滿意度。長期來看，這樣的專注和執著，為長期投資人創造絕佳的報酬。所以投資人和高階經理人如果能按照亞馬遜的顧客滿意度藍圖，就能有很好的報酬。

我們很難知道實際上該採取什麼步驟，但是從公司的長期和短期目標開始會有幫助。表8.2是我從貝佐斯寫的23封致股東信中，挑選出來最能捕捉亞馬遜執著於顧客滿意度的

評語或內容。至少在考慮投資的時候，尋找經營團隊是否有
這些評論中的看法。

表8.2　亞馬遜創辦人致股東信中執著於顧客滿意度的金句

1997	亞馬遜網站利用網路為顧客創造真正的價值，希望這麼做能在已經行之有年而且龐大的市場中，創造一個能持續經營的公司。
1998	我總是提醒員工要懂得害怕……不是害怕競爭者，而是要害怕我們的顧客。顧客成就我們的事業，我們與他們建立關係，我們對他們負有重責大任。
1999	我們的願景是利用這個平台來打造世界上最以顧客為中心的公司，讓顧客可以來這裡尋找並發現任何想在網路上購買的東西。
2000	未來幾年，藉由不斷改進顧客的網路購物體驗，將會帶動產業成長與新顧客的加入。
2001	顧客是我們最寶貴的資產，我們要以創新和努力來壯大顧客群……因此，我們致力擴展在電子商務的領導地位來讓顧客受惠，投資人也會受惠，顧客與投資人缺一不可。
2002	簡而言之，對顧客有利的事，就是有利股東的事。
2003	我們擁有努力工作、充滿創造力的團隊打造亞馬遜網站，他們專注於顧客和長期經營。因此長期下來，股東和顧客的利益是一致的。
2004	我們致力改善各方面的顧客體驗，藉此提高營業利益。
2005	堅持將效率改善和規模經濟以降價的方式回饋給顧客，會創造一個良性的循環，長期創造大量可觀的自由現金流，因此使亞馬遜網站變得更有價值。
2006	隨著我們持續成長，我們仍將維持擁抱新業務的文化。我們以紀律的方式去做，並著眼於報酬、潛在規模，以及是否有能力創造顧客關心的差異性。
2007	各位股東，在這裡有一群傳教士，他們致力提升每股自由現金流，以及資本報酬。我們知道，顧客至上就辦得到。
2008	在這個混亂的全球經濟環境中，我們的基本方針仍然不變。務實、專注於長期，並以顧客為中心……我們的訂價策略，目標是要贏得顧客的信任，而不是讓短期的獲利達到最大。
2009	整體而言，目標的設定反映出我們的基本方針。從顧客開始，然後往回推。
2010	我們擁有無法動搖的信念，那就是長期的股東利益與顧客的利益完全一致。

2011	亞馬遜人重視未來，具備徹底顛覆一切的創造力，來為成千上萬的作家、創業者和開發商創造價值。
2012	亞馬遜的活力來自於要令顧客驚豔的欲望……我們會關注競爭對手，並從他們身上得到啟發，但實際情況是，以顧客為中心是這時定義我們文化的要素。
2013	失敗是創新不可或缺的一部分……我們相信及早失敗並反覆修正，直到把事情做對為止……當我們突然想出對顧客真正有用的東西，我們就會加倍投入，希望能更為成功。
2014	市集、Prime和AWS是三個偉大構想。我們很幸運有這三個構想，而且決心要改善和培育這些構想，為顧客把這些構想變得更好。你也可以期望我們會努力找到第四個構想……機會展現在我們面前，讓我們可以透過創新來服務顧客，我們保證不會停止嘗試。
2015	亞馬遜和AWS……全都具有獨特的組織文化，極為重視一些原則，並以此信念來採取行動。我要說的是：執著於顧客服務，而不是執著於競爭對手。
2016	以顧客為中心的方法有許多優勢，但最大的優勢是：即使顧客已經很高興，而且生意也很好，顧客還是會提出精美、奇妙的不滿。雖然顧客並沒有意識到，但其實他們總是要求更好的東西，你要讓顧客滿意的渴望，就會促使你從顧客的立場出發來創新。
2017	我覺得在亞馬遜所有的業務，以及在其他產業，都可以看到顧客的掌控權愈來愈大了。在這個世界裡，你無法停留在過往的成就。顧客不允許這種事發生。
2018	關鍵在於要問顧客想要什麼，仔細傾聽他們的回答，然後制訂計畫辦法，詳盡而快速的提供顧客想要的東西（做生意講求速度！）。無法這樣執著於顧客需求的公司，不可能成長茁壯。
2019	我們從新冠危機學到的一件事就是，亞馬遜對顧客來說已經變得很重要。我們要你們知道，我們認真看待這個重責大任，而且我們很自豪我們的團隊正協助顧客度過這個艱難的時刻。

其他重要的經營團隊特質

　　我分析過最成功的企業與股票中，也顯示其他幾個重要的特質：創辦人和執行長具備實質的科技背景、經營團隊有很多具備豐富經營經驗的人、專注致力於產品與服務創

新、經營團隊擅於雇用和留住頂尖人才，以及能對員工和投資人坦承報告失誤和挑戰。

科技業最成功的創辦人和執行長都有一個明顯的模式：我追蹤過的頂尖科技公司高階經理人幾乎都有電腦科學或工程背景。如果你要經營一間科技公司，擁有科技背景可能會有幫助。

以上述條件來說，阿里巴巴的馬雲是大型科技公司中很大的例外。在2010年的一場會議上，他揭露自己直到33歲都沒有一台電腦，而且從來沒寫過程式。我在阿里巴巴上市前後見過他幾次，他給我的印象一直都是非常的謙遜，他的奮鬥史也顯示他非常堅忍不拔。他申請哈佛商學院10次，每次都被拒絕；考杭州師範學院兩次都沒被錄取。他遇過最沮喪的挫折大概是肯德基在杭州開幕時，他去應徵，結果24個應徵者中，只有他沒被錄取；這些都是很好笑的事情，但也顯示他有多不屈不撓。這個人為了提升英語能力，連續9年每天騎17英里的腳踏車當外國人的導遊。馬雲的經歷可以說是科技巨擘中最有膽識、最令人佩服的故事了。對了，他和阿里巴巴在中國把eBay和亞馬遜打敗。徹底打敗。

至於豐富的經理人經營經驗，亞馬遜和Google都能提供很好的例子。我相信Google這些年來成功的一個關鍵在於艾力克・施密特的加入，以及他提供的意見，一般認為他就是在Google成立初期帶來「成熟的督導」。他曾任網

威（Novell）的董事與執行長，並在2001年初加入Google，同年稍後接任執行長，3年後Google就上市了。對公開市場投資人來說，施密特絕對為這間公司的信譽加分，而且他還帶來一家公司當時極需要的更多專注和紀律。有報導說，佩吉和布林雇用施密特有三個原因：他們承認自己缺乏經營經驗來擴大Google的營運規模，而他們相信施密特有這方面的經驗；他們推崇施密特在科技方面的知識；最後，他們很高興的發現施密特是所有應徵的執行長中，唯一真的去過「火人祭」的人，火人祭是每年在內華達州的沙漠舉辦的活動，宗旨是「創新、歡樂、包容和堅持。」

也許出席火人祭應該被視為卓越經營者的主要判斷標準。表8.3把表8.1稍微調整，顯示成功的科技公司與執行長參與火人祭之間有模糊的相關性。也許投資人應該對科技公司執行長提出的問題是：「你去過火人祭嗎？」

關於坦誠自己的失誤和挑戰，我可以很快想到三個例子。首先，2011年10月19日，海斯汀的公開道歉影片〈Netflix執行長里德‧海斯汀為業務轉入Qwikster不當道歉〉（Netflix CEO Reed Hastings Apologizes for Mishandling the Change to Qwikster）是美國企業史上罕見的認錯範例，海斯汀因此遭到很多的抨擊，包括他在影片中穿著一件藍綠色、鈕子只扣了一半的上衣。但他的直接和願意承擔責任，讓一些投資人認為可以長期信任他與他的公司；第二，在亞馬遜創辦人2000年的致股東信中，貝佐斯承認投

表8.3　參與火人祭與科技業執行長卓越表現的相關性

公司	成立年度	公司所在地	創辦人	創辦人經營期間（年）	是否出席火人祭	市值（10億美元）
阿里巴巴	1999	中國杭州	馬雲等人	20	否	713.14
亞馬遜	1994	華盛頓州西雅圖市	傑夫・貝佐斯	27	是	1,664.28
蘋果	1976	加州古柏提諾市	史帝夫・賈伯斯等人	23	是	2,283.35
Facebook	2004	加州門洛帕克市	馬克・祖克柏等人	17	是	767.31
Google	1998	加州山景市	賴利・佩吉和瑟吉・布林	23	是	1,401.76
微軟	1975	華盛頓州瑞蒙市	比爾・蓋茲和保羅・艾倫	45	?	1,838.57
Netflix	1997	加州洛斯加托斯市	里德・海斯汀和馬克・藍道夫	24	?	247.61
Shopify	2004	加拿大渥太華市	托拜亞斯・路特克等人	17	否	174.70
騰訊	1998	中國深圳	馬化騰等人	23	?	1,103.22
特斯拉	2003	加州帕洛奧托市	伊隆・馬斯克等人	17	是	815.36

賈伯斯的任期扣除1985年離開蘋果到1997年回任的時間；
根據2009年的庭外和解，伊隆・馬斯克被列為共同創辦人。
市值計算至2021年2月9日。

資Pets.com和living.com是個錯誤。所有經營者都會犯錯，但是沒有多少人會公開認錯，然後解釋他們哪裡做錯了。貝佐斯在那一年的信中花了一些篇幅解釋這個錯誤，同樣的，在一些投資人的眼中，也創造長期的信任。

　　第三個例子是我最喜歡的。在2007到2008年金融危機最嚴重的時候，上市網路公司的經營者在法說會時，不斷被問到金融風暴對公司業務的影響。我知道這點，因爲我是其中一個提出問題的分析師。雖然他們公布的成長率明顯下滑，但沒有一位經營者願意在法說會上承認對經營環境的負面影響。網路業當時包括Google、亞馬遜、eBay和Yahoo!這些大公司，因爲有超強的業務動能，本來應該不會受到衝擊。他們才不會受到像全球衰退這種小事衝擊！但是有一位經營者承認全球金融危機嚴重衝擊公司的生意，那就是時任Expedia執行長的達拉・科斯羅薩希。他在法說會一開場就說：「現在是一團混亂，」然後繼續說明Expedia因爲金融危機所遭遇的困境。我在法說會後的報告中讚揚他的誠實。10年後，當科斯羅薩希獲選爲Uber的執行長時，我還特別指出那次誠實的表現，就是他能成爲Uber理想執行長的原因，這是在一些投資人與分析師眼中的長期信譽。

　　能坦誠錯誤與面對的挑戰，就是投資人在尋找科技公司執行長時該具備的特質，對所有執行長都很重要。

本章摘要

經營團隊真的很重要。經營團隊的品質也許是投資科技股最重要的因素。因為長期來說，股價大多受到基本面帶動，而基本面主要是受到經營團隊帶動。經營團隊對了，股價就會上漲。整體潛在市場很重要，堅持追求產品創新和正確執行價值主張也很重要，但是經營團隊主要控制著這兩個因素。所以如果經營團隊對了，基本面就會對，股價也會對了，也許推動股價最主要的因素就是執行長。

以下就是在經營團隊中要尋找的特質：由創辦人所領導的公司（幾乎所有大科技股都是由創辦人所帶領）、長期導向（例如祖克柏有1年、5年、10年的目標）、很好的產業願景（海斯汀可說是發明了串流）、瘋狂專注於顧客滿意度（請閱讀亞馬遜的致股東信）、深入的科技背景和經營團隊、深度專注於產品創新、招募和留住頂尖人才的能力，以及有對員工和投資人坦誠失誤和挑戰的能力。極少有公司具備以上所有的特質，而且你也不需要找到這樣的公司。但你要找到具有大部分特質的公司，才能信任經營團隊的品質。（找到曾參加火人祭的經營團隊可能也有幫助……）

與投資基金不同的是，經營團隊過去的績效，就是未來績效的指標。當你找到過去紀錄很成功的經營團隊，就絕對不要

放手。過去成功的紀錄並不表示獲利一直超越華爾街的預期，這是對預期進行管理，而不是創造基本面。成功的紀錄也不表示股價走勢會很好看，因為有很多因素會導致短期股價波動。但成功的紀錄表示能創造一致的高營收成長、成功推出新產品與功能改善，以及顧客滿意度更高、更忠誠。這些基本面都是使長期股價走勢圖好看的核心動力。經營團隊對基本面和核心動力負有最大的責任。

評價不是選股過程中
最重要的因素

在挑選科技股時，評價的架構很有用。但是評價並非科學，而且有精確度陷阱：要在「精確」不實際、不可能、不合理的情況下，提供精確的答案。評價不應該是選股過程中最重要的因素。採取行動前要問什麼樣的問題，要視公司是否創造穩健的獲利、最低獲利或是沒有獲利而定。但是採取行動前最重要的問題應該永遠是：目前的評價大致上看來是否合理？

警告：以下並非「如何評估科技股」的教訓。很多本好書在討論如何評估股票的價值，不過，以下是業界超過20年來，對有時看似簡單、有時充滿挑戰的評價條件，做過無數次不同的評價模型所學到的教訓，全都是為了試著決定股

價這個目標。而我學到最重要的教訓就是：評價不應該是選股過程中最重要的因素。

Uber在2019年5月10日星期五以45美元上市，第一個交易日下跌8％到低於42美元，除了2019年6月底一段短暫的時間外，有18個月的時間都是一檔賠錢的新股，股價一直低於上市價。2020年3月中，新冠疫情使共乘需求面臨壓力，而且投資人憂心Uber的流動性問題，因此Uber的股價跌破15美元，比上市價低了將近70％。

Lyft在2019年3月29日星期五以72美元上市，第一個交易日上漲9％，到78美元，但是截至2021年初，股價都還沒回到那時的水準。除了2019年4月的兩天外，Lyft一直都是賠錢的新股，股價遠低於72美元。2020年3月中，股價一路重挫到16美元，比上市價低了將近75％。

由於Uber和Lyft的股價一直沒有起色，CNBC非常具有影響力的作家「市區」賈許・布朗（"Downtown" Josh Brown）在2019年10月寫道，Uber的股價低於上市價，使投資人的情緒從「幻想的評價回到獲利能力」。布朗進一步說明：

> 我認為最大的要點是，在Uber的股價無法回到上市價格後，今天春季的每件事都改變了……這個實驗（由上市公開說明書中陳述的龐大評價來讓一間可能永遠也不會賺錢的公司上市）讓專業投資人與散

戶的情緒徹底改變，就好像派對時間結束了一樣。

　　雖然新冠危機嚴重衝擊美國兩大共乘服務的需求，但 Uber 和 Lyft 的股價早在疫情前就已經承受壓力，因為這兩間公司的虧損都很大。2019 年，Lyft 產生 26 億美元的虧損，Uber 則有 86 億美元虧損，這種虧損程度可說是前所未有。而且在上市後的幾季裡，Uber 和 Lyft 是否會轉虧為盈，充滿了不確定性。這種不確定性正是布朗的評論所要說的話。

　　驚人的是，Uber 到了 2020 年股價飆漲將近 70％。截至 2021 年初，Uber 的股價從 2020 年 3 月中的低點飆升 300％，後來股價比上市時高超過 30％。但是 Uber 的獲利展望仍充滿不確定性，大部分華爾街的模型都認為 Uber 到 2023 年以前都無法創造以一般公認會計原則認定的盈餘和自由現金流。以股價營收比來說，Uber 和 Lyft 的股價都接近或高於上市價。現在可以說是又回到「幻想的評價」樂園了。

　　歡迎進入科技股評價的世界。

科技／成長股通常很貴的原因

　　快問快答，當你聽到「科技股」這個詞時，你會最先想到什麼字？有些人可能會回答「刺激」；有些人會說「飆高」，但我敢打賭很多人會說「很貴」。說「很貴」的人就答對了。

　　那斯達克是很好的科技股指標，過去20年來的預估本益比大約都在20倍，而S&P 500指數的平均預估本益比則是15倍。不管你怎麼計算這些數字，大多數的方法都顯示，那斯達克（也就是科技股）的股價偏高。

　　這表示科技股很貴嗎？對，本質上來說沒錯，但如果經成長調整後就不算貴了。本益比本身沒有什麼用處，比較有用的是知道股價和大盤相比是貴還是便宜。此外，知道股價比業界的同店銷售成長率是貴還是便宜會更有用。但是最有用的是知道股價相對於公司的成長率，沒有經成長調整的評價，幾乎沒有意義。

　　大原則是，成長率愈高，本益比就有可能愈高。在其他條件相同的情況下，盈餘和自由現金流成長愈快的公司，會比成長愈慢的公司更好。而其他條件包括資本／投資強度、營運資本需求等等。

　　長期下來，高成長率可以讓「昂貴」的股票變成合理的股票，以下是個簡單的例子。

　　假設你有兩檔股票，第一檔是股價20美元的「科技股」，每股盈餘是1美元，因此本益比是20倍（大約是那斯達克過去20年來的本益比中間值），第二檔是股價15美元的「一般股票」，每股盈餘也是1美元，因此本益比是15倍（大約是S&P 500指數過去20年來的本益比中間值），所以第二檔股票看起來比第一檔股票便宜。

　　但是假設那支「科技股」的本益比是20倍，因為市場

認為它的每股盈餘可以持續成長20％，而「一般股票」的本益比15倍，因為市場認為它的每股盈餘可以持續成長10％（接近S&P 500指數過去20年來每股盈餘成長平均）。另一個大原則是，股價通常會與市場認為的成長率一致或略高。我發現每股盈餘能穩定成長10％的股票，本益比通常會在15到20倍，而每股盈餘能穩定成長20％的股票，本益比通常會在20到40倍。雖然成長性較低的股票通常股價會在預估成長率的兩倍（每股盈餘成長10％則是20倍），但我發現高成長股很少是這樣，那是因為市場就是會懷疑高成長率是否能持續，市場是很聰明的。

再回到是什麼東西導致高成長率從「昂貴」的股票變成合理的股票。見表9.1，再一次，你有一檔本益比20倍的股票，與一檔本益比15倍的股票。後者比較便宜，但是如果兩檔股票的價格都沒有改變（我們這裡這樣假設），而且每股盈餘成長率維持一致，那麼本益比就會在4年後變得一樣，而且比較貴的「科技股」在5年後會變得比「一般股票」還要便宜。

等等，先別急著跑去買科技股，至少要了解經成長調整後的評價倍數的重要性。

這裡可以用另一種方法來觀察，**如果**科技股能維持高本益比，那麼任何高成長就會反映在股價漲勢上。以本益比20倍、股價20美元，而且每股盈餘成長20％的科技股為例。**如果**這檔股票能維持這個本益比和成長率，到了第三

表9.1　成長如何從「昂貴的」股票變成「合理的」股票

股價20美元的科技股，成長率20%			股價15美元的科技股，成長率10%		
年	每股盈餘	本益比	年	每股盈餘	本益比
1	$1.00	20.0倍	1	$1.00	15.0倍
2	$1.20	16.7倍	2	$1.10	13.6倍
3	$1.44	13.9倍	3	$1.21	12.4倍
4	$1.73	11.6倍	4	$1.33	11.3倍
5	$2.07	9.6倍	5	$1.46	10.2倍
6	$2.49	8.0倍	6	$1.61	9.3倍
7	$2.99	6.7倍	7	$1.77	8.5倍
8	$3.58	5.6倍	8	$1.95	7.7倍
9	$4.30	4.7倍	9	$2.14	7.0倍
10	$5.16	3.9倍	10	$2.36	6.4倍

年，就會看到每股盈餘1.44美元，股價28.80美元，報酬率是44％。與此同時，「一般股票」如果維持15倍本益比，每股盈餘成長10％，那麼到了第三年就會看到每股盈餘1.21美元，股價18.15美元，報酬率是21％。按照這樣的分析，5年後，科技股的相對報酬率會是107％，而「一般股票」則是46％（見表9.2）。

　　同樣的，別急著跑去買科技股。先了解經成長調整後的評價倍數的重要性。確實，這不只重要，還非常關鍵。

表9.2　高每股盈餘成長如何變成高價值

股價20美元的科技股，成長率20%				股價15美元的科技股，成長率10%			
年	每股盈餘	本益比	股價	相較於第1年的報酬率	年	每股盈餘	本益比	股價	相較於第1年的報酬率

年	每股盈餘	本益比	股價	相較於第1年的報酬率	年	每股盈餘	本益比	股價	相較於第1年的報酬率
1	$1.00	20.0倍	$20.00	-	1	$1.00	15.0倍	$15.00	-
2	$1.20	20.0倍	$24.00	20%	2	$1.10	15.0倍	$16.50	10%
3	$1.44	20.0倍	$28.80	44%	3	$1.21	15.0倍	$18.15	21%
4	$1.73	20.0倍	$34.56	73%	4	$1.33	15.0倍	$19.97	33%
5	$2.07	20.0倍	$41.47	107%	5	$1.46	15.0倍	$21.96	46%
6	$2.49	20.0倍	$49.77	149%	6	$1.61	15.0倍	$24.16	61%
7	$2.99	20.0倍	$59.72	199%	7	$1.77	15.0倍	$26.57	77%
8	$3.58	20.0倍	$71.66	258%	8	$1.95	15.0倍	$29.23	95%
9	$4.30	20.0倍	$86.00	330%	9	$2.14	15.0倍	$32.15	114%
10	$5.16	20.0倍	$103.20	416%	10	$2.36	15.0倍	$35.37	136%

　　為了讓這個重點看起來更為實際，我們就以Facebook過去幾年的表現為例。2016到2020年這5年來，Facebook股價的預估本益比約在17到25倍之間，雖然有時會短暫衝破或跌破這個區間。以Facebook這樣的公司來說，我相信這個本益比區間有時是很有吸引力的價位。沒錯，幾乎從上市以來，股價就一直比大盤還要貴，但是Facebook證實自己一直都是高營收成長公司。這5年來，Facebook的營收成長率分別是54%（2016年）、47%（2017年）、37%（2018年）、27%（2019年）和22%（2020年），就是我說的「罕見的高成長」。別忘了，S&P 500指數中只有大約2%的企

業能維持20%以上的成長率很多年。而且Facebook 2020年（新冠疫情爆發的那一年）的營收成長率是22%，這對以廣告營收爲主的公司來說眞的很厲害，甚至是驚人的成就。

在這5年中，Facebook也維持很高的每股盈餘成長，表9.3有詳細資料。每股盈餘成長普普通通的那年（扣除50億美元支付給聯邦貿易委員會的一次性費用後，每股盈餘成長是7%）是2019年，當時公司花了很多錢投資。

這5年間Facebook的股價表現如何？大幅超越大盤。Facebook股價飆漲161%，幾乎是S&P 500指數（84%）的2倍。雖然Facebook在2018年的股價表現落後大盤，2016年的表現大致與大盤一致，但其他的3年都大幅超越大盤。

我覺得這和Priceline從2003到2018年超越大盤的期間很像，股價上漲超過120倍。雖然這兩支股票的波動性都很大，但都給長期投資人（投資期間超過一年的人）絕佳的報酬，因爲他們都是高營收成長的公司，**而且**因爲他們的股價都低於成長率，也就是說，本益比低於每股盈餘成長率。

這就是一個明顯的選股教訓。股價低於高成長率（例如

表9.3 **Facebook的基本面非常好**

	2016	2017	2018	2019	2020
營收（100萬美元） 營收成長率	$27,638 54%	$40,653 47%	$55,838 37%	$70,697 27%	$85,965 22%
一般公認會計原則每股盈餘 每股盈餘成長率	$3.49 171%	$5.39 54%	$7.65 42%	$8.18 7%	$10.09 23%

本益比20倍，每股盈餘成長率30％）的股票可能很有吸引力。這些機會不常見，但還是會出現，Priceline和Facebook就是例子，應該要把他們視為很好的潛在投資機會進行調查。

沒錯，科技／成長股可能看起來很貴，而且真的很貴，但那是因為盈餘成長比較快的股票本來就比盈餘成長比較慢的股票來得有價值。市場幾乎總是會將高成長股票的本益比推升得比低成長股票還要高，所以，不要被高本益比給嚇到了。在採取行動前的關鍵問題應該是：高本益比的股票是否可能維持高營收和很高的每股盈餘成長率？如果是，那麼高本益比的股票也會是很好的投資。

了解本益比和獲利

有時候評價可能很簡單。股價100美元，下一年的盈餘4美元，本益比是25倍，也就是比今年成長25％。12個月後股價會是多少？如果本益比不變（25倍），預期繼續以25％成長，那麼12個月後，股價就會是125美元（每股盈餘5美元，乘以本益比25倍）。

但評價很少這麼簡單。不過這裡有個很好、簡單、精確又很幸運的例子：2017年是Facebook股價飆漲的一年（見圖9.1）。股價從115美元漲到176美元，上漲53％。那年2月初時，我對Facebook第四季強勁的財報發出「看多」的報告，標題是〈還是有很多很讚的事〉。當時股價是133美

圖9.1　拆解（幸運算對的）目標價

	股價	預估2018年每股盈餘	本益比
預估與實際數字的差異	0.8%	11.3%	-9.4%

元，我調高預估，並把12個月目標價訂為175美元。這表示我的12個月目標價，和那年底176美元的股價只差0.8％。相信我，這種事很少發生。就像我說的，這是幸運的例子。

　　那年2月初公布季報時，我發現Facebook的股價是133美元，大約是我在2017年預估每股盈餘4.51美元的30倍，這表示每股盈餘成長率大概是38％。為了提出我的目標價，我估計Facebook在2018年的每股盈餘是6.29美元（隱含的意思是，我認為每股盈餘成長和2017年差不多），而且我假設Facebook的本益比會逐漸變弱，但還是非常高，因

為我的模型計算出一致的每股盈餘成長。所以我把28倍的
本益比目標套用到2018年每股盈餘6.29美元，計算出目標
價175美元。

　　我很厲害，還是只是運氣好？Facebook在2017年每
股盈餘來到5.40美元（比我的預估高出20％），這表示
Facebook在2017年每股盈餘成長率是非常強勁的54％。到
了2017年底時，我預估的2018年每股盈餘提高到7.00美元
（大約比我一開始的預估高出11％），這表示Facebook 2017
年底的股價是2018年本益比的25倍（這個數字比我原先以
為的低了9％）。

　　所以我對股價的預估完全正確：Facebook那年的股價在
我的目標價範圍1％以內：分數A+。但我的2017年每股盈
餘預估低了20％，而且我預估的每股盈餘低了11％：分數
B。我的目標本益比倍數比股價實際的本益比低了9％：分
數B+。

　　這是個簡單（而且幸運的）例子。但是當獲利清楚穩
健，而且股價表現與大盤一致時（本益比大約是10倍到40
倍），你就可以用這個方法來計算評價。我用較高的40倍本
益比來計算，因為這是那斯達克歷史平均本益比的兩倍。

　　之前我提到，好的選股人既是好的經濟學家（可以合理
預測一、兩年的盈餘），也是好的心理學家（可以合理預測
市場用這些盈餘算出的本益比）。當公司有清楚而穩健的盈
餘時，本益比主要會受到三個因素影響：市場的本益比、

產業的本益比，以及預估的成長率。如果任何一個因素改變，公司的本益比可能也會改變。所以某種程度上，心理學家的工作和經濟學家類似，除了經濟學家要試著預估未來的盈餘展望，心理學家要預估未來的成長展望是否會改變。

　　針對盈餘穩健的公司，採取行動前的問題是：盈餘成長是否能持續？對於本益比30倍、預期每股盈餘成長20%的股票，只要預期20%的每股盈餘成長不變（假設資產負債表或現金流量沒有重大的變化），那麼這檔股票的展望就可能會維持本益比30倍（不包括重大的市場或產業本益比改變）。

　　這也表示，如果公司的每股盈餘成長和成長展望減弱，本益比就可能會下滑或變弱，而下滑的速率要視每股盈餘成長的減速有多快。股價表現的好壞，要視獲利成長預估是否比本益比下滑的速度快。最糟的情況是，當未來的每股盈餘預估被降低，而且未來的每股盈餘成長展望也被調降。這是雙重打擊，因為盈餘和本益比都下滑。Snap上市的隔年就發生這樣的事情，只不過在這個例子中，營收預估和未來營收成長率預估都被削減，這導致Snap股價被大幅調降，明顯落後大盤。

　　相反的，如果公司的成長和成長展望加速，本益比就有可能會提升。而本益比提升的速度要視每股盈餘成長的速度而定。這就可能會創造雙重推升的動力：未來的每股盈餘預估增加，而且未來的每股盈餘成長展望調高，這正是Netflix在2018年初展開一連串成長曲線方案時的情形，包括漲價

和推出新的原創內容。預估盈餘成長，Netflix的預估未來成長展望也上升，本益比重新調整，股價大幅超越大盤。

低獲利但本益比超高的公司

　　獲利非常低的公司，你可能往往預期會看到有超高的本益比（大於50倍），但是這仍可能是筆好投資。亞馬遜和Netflix就證明了一點。採取行動前要問的是：公司能否長時間維持高營收成長？是否因為大舉投資而壓縮目前的獲利？是否有理由相信公司的長期營業利益率會比目前的水準高出很多？如果這些問題的答案都是「是」，那麼超高的本益比倍數可能就很合理。

　　在2010到2020年這段時間，我幾乎都看多Netflix的股價。在看多Netflix這段期間最辛苦的一件事，就是必須為它的評價提出合理的解釋。沒錯，公司這段期間的營收和訂戶成長都很驚人，但是這幾年只有3年（2010、2011和2020年）創造自由現金流入，而且從2012年到2019年幾乎每一年的自由現金流出都在增加，增加幅度還很大，從2012年的6,700萬美元到2019年高達32億美元。此外，又有好幾年Netflix的經營團隊堅持在可預見的未來，都會以自由現金流出來經營公司。公司拒絕預估哪一天或哪一年會開始創造自由現金流入，這對一直為Netflix辯護的分析師來說，一點幫助也沒有。

　　但是Netflix在那10年持續創造一般公認會計原則的每股盈餘獲利，只不過很多時候只有很微小的盈餘。這有點異常。正常情況下，有每股盈餘，就有自由現金流入，但是Netflix的商業模式有一些特殊的因素，尤其是從授權內容轉換到原創內容，前者是根據授權期間（通常是好幾年）分批支付現金，而原創內容的花費通常是一開始就要支出。

　　總之，投資人研究過去10年來Netflix的股價，絕對會看到本益比的起伏波動，而且是很劇烈的震盪。從2016到2020年的5年間，Netflix的未來本益比中間值是72倍（見圖9.2）。即使是2021年初，Netflix還是有非常高的本益比，大約是華爾街對2021年每股盈餘預估的55倍（股價550美元／每股盈餘10美元）。當本益比72倍的時候，你要怎麼

圖9.2　Netflix：看好這檔股票，卻無法提出解釋！

解釋Netflix的評價大致合理？

答案就在那三個行動前的問題：是否因為大舉投資而壓低目前的盈餘？是否有理由相信公司的長期營業利益率會比目前的水準高出很多？公司能否長時間維持高營收成長？

針對第一個問題，Netflix的經營團隊從2010年到2020年都很清楚，他們已經決定大舉投資在行銷和內容上，來帶動業務成長，尤其是投資內容。進軍國際市場需要很高的行銷支出。Netflix要進入以前沒有串流服務的市場，也需要很多廣告費來建立品牌知名度。Netflix 2010年的行銷支出是3億美元，到了2014年增加一倍至6億美元，2017年更增加超過一倍到14億美元，2019年又增加將近一倍到27億美元。行銷支出這片烏雲總是會透出一線希望，成功的訂戶業務幾乎總是會在行銷支出上呈現槓桿效應（也就是占營收的比例會降低），因為行銷支出主要是要吸引新訂戶。隨著訂閱的業務成長，現有的顧客群就會擴大，新的顧客占整體訂戶群的比例就會比較小。行銷支出壓低短期獲利，但是這筆投資可能會讓長期下來的毛利成長。

不過，主要的投資支出都在內容上。2016年到2019年期間，Netflix在內容上的支出超過一倍，從接近70億美元增加到超過145億美元。我稱之為「Netflix的赫魯雪夫策略」，因為蘇聯時期的總理赫魯雪夫曾經矢言要「埋葬西方國家」，而Netflix的計畫是花很多錢在內容上，來吸引任何訂戶，減少他們訂閱其他服務的機會。Netflix想要用內容支

出來埋葬競爭對手，這也是Netflix的飛輪策略：更多內容會吸引更多訂戶，這會創造更多營收，就能資助更多內容，一直循環下去。短期來說，這樣的內容支出會壓低盈餘，但長期下來Netflix就會有機會把內容支出變成階梯式的固定成本，因此享受實質的營業利益率成長。

　　第一個問題參雜著第二個問題：公司的營業利益率是否能從目前的水準大幅提高？對Netflix來說，第二個問題的答案似乎是「當然是」。部分原因是，現在有很多媒體公司（包括迪士尼、Viacom、CBS和福斯）的營業利益率，比Netflix從2012年到2016年的5％以下還要高得多。但也因為Netflix公開承諾要從2016年開始，每年擴大營業利益率3％。這是個奇怪的承諾，我不記得有哪間上市公司把擴大營業利益率當成特定的財務目標，但我了解這個目標隱含的財務紀律。更重要的是，Netflix還真的實現這個目標，營業利益率從2016年的4％成長至2017年的7％、2018年的10％、2019年的13％。這樣的擴大不只使得Netflix的經營團隊贏得華爾街的信任，也有助於每股盈餘強勁成長。

　　至於行動前的第三個問題，我非常相信Netflix可以維持高營收成長許多年。公司的整體潛在市場很大，經營團隊很好。Netflix建立並持續改善很好的消費者價值主張，這讓公司有很好的訂價能力，帶動進一步的營收成長。而且Netflix是一種訂閱制的業務，意味著正常來說，未來的營收能見度很好。綜觀上述，還有營業利益率的擴大，的確帶動非常強

勁的每股盈餘成長。

　　Netflix強勁的每股盈餘成長詳細資訊如表9.4所示，但是強勁的營業利益率擴大也很重要。我還是堅持帶動每股盈餘成長的最佳動力就是營收成長，但是營業利益擴大也可以很強勁，尤其是從較低的水準開始。擁有高營業利益率並創造很多營收是好事，但是就每股盈餘成長而言，低營業利益率可以明顯擴增會更好。2017年到2020年間，Netflix的每股盈餘成長每年都介於47%到194%之間。每股盈餘的結果總是有很多雜訊，例如稅率改變、一次性投資獲利等等，所以我總是會把每股盈餘成長搭配營業淨利或稅前息前折舊攤銷前獲利一起觀察。以2018年為例，Netflix的營業利益飆升到91%，因為營收強勁成長35%、營業利益率成長42%。營業利益率成長3%看起來不怎麼樣，但是在7%的基期上，表示每股盈餘成長將近50%。真正美妙的地方在

表9.4　Netflix的每股盈餘成長夠快嗎？

（100萬美元）	2016A	2017A	2018A	2019A	2020A
營收 　年成長率	$88,307 30%	$116,927 32%	$157,943 35%	$201,564 28%	$249,961 24%
X					
營業利益率 　年成長	4.3% —	7.2% 67%	10.2% 42%	12.9% 27%	18.3% 42%
=					
營業利益 　年成長	$3,798 —	$8,387 121%	$16,052 91%	$26,043 62%	$45,853 76%
每股盈餘 　年成長	$0.43 51%	$1.25 194%	$2.68 115%	$4.13 54%	$6.08 47%

於，營收成長和營業利益率成長會組合成營業利益成長和每
股盈餘成長。

所以沒錯，Netflix從2016年到2020年，本益比瘋狂飆
升到72倍，但每股盈餘成長也大幅拉高。長期下來，平均
每股盈餘成長實際上是92％。這是當公司的行銷和內容投
資都壓縮獲利的時候，在那10年間的最初5年更是如此。

我就是藉著回答三個行動前的問題，來為Netflix 2011到
2020年的評價辯護，你也可以用相同的問題來試著回答其他
本益比超高的科技股，是否以及如何隱含大致合理的評價。

亞馬遜的選股教訓和Netflix差不多。圖9.3顯示的也是
一檔本益比高得離譜的股票，5年本益比的中間值也是72
倍。（這些本益比72倍的公司是怎麼回事?!）這三個行動前

圖9.3　Amazon瘋狂飆高的本益比

問的問題有類似的答案。亞馬遜總是積極投資許多領域，因此壓縮短期的每股盈餘表現。從來沒有人說亞馬遜賺太多。由於亞馬遜的零售業務與雲端運算的整體潛在市場達1兆美元，還有經營團隊的品質，我們絕對有理由相信亞馬遜可以維持高營收成長。但是亞馬遜從來沒有像Netflix那樣，明確說要擴大營業利益率，所以亞馬遜不像Netflix那樣一直創造較高的每股盈餘，但亞馬遜的本益比卻和Netflix差不多高，為什麼呢？

　　答案就在亞馬遜擁有Netflix沒有的兩大因素，這兩個因素有助於解釋亞馬遜雖然本益比非常高，但評價大致合理。第一個因素是，亞馬遜可能是科技股中混合轉型最成功的公司。我的意思是，亞馬遜成長最快的兩個部門（AWS和廣告收入）目前的成長速度比核心網路零售業務快得多，而且營業利益率也更高，大約是20％，而網路零售則是2％到5％。所以這兩個部門成長速度是網路零售部門的兩倍，而且營業利益率是10倍，這表示亞馬遜的營業利益率長期下來，在結構上來絕對會大幅攀高。積極投資於雜貨和物流可能會減緩這個趨勢，但是趨勢本身最終會顯現。我們在2018年中的一份報告中指出，亞馬遜的長期營業利益率可能會擴增到20％之多，因為這是「科技股最好的混合轉型故事」，基本上可以達到那年亞馬遜營業利益率的4倍。所以沒錯，我們有理由相信亞馬遜的營業利益率可以從現在的水準大幅成長。

　　亞馬遜擁有Netflix沒有的第二大因素是,亞馬遜成為一間平台公司。Netflix也許有一天會進軍影片訂閱以外的領域,但是現在還沒有。而亞馬遜已經證明公司有能力擴展至多種不同的大型市場,從網路零售、雲端運算、廣告到硬體設備,我猜它還會證明自己能擴展至商業產品 / 日常用品、藥物、雜貨和物流,這就是平台公司,而且經營非常成功。雖然短期內需要以投資來壓縮每股盈餘,卻有助於未來創造高營收和獲利來源。所以這個平台實際上提供證據證明投資支出掩蓋亞馬遜真正的獲利潛力,並且提供更多證據顯示亞馬遜可以維持高營收成長很多年,甚至是很大的成長。亞馬遜可能會「跟Google一樣」。而且就品質來說,這有助於解釋亞馬遜的評價大致合理。

沒有盈餘的公司要如何評價?

　　以下是最具挑戰性的案例。如果完全沒有獲利,要怎麼判斷評價是否大致合理?畢竟沒有每股盈餘,就沒有本益比,就無法看成長率或盈餘品質來判定本益比是否大致合理。

　　這個情況常常出現,尤其是科技股。那斯達克中有1/3的公司目前都沒有獲利,在剛上市的新股更常見。過去10年來我追蹤過的所有網路公司中,剛上市時幾乎都沒有達到一般公認會計原則的每股盈餘獲利能力,而且其中有很多在

上市後好幾年也沒有獲利。

表9.5是部分沒有獲利就上市的公司。

專業投資人使用各種技術來衡量這些情況下的評價，許多人還是會用多年現金流量折現法模型，最大的不同在於，最終有希望產生獲利的時候，總價值有很多是在多年以後產生的，而且在公司還沒有實質的公開紀錄時，會用更高的折現率來表現出更大的執行風險；另一個方法是用一個直到預期創造穩健的獲利的多年期模型，然後將經成長調整後的本益比套用到盈餘上，再用適當的高折現率將產生出來的價值折算到現在。

還有另一個辦法是觀察可用來比較的上市公司資料，然後根據同店銷售成長率的資料選擇一個倍數（例如股價營收比、股價毛利比，或是企業價值對稅前息前折舊攤銷前獲利比）套用至沒有獲利的公司。選擇使用哪一個同店銷售成長率的資料一直是一種「藝術」，積極看多的人往往會從資料中選擇較高的本益比倍數，為新上市的公司爭取較高的本益比。在為沒有獲利的公司選擇最好的同店銷售成長率時，我往往會使用4個因素：規模（營收金額差不多的公司）、成長性（營收成長展望差不多的公司）、毛利率，以及長期營業利益或稅前息前折舊攤銷前獲利潛力。很難找到完美的同店銷售成長率資料，但通常會有足夠的公司能提供合理的本益比倍數區間，有助於你判斷一間沒有獲利的公司評價是否大致合理，至少可以根據同店銷售成長率資料看來大致合理。

表 9.5　上市時沒有獲利的公司

代號	公司	上市年份	代號	公司	上市年份
ABNA	Airbnb	2020	QUOT	Quotient	2014
APRN	Blue Apron	2017	RDFN	Redfin	2017
BMBL	Bumble	2021	REAL	RealReal	2019
CHWY	Chewy	2019	RMBL	RumbleOn	2016
CVNA	Carvana	2017	ROKU	Roku	2017
DASH	DoorDash	2020	SHOP	Shopify	2015
DKNG	DraftKings	2019	SKLZ	Skillz	2020
EB	EventBrite	2018	SNAP	Snap	2017
ETSY	Etsy	2015	SPOT	Spotify	2018
EVER	EverQuote	2018	SVMK	SurveyMonkey	2018
FTCH	Farfetch	2018	TRUE	TrueCar	2014
FUBO	fuboTV	2013	TRUP	Trupanion	2014
FVRR	Fiverr	2019	TWTR	Twitter	2013
JMIA	Jumia	2019	UPWK	Upwork	2018
LYFT	Lyft	2019	VRM	Vroom	2020
MGNI	Magnite	2014	W	Wayfair	2014
OPEN	Opendoor	2020	WISH	Wish(ContextLogic)	2020
PINS	Pinterest	2019	WIX	Wix	2013
POSH	Poshmark	2021	WTRH	Waitr Holdings	2016
PRCH	Porch Group	2020	YEXT	Yext	2017
PTON	Peloton	2019			

Uber 與 Lyft

這帶我們回到 Uber 和 Lyft，還有在這一堂課一開始時談的「幻想的評價」。同樣的，這兩間公司在 2019 年上市時，虧損還是很大。兩間公司都預期短期內不會有實質的

獲利。我針對Uber發表的第一篇報告，以10年現金流量折現法計算，到2023年以前都不會有稅前息前折舊攤銷前獲利，自由現金流也不會轉正。我的第一篇報告中加入同店銷售成長率資料表（表9.6），包括Lyft、Grubhub、Etsy，還有兩間歐洲網路外送公司（Delivery Hero和Just Eat）。這些資料中的公司價值占銷售金額倍數中間值是4倍。在我發表第一份Uber的報告當時是3.5倍，所以我可以得出的結論是，當時Uber的評價大致合理，這就是我的結論，如果我要提出一個主要的假設，那就是：Uber可以達到和3間公司（Grubhub、Etsy和Just Eat）相同的獲利能力狀態，這3間公司都有獲利。

表9.6　為Uber尋找適當的同店銷售成長率

公司	股價	市值（100萬美元）	2020年營收（100萬美元）	2020年營收成長率	2020年企業價值／營收	2019年毛利率	2019年稅前息前折舊攤銷前獲利率
Etsy	$62	8,115	974	23%	8.1倍	70%	24%
Delivery Hero	$43	7,984	1,649	44%	4.6倍	57%	-27%
Just Eat	$8	5,214	1,295	24%	4.0倍	67%	18%
Lyft	$58	16,745	4,210	27%	3.7倍	46%	-32%
Grubhub	$65	6,054	1,734	27%	3.6倍	51%	18%

註：價格計算截至2019年5月31日止

			中間值	27%	4.0倍	57%	18%
			高	44%	8.1倍	70%	24%
			低	23%	3.6倍	46%	-32%

公司	股價	市值	營收	營收成長率	企業價值／營收	毛利率	折舊攤銷前獲利率
Uber	$40	74,008	19,079	34%	3.5倍	44%	-27%

　　但是在這個沒有獲利的公司案例中，我認為有兩個特別重要的問題要在行動前提出，而且我也很努力解決這兩個問題。散戶在針對這種邊緣評價的案例時，也應該問這兩個問題。

　　首先，公司的營收成長能持續多久？通常這種沒有獲利的公司之所以會沒有獲利，是因為他們是初期成長型公司，但還沒達到足夠的規模，而且／或是正處於大舉投資的時期。重點是，初期成長型公司，表示很可能會有很高或是超高的成長。（同樣的，Airbnb是少數的例外，這間初期成長型公司因為新冠疫情，在上市時公布的營收年增率下滑。）以Lyft來說，2018年的營收成長是103％，這是上市前最後一個完整的全年資料。而Uber上市前最後一個完整的全年資料是2018年，營收成長43％。

　　我的第一份Uber和Lyft報告都給「超越大盤」的評等，主要原因是我認為這兩間公司都能夠創造長期高營收成長。這是因為我相信共乘市場是龐大的上兆整體潛在市場，仍在消費者採用的初期。我所做的調查顯示，美國不到1/3的消費者曾使用過共乘服務，而且我認為這個滲透度長期下來會成長超過一倍。我也相信共乘對於消費者和駕駛都有很吸引人的價值主張。我表明比較喜歡Uber，而不是Lyft，因為Uber也在海外經營（因此整體潛在市場較大），而Lyft只在美國提供服務，而且因為Uber在美國的市占率比Lyft更大。Lyft的創辦人（約翰・季默〔John Zimmer〕

和羅根・格林〔Logan Green〕）都很積極參與Lyft的經營，這絕對是個優勢，但我也對曾經說出「現在是一團混亂」的Uber執行長達拉・科斯羅薩希的經營能力很有信心，我認為這可以減輕一些Uber創辦人已不再積極參與公司經營的衝擊。最後，我相信Uber將業務分散到餐點外送服務是很獨特的優勢，有助於創造高營收成長。

上市不到一年，新冠疫情就擊垮兩間公司的成長率。Lyft在2019年的營收成長率是68％，2020年卻下滑35％；Uber在2019年的營收成長率26％，2020年則下滑15％。所以還需要幾年才能知道整體潛在市場、價值主張，以及經營團隊是否能在「正常的」市場環境中創造高營收成長。但是面對沒有獲利的公司，首要的核心問題仍是：公司的營收成長能持續多久？如果你相信高營收成長能持續，這就是考慮投資沒有獲利公司的好理由。

還有第二個問題

在面對沒有獲利的公司時，第二個行動前要問的關鍵問題是……登登登登：公司會不會賺錢？拜託，這聽起來也太簡單了吧。抱歉，但這就是主要的問題。而且因為科技業沒有賺錢的公司太多，所有的散戶總有一天都可能必須回答這個問題。

其實，如果你不想回答這個問題就不要回答。等待公司

證明自己能創造一致的獲利再投資，並沒有什麼不對。美國有些共同基金就規定，投資組合中的公司必須有自由現金流入，或是連續多年的獲利。若要被納入S&P 500指數，公司最近一季必須有盈餘，而且過去連續四季的盈餘必須是正數。這就是特斯拉一直到2020年底時才被納入S&P 500指數的其中一個理由，那時特斯拉已經連續5季獲利，而且市值已經達到4,000億美元，股價已經從上市以來漲了21倍，也就是報酬率超過2,000％。這表示看到獲利再投資會錯過**很多**的市值成長與股價上漲。

雖然Netflix已經達到一般公認會計原則認定的每股盈餘超過10年，但是仍連續8年呈現自由現金流出，一直到2020年才回到自由現金流入。在這過去10年內，Netflix一直都是S&P 500指數中表現最好的股票之一，而且市值增加1,000億美元。如果你把自由現金流入訂為投資的標準，那就會錯過**很多**市值成長與股價上漲。同樣的，這也沒什麼不對。

在我追蹤的網路股中，許多沒有獲利的公司創造龐大的市值。表9.7列出10間創造**很多**市值（大約是6,360億美元），但是並沒有持續創造一般公認會計原則認定的每股盈餘的知名上市科技公司。所以很明顯，公開市場願意在沒有盈餘的公司中尋找價值。

現在，可能是金融市場完全瘋了，這些沒有獲利的公司，市值會在一夕之間蒸發。我不會假設這些市值都是合理的，但我強烈相信市場願意打賭個別公司沒有獲利的商業模

表9.7　沒有獲利的大型科技公司

公司	市值*
Airbnb	1,230億美元
Chewy	450億美元
DoorDash	630億美元
Lyft	180億美元
Pinterest	530億美元
Snap	940億美元
Spotify	670億美元
Uber	1,110億美元
Wix	160億美元
Zillow	460億美元
總金額	6,360億美元

*截至2021年2月17日止。

式最後可以創造獲利。這就是為什麼這些公司還沒證明自己的獲利能力，股價就能漲這麼多。所以我們又回到第二個行動前要問的問題：沒有獲利的公司能獲利嗎？或是這種公司要如何獲利？或是能賺多少錢？而且你要如何確定？說實話，這是沒辦法確定的。

四個獲利能力的邏輯測試

但你可以做四個邏輯測試，來測試公司的獲利潛力。第一個邏輯測試就是問：有任何一間商業模式類似的上市公司已經獲利了嗎？這是個關鍵的問題，讓投資人較能接受去投資還沒開始獲利的上市公司，如Pinterest、Snap和Twitter。

我在2019年5月對Pinterest的第一份報告中，一開始就提出一個主要的投資風險：目前爲止尚未獲利；我在2017年3月對Snap的第一份報告中，列出主要的投資風險：沒有獲利紀錄；在2013年11月對Twitter的第一份報告中，我強調投資的風險：變現的展望不確定。事後看來，我也不知道當時爲什麼我不乾脆寫：缺乏獲利能力。眞是好傻好天眞。

　　總之，即使根本沒有獲利，這三間公司都有一個重大的優勢是其他沒獲利的公司所沒有的：他們的商業模式都證明已經可行，這是Facebook證明的。這三間公司都是社群媒體公司，或是說用戶創造內容（user-generated content, UGC）公司。社群媒體和用戶創造內容公司有**非常好**的商業模式。請注意：平台上幾乎所有內容都是由個別用戶創造，而且免費創造！平台上其他的內容則是廣告，而且是由廣告主付錢。這些都是媒體平台，但是平台的老闆卻不必付什麼錢給眞正的媒體。這個商業模式眞是太棒了！難怪傳統的媒體公司這麼嫉妒與批判社群媒體公司。

　　我過於簡化這些業務，但是商業模式的現實就是，這些公司全都受惠於高毛利結構（免費、用戶創造的內容，表示低銷貨成本），這的確有助於造就長期獲利能力的面貌，而終極社群媒體公司Facebook已經證明這種商業模式有多賺錢（見表9.8）。當Twitter在2013年底上市時還沒有獲利，但是毛利率已經有68％；當時Facebook的營業利益率是36％，全年自由現金流是30億美元；Snap於2017

表9.8　商業模式好的同業可以幫助你

上市年度	公司	上市時的毛利率	Facebook的營業利益率	Facebook的自由現金流
2013	Twitter	68%	36%	30億美元
2017	Snap	51%＊	50%	170億美元
2019	Pinterest	71%	41%	210億美元

＊毛利率增加比例。

年上市時還沒有獲利，毛利率只有21％，但是毛利率增加超過50％，而且上升得很快；當時Facebook的營業利益率是50％，全年自由現金流為170億美元；當Pinterest在2019年上市時還沒有獲利，但毛利率已經是71％，而這時Facebook的營業利益率是41％（扣除一次性的違規罰款），全年自由現金流是210億美元。

　　Pinterest、Snap和Twitter都通過第一個邏輯測試。有一間商業模式類似的上市公司（Facebook），而且已經開始獲利。所以有很好的理由相信這三間公司有一天會開始創造不錯的獲利。

　　第二個邏輯測試問題是：如果公司整體而言不賺錢，那麼公司裡是否有個部門正在賺錢？獲利的部門可能會顯示整間公司未來的獲利能力。如果你運氣好，公司會在交給證券交易委員會的資料，也就是上市公開說明書和年度報表（10-K），揭露各項業務的獲利能力。如果公司整體還沒賺錢，但是提供證據顯示公司經營最久的市場或最久的顧客群能創造獲利，那麼整間公司就有可能隨著新的市場和顧客群的加

入，而開始獲利。可惜的是，我追蹤過少數沒有獲利的公司中，只有極少數會揭露這個資訊，而且幾乎沒有任何一間會持續提供這個資訊。雖然是這麼說，但通常在法說會時，經營團隊會被逼問各項業務的表現，有時候就會出現一些線索。所以第二個邏輯測試問題很難得到決定性的答案，但這仍是個正確的問題，而且正面的答案應該可以讓投資人對公司未來的獲利能力更有信心。

第三個邏輯測試問題是：是否有任何原因導致規模經濟無法帶動獲利？規模經濟無法解決所有問題，但能解決很多問題。因為公司的成本結構有很大一部分不是固定式成本，就是階梯固定式成本，營收大幅成長幾乎總是有助於企業轉虧為盈。這裡我想到一個例子是Redfin，這間網路不動產仲介公司在2017年7月上市。Redfin第一個交易日就暴漲45％。被問到股價飆漲的事時，Redfin的執行長葛藍‧凱曼（Glenn Kelman）開玩笑說：「總比下跌好。」（說實話，分析師喜歡愛說冷笑話的經營團隊。）當時凱曼也說Redfin就像「不動產業的亞馬遜。」（說實話，除了亞馬遜以外，分析師會懷疑任何一間自稱為「任何產業的亞馬遜」的公司。）

總之，Redfin就是一間沒有獲利的新上市公司，但是公司提供的上市公開說明書中，可以找到一個主要的未來獲利能力衡量指標，就是揭露各地區市場業務的全年毛利率表格。表9.9摘要呈現上市公開說明書中的關鍵要素。

表9.9顯示，透過規模經濟（營收成長），每個地區都

表9.9　Redfin揭露很棒的（也很罕見）各地區市場獲利能力

		多年來在不同地區市場的表現		
		2006-2008	2009-2013	2014-2016
市場數量		10	19	55
營收（1,000美元）				
	2014	$97,801	$23,268	$735
	2015	$136,261	$37,786	$7,399
	2016	$186,922	$55,334	$18,127
毛利（1,000美元）				
	2014	$28,747	$4,168	($731)
	2015	$41,522	$8,981	($579)
	2016	$64,483	$15,967	$3,525
毛利率				
	2014	29.4%	17.9%	N.M.
	2015	30.5%	23.8%	-7.8%
	2016	34.5%	28.9%	19.4%

愈來愈賺錢（創造更高的毛利率）。2006到2008年開始經營的地區，2014至2016年的營收從9,800萬美元升至1億8700萬美元，毛利率從29.4%升至34.5%。這是否可以證實2016年淨虧損2,300萬美元的Redfin，長期下來能成為獲利的公司嗎？不是，但這的確顯示這家公司可以透過規模經濟來創造獲利。這表示Redfin通過第三個邏輯測試。這就是散戶應該要找的證據。

　　第四個邏輯測試問題是：是否有具體的步驟可以讓經營團隊帶動公司的獲利能力？關於這個問題，就要說回到Uber了。《紐約時報》的科技線記者麥克・伊薩克（Mike

Isaac）的書《恣意橫行：違法手段╳企業醜聞╳內部攻防戰，Uber如何跌落神壇？》（*Super Pumped: The Battle for Uber*）詳細描述Uber的誕生、成長和爭議。其中一個重點是，Uber在共同創辦人崔維斯‧卡拉尼克（Travis Kalanick）的經營下，公司不惜一切代價也要成長的心態，或至少是雖然要付出代價也要成長的心態。我不確定如果不是這樣的心態，Uber一開始會不會成功，因為公司在地區和國際市場中，都深陷激烈的競爭。從財務的觀點來看，重點是Uber的損益表裡有**非常多**的浪費、無效率，以及非策略性的賭注，這正是一個機會可以拿來與科斯羅薩希這種經驗豐富、充滿活力的高階主管進行比較。

　　這就是我從Uber一上市就看多的原因。我覺得Uber的經營團隊可以採取很多具體的步驟來帶領公司走向獲利，而不必大幅犧牲成長。證據就在上市公開說明書中，Uber揭露主要部門的營收和獲利／虧損。表9.10摘錄Uber 2018年（在上市公開說明書中）、2019和2020年的財務資料。重點包括：

1. Uber乘車部門有合理的獲利：2018年的稅前息前折舊攤銷前毛利是17%。
2. Uber的其他部門，包括貨運業務和自駕車事業群虧很多錢：6億8,900萬美元。
3. Uber的行政支出和公司所說的平台研發花了很多

表9.10　Uber：寶貝，你可以開我的車，還有刪減支出

	2018	2019	2020
乘車／行動			
營收	$9,165	$10,622	$6,104
稅前息前折舊攤銷前獲利	$1,541	$2,071	$1,169
稅前息前折舊攤銷前毛利	17%	19%	19%
Uber Eats／外送			
營收	$759	$1,383	$3,903
稅前息前折舊攤銷前獲利	($601)	($1,372)	($873)
其他部門			
營收	$373	$892	$1,145
稅前息前折舊攤銷前獲利	($689)	($967)	($694)
行政支出與研發			
	($1,971)	($2,457)	($2,136)

錢：2018年高達19億美元。

　　賣出表現不佳的資產，例如韓國的Uber Eats，還有在新冠疫情時採取撙節措施，Uber得以大幅改進接下來兩年的營運，而不必大幅犧牲成長。Uber乘車在2020年創造的稅前息前折舊攤銷前毛利比2018年還要高，而營收只有2018年的1/3（因為新冠疫情導致共乘需求大減）；Uber Eats的營收從2018年到2020年大增超過4倍，稅前息前折舊攤銷前虧損只增加50％，顯示已經發揮成本效益和規模經濟的優勢。

　　沒錯，Uber還沒有證明擁有獲利能力。Uber和Lyft可能要花好幾年的時間才能持續創造一般公認會計原則的每股

盈餘。但是在公司的上市申請資料，以及艾薩克的書等公開文件中有些證據顯示，經營團隊可以採取一些具體的措施來推動獲利。

這證明不賺錢的公司也可以有大致合理的評價嗎？我還是不認為你能「證明」這一點。但是這四個邏輯測試問題的答案如果都是肯定，至少可以讓投資人對新創公司未來可能會獲利有些信心。最起碼可以提供一點信心，使用同店銷售成長率中的股價營收比倍數來和有獲利的公司比較，這是回答評價是否大致合理的一種合理方法。

最後一個重點和題材與邏輯有關。關於不賺錢的科技股，我最常聽到的批評是，這些是「題材股」。對於像 Netflix 這樣的股票會有像這樣的批評：「因為 Netflix 的自由現金流出很高，所以這是個題材股。獲利數字不足以支持它的評價。最後這個題材會變得沒那麼有趣，投資人就會轉向其他更有趣的題材。投資人會注意 Netflix 真正的財務數字，股價就會大跌。」我非常不同意「題材股」這個假設所暗指的意思。公司處於嚴重虧損通常會有很好的原因，尤其是因為正在為重大的機會大舉投資的時候。投資人的挑戰並不在於解讀「題材」，而是在於回答邏輯測試問題，來觀察未來是否很有機會可以獲利。

精準的陷阱

我和任何人一樣喜歡數字的確定性、精確性和簡潔性。或許還比其他人更喜歡。計算一間公司的評價模型，然後找到**正確**答案，感覺很療癒。但是這有個問題，我稱之為**精準的陷阱**。

你可以做10年的現金流量折現，然後計算出一檔股票精確的評價。但是對10年現金流量折現的很多假設，會讓人懷疑結果是否就是**正確**答案。我們會討論到的假設總共有多少？標準的現金流量折現模型需要營收、營業利益、折舊與攤銷、股票薪酬、現金稅、資本支出、營運資本等要素。這樣就七個要素了。再乘上10年，就有70個要素。然後還要應用加權平均資本成本（weighted average cost of capital, WACC）與未來成長率，這樣就有72個要素。而其中幾個要素如果有一點點變動，尤其是加權平均資本成本和未來成長率，就會對精確的股票價值造成非常大的影響。

我不是說不要計算評價，而是說不要對使用一個評價架構和產生的結果太有信心。請記住，評價是「未來科學」，這是在預測未來的營收、盈餘、現金流，但是公司、產業、市場和全球的環境可能在一夕之間改變。2020年1月公布的現金流量折現模型所計算出來的資料能有多精確？畢竟一個月後，新冠疫情就改變所有人的生活。

在行動前重要的問題應該是：目前的評價是否大致合

理？就我的工作而言，當我需要提供目標價時，就像我在2017年預估Facebook目標價175美元成為贏家那樣，我通常會提出一個區間範圍的結果：看漲或看跌，並配合我的基本情境（base case）。如果是「看漲」，我會試著想像一些會使營收成長加速、獲利增加的情境，然後應用較高的本益比來得出結果；如果是「看跌」，我會試著想像導致營收成長下滑、獲利減少的情境，然後應用較低的本益比來得出結果。這個結果比較不是根據數學計算出來的結果，而是根據邏輯所得到的結果，這有助於避免掉入精準的陷阱。

本章摘要

評價不應該是選股決策流程中最重要的因素。評價架構可能對選擇科技股很有用處，但是評價並非科學，而且會有我稱之為「精確的陷阱」的問題：精確的答案，但是這種精確並不實際、不可能，或是不合理。採取行動前應該提出的問題，會視公司是否創造穩健的獲利、最低獲利，或沒有獲利而定。但在行動前最重要的問題應該是：目前的評價是否大致合理？

科技股有時候可能看起來很貴，但是不表示這是不好的股票。本益比本身沒有什麼用處，根據成長調整的基礎來看本益比一直是很重要的事。成長性較高的股票，本益比也會比較高，因為高成長公司的獲利來源，比低成長公司的獲利來源更有價值（假設資本密集和現金流量類似的情況下）。優質的盈餘，也就是先由營收成長帶動、然後是營業利益率擴大所帶動的獲利，還有轉換成強勁自由現金流的獲利，也值得擁有較高的本益比。

至於獲利穩健的公司，本益比與未來每股盈餘成長預估一致或略高一點，大致上也算合理。舉例來說，每股盈餘成長預期有20%的公司，本益比20倍，或是高到30倍甚至是40倍，都可以被視為大致合理。在行動前關鍵的問題是：獲利

成長是否能持續？你對這20%的成長是否有信心？畢竟這是很罕見的高成長。公司的整體潛在市場、經營團隊、產品創新能力、顧客價值主張，是否可以支持這麼高的成長？

優質股票如果股價沒有反映高成長率，對長期投資人來說可能是非常好的投資標的。這些情況很罕見，但還是會發生。Priceline和Facebook有很長一段時間股價都沒有反映高成長率，無法為這兩檔股票創造很棒的「長期持有」機會。投資人的贏面在於，這些股票會受到公司的高成長率所推升，而且本益比下滑的風險不大、本益比有機會擴大：這就是雙重推升動力！

如果是獲利很低的公司，你可以預期本益比會超高（大於40倍），但仍可能會是好的投資標的。亞馬遜和Netflix都證明這一點。在行動前的關鍵問題是：重大的投資標的是否壓縮目前的獲利？是否有理由相信公司的長期營業利益可能比目前的水準還要高得多？公司是否能維持高營收成長一段很長的時間？如果這些問題的答案是「沒錯」，那麼這些超高本益比的股票可能就很合理。

如果是沒有獲利的公司，要計算評價就是個很大的挑戰，但是四個邏輯測試問題，以及根據營收（價格營收比）等因素進行的評價比較，有助於判斷評價是否大致合理。針對目前

沒有獲利的公司，應該提出的四個邏輯測試問題是：

1. 有任何一間商業模式類似的上市公司已經獲利了嗎？
2. 如果公司整體而言不賺錢，那麼公司裡是否有個部門正在賺錢？
3. 是否有任何原因導致規模經濟無法帶動獲利？
4. 是否有具體的步驟可以讓經營團隊帶動公司的獲利能力？

尋找被錯殺的優質股票

高成長科技股投資人最好的賺錢方式，就是找到品質最好的公司然後買進，或是在被錯殺時增加持股。優質公司的特色是由龐大的整體潛在市場所帶動的高營收成長、不停的產品創新、吸引人的顧客價值主張和絕佳的經營團隊，投資這種公司可以降低基本面風險。而買進股價被錯殺的公司，也就是股價修正20％到30％，而且／或是相較於成長率，股價很便宜的股票，可以減少評價／本益比風險。我的經驗是，每一個優質公司，股價總會有被錯殺的時候，這時就提供很多機會給耐心的長期投資人。

大盤（S&P 500指數）自1990年以來的平均年報酬一直

都在10％到11％之間。常用來預估需要多少年可以將投資本金翻倍的大原則稱爲「72法則」。以72除以年報酬率，就可以得到答案。如果平均年報酬率是10％，你可以預期大約7年可以使投資的本金加倍（72 / 10＝7.2）。

S&P 500指數平均年報酬率10％到11％並非憑空產生。自1990年以來，S&P 500指數每股盈餘年成長率的中間值是11％到12％。長期而言，大盤主要會跟著基本面走。以科技股來說，尤其是我專注研究的網路股，我發現更是如此。股價會跟隨並受到基本面帶動。營收和獲利最大的網路公司，一直都是市值最大的網路公司。

美國最大的網路公司2021年初的概要（見表10.1）也暗示這點：2020年營收和稅前息前折舊攤銷前獲利最大的四家公司擁有的市值也最高（亞馬遜、Google、Facebook和Netflix）。除了這四大企業，可以觀察到很明顯市場重視的是規模、獲利能力和成長性。市場是根據預估未來營收、獲利和現金流來估算這些公司的價值。市場不認爲這些股票未來會像亞馬遜、Facebook、Google和Netflix一樣大，這也許是對的，也可能是錯的，以後才會知道。不過可以合理猜測，市場對這20間公司的隱含基本面預估並不精確。

如果每股盈餘年成長率維持在11％到12％能轉換成10％到11％的股價漲幅，理論上每股盈餘年成長率維持在20％，就能轉換成20％的股價漲幅，那麼根據72法則，這表示股價在三年半內就能漲一倍。不過，投資要是有這麼簡

表10.1　最大的網路公司基本面和市值

公司	代號	市值（10億美元）	2020年營收（100萬美元）	2020年營收成長率	2020年稅前息前折舊攤銷前獲利（100萬美元）	2020年稅前息前折舊攤銷前獲利年成長率
亞馬遜	AMZN	$1,686	$386,064	38%	$56,743	31%
Alphabet	GOOGL	$1,452	$182,527	13%	$67,783	16%
Facebook	FB	$770	$85,965	22%	$46,152	17%
Netflix	NFLX	$246	$24,996	24%	$5,116	64%
Shopify	SHOP	$181	$2,929	86%	$474	552%
Airbnb	ABNB	$134	$3,267	-32%	-$347	-37%
Uber Technologies	UBER	$115	$11,139	-21%	-$2,528	7%
Snap	SNAP	$108	$2,507	46%	$45	122%
Booking Holdings	BKNG	$96	$6,764	-55%	$1,036	-82%
DoorDash	DASH	$77	$2,853	222%	$188	140%
Spotify Technology	SPOT	$71	$9,466	27%	-$25	-123%
Roku	ROKU	$66	$1,778	58%	$150	319%
Pinterest	PINS	$61	$1,693	48%	$305	1,724%
Twitter	TWTR	$61	$3,716	7%	$997	-18%
Zillow Group	ZG	$49	$3,340	22%	$343	782%
Peloton Interactive	PTON	$49	$1,826	100%	$118	262%
Chewy	CHWY	$49	$7,062	46%	$23	129%
Trade Desk	TTD	$45	$836	26%	$284	33%
eBay	EBAY	$44	$10,271	-5%	$3,849	5%
Match Group	MTCH	$42	$2,391	17%	$897	15%

市值計算截至2021年2月21日。

單就好了。

　　這些年來我對網路股所做的歷史統計分析顯示，股價走勢和營收與每股盈餘成長率（還有營業利益與稅前息前折舊攤銷前獲利成長）之間有相關性。但是這個相關性很低，尤

其是1年、2年和3年的期間。（記住，20%的營收成長法則是以5年成長為基礎。）太多變數會影響股價短期和中期的走勢，包括利率、經濟成長率和法規的變動。

但我們還是試著在2到3年內讓投資翻倍，那就會在大多數期間輕易打敗大盤。要這麼做最好的辦法就是找到優質的公司、股價有大致合理的評價，而且好好抱牢。以我的經驗來說，投資能創造高營收成長的優質公司，可以大幅提高投資人實現2到3年內投資翻倍的目標。我要引述彼得・林區針對投資優質公司可信的妙語：「到最後，優異的公司會成功，平庸的公司會失敗，而投資人則會根據他們的選擇得到報酬。」

至於買進或加碼的時機，只要專注於被錯殺的優質股票就對了，這是我追蹤科技股多年的經驗所能提供最好的選股建議：尋找股價被錯殺的優質股票。

怎樣叫做「錯殺」？以下是兩個大原則。第一，股價下跌20%到30%的股票，就是被錯殺的股票。雖然很簡單，但這裡還需要一些判斷。在3個月內飆漲100%後拉回20%並不算被嚴重錯殺。而大盤崩盤時，例如2020年3月的新冠危機時，只下跌20%到30%的股票，也不是獨特被錯殺的情況。但是當大盤在上漲、持平，或只有微幅下跌時，股價下跌20%到30%，就可能是很好的被錯殺標的。同樣的，沒有先大漲一波就下跌20%到30%也算是被錯殺。所以規則很簡單：股價下跌20%到30%，但還是要自行判斷。

　　第二個大原則是尋找以成長率來看，股價相對便宜的股票，尤其是當本益比比成長率還低的時候，例如預期明年每股盈餘成長25％，但是本益比只有20倍（以隔年的每股盈餘或未來12個月的每股盈餘為基礎）的公司。同樣的，能創造穩健獲利的公司，本益比會與成長率一致或略高，這是市場的常態。如果股價修正20％到30％，就要運用判斷力了。整體而言，股價相對於成長率愈便宜，被錯殺的程度就愈大。

　　如果你有耐心，就有可能會找到股價被錯殺的優質股票投資機會。為什麼我會這麼想？因為以前就發生過。

　　看看亞馬遜、Facebook、Google和Netflix從2016年到2020年的表現，我發現這4檔股票被錯殺的次數（修正20％以上）總共有14次，其中Netflix有5次，亞馬遜、Facebook和Google各3次（見表10.2）。（這5年來，這些股票也遭遇約15％到19％的摜壓。）重點是，就算是這些優質股票，過去5年來也經歷過修正，平均2年1次。

　　表10.2很有意思的一點是，股價被錯殺的期間通常相當短，這些公司14次修正的期間中間值大約是兩個月，這四檔股票全都遇過股價被錯殺超過3個月，其中Facebook、Google和Netflix股價曾被錯殺5個月，而Netflix更是長達6個月（187天）。但是沒有一檔股票被錯殺超過6個月。

　　這就產生一個問題：優質股票是什麼？身為經驗豐富的科技股分析師，我認為優質公司最好的基本面說法就是，能

表 10.2　四大網路公司過去5年來被錯殺的情況

修正開始時間	修正開始的收盤價	修正結束時間	修正結束的收盤價	跌幅	期間（天數）
亞馬遜					
2015年12月29日	$694.0	2016年2月9日	$482.1	-31%	42
2018年9月4日	$2,039.5	2018年12月24日	$1,344.0	-34%	111
2020年2月19日	$2,170.2	2020年3月16日	$1,689.2	-22%	26
Facebook					
2018年2月1日	$193.1	2018年3月27日	$152.2	-21%	54
2018年7月25日	$217.5	2018年12月24日	$124.1	-43%	152
2020年1月29日	$223.2	2020年3月18日	$147.0	-34%	49
Alphabet（Google）					
2018年7月26日	$1,285.5	2018年12月24日	$984.7	-23%	151
2019年4月29日	$1,296.2	2019年3月6日	$1,038.7	-20%	35
2020年2月19日	$1,524.9	2020年3月23日	$1,054.1	-31%	33
Netflix					
2015年12月4日	$130.9	2016年2月5日	$82.8	-37%	63
2016年4月15日	$111.5	2016年7月19日	$85.8	-23%	95
2018年6月20日	$416.8	2018年12月24日	$233.9	-44%	187
2019年5月3日	$385.0	2019年9月24日	$254.6	-34%	144
2020年2月18日	$387.8	2020年3月16日	$298.8	-23%	27

持續創造高營收成長（20%以上）。

　　這裡確實有個判斷方法：營收規模很大時（10億美元）成長20%，要比營收基期適中時（1億美元）成長20%還要來得吸引人。而且營收成長超過20%，加上營收成長大幅減緩（也就是一年內營收成長減半）並不是很好的基本面線索。同時，只有極少數公司有能力「跟Google一樣」：以250億美元的全年推估營收，還能創造20%的成長率持

續10年。有史以來只有三間公司辦得到：亞馬遜、蘋果和Google。這三間公司屬於不同的層級。公司不需要「跟Google一樣」，才能加入高營收成長公司的行列。但是在相當的營收規模下還能持續5年創造超過20％的營收成長，就是優質公司很好的基本面線索。

那麼高營收成長的主要基本面動力是什麼？根據我擔任科技分析師的經驗，在這本書中我列出觀察到的四個條件：不停的產品創新、龐大的整體潛在市場、有吸引力的顧客價值主張，以及絕佳的經營團隊（見表10.3）。

當然還有其他科技股的投資策略，以及很多的交易策略，但是尋找被錯殺的優質股票是吸引人的投資策略：首先，投資優質公司可以減少基本面的風險；第二，在被錯殺時（下跌20％到30％，而且／或者相對於成長率股價很便宜）買進這些股票可以降低評價／本益比風險。

來看一些例子。

2018年被錯殺的Facebook

Facebook在2018年中巨幅調降給分析師的營收和每股盈餘成長率預估，導致股價重挫，就是買進被錯殺優質股票很好的機會。從2018年7月25日到2018年12月24日，Facebook的股價大幅修正43％，從218美元跌到124美元，因為公司在法說會上調降未來的營收成長率，並把投資計畫

表10.3　優質科技股的特徵

基本面線索	因素1	2	3	4
	5年營收複合年均成長率	產品創新	龐大的整體潛在市場	顧客價值主張	絕佳的經營團隊
亞馬遜	營收1,070億美元，成長率29%	Amazon Prime、Kindle、AWS、當日到貨、Alexa語音助理……	5兆美元	最低價格、多種選擇、網路零售的便利性、在雲端運算領域擁有最大規模和領先業界的服務，而且價格最低	貝佐斯
Facebook	營收180億美元，成長率37%	按「讚」、即時動態、Messenger、Marketplace、Instagram連續短片……	1.3兆美元	（免費的）社群、連結、娛樂和消費資訊、龐大的規模與目標行銷	祖克柏
Google	營收750億美元，成長率20%	全球最大搜尋引擎、Google Maps、Gmail、安卓、Google語音助理、Waymo……	1.3兆美元	（免費的）連結、娛樂和消費資訊、龐大的規模與目標行銷	佩吉和布林
Netflix	營收70億美元，成長率30%	影音串流（非背景音樂技術）、不同語言的原創影片、無限制觀看……	1,500億到4,000億美元	優質影音內容選擇非常廣泛，每個月只要4杯咖啡的錢	海斯汀

的支出說得更高（見圖10.1），記住，這絕大部分是自找的。

　　如果你在跌到124美元的谷底時買進Facebook，12個月後就有65％的報酬率，績效遠高於大盤（大盤這段時間漲了37％）。當然，你可能會說幾乎任何遭遇大幅修正的股票接著都會反彈。在股價暫時修正時，仔細選擇觸底的時

圖10.1　Facebook從暴跌到暴漲

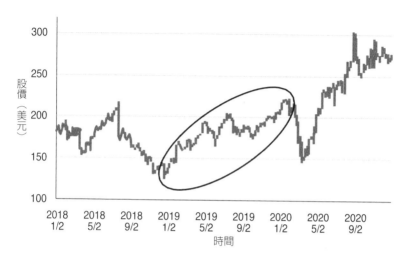

機，幾乎可以保證會創造絕佳的投資組合報酬。但你無法做到這件事，沒有人可以一直選到確實觸底的股票。

　　對了，以Facebook當時的跌勢，就算股價還沒觸底就進場承接，持有12個月的績效還是會打敗大盤。假設在Facebook跌了30％時（2018年10月10日跌到151美元）買進，然後持有一年。那個掉下來的刀子會在買進後再跌兩個月，跌幅超過10％，但是接下來的12個月可以賺到19％的報酬率，相較之下大盤只漲5％，所以報酬率將近大盤的4倍；就算你在Facebook「只跌了」20％後進場（2018年7月27日跌到175美元），你也會在12個月後賺14％，而大盤的漲幅是7％，報酬率大概是大盤的兩倍。

　　當股票正在大跌的時候，幾乎不可能正確預測谷底，但

你可以在修正20％、30％、40％時進場（同樣的，要使用一些判斷）。如果是優質公司，你或許能趁大幅修正時進場或加碼，長期下來就能獲得不錯的報酬。

2018年Facebook下挫的5個月期間，我一直被問到何時才會觸底。根據Facebook的歷史本益比，我告訴客戶是160美元，結果Facebook跌破那個價格。然後我再根據產業同店銷售成長率資料，告訴客戶140美元，結果Facebook又跌破那個價格。2018年底時，因為貿易戰升級、全球經濟成長率減緩，再加上利率升高的情況下，面臨重大的股市賣壓，肯定沒辦法幫助Facebook觸底。

所以，我沒有「確認谷底」在哪裡，但我「確認」Facebook是被錯殺的優質股票。我維持「買進」評等，並把Facebook列入主要的「長期持有」建議中，但我也常常有懷疑的時候，我一而再，再而三的自問這樣做是否正確。建議投資人買進一檔修正43％的股票並**不有趣**，但我的確相信當Facebook在2018年底本益比達到18倍時，評價已經變得非常吸引人，我認為Facebook的每股盈餘成長率會回升到20％到30％，因此股價很便宜。

但Facebook真的是優質公司嗎？我肯定這麼認為。以下就是根據基本面線索與4個基本面因素的摘要：

- **高營收成長**？沒錯。2018年之前，Facebook前5年的營收成長率平均為52％，而且營收的規模很大（例

如2016年的營收280億美元），還能持續創造高成長；事實上，這5年營收成長率最低的時候是2014年的44％。上兆的整體潛在市場肯定顯示Facebook可以繼續創造高營收成長，幾年後就看到證據，新冠疫情導致廣告業衰退，但Facebook卻能創造22％的營收成長，而且Facebook在2018年6月季報的法說會上公布的財測，顯示即使有這些短期的挑戰，公司仍可望維持年營收成長將近20％。

- **持續且成功的產品創新？**這一點也許有爭議，而且可能很難記錄，但我還是認為Facebook符合這一點。這些年來，Facebook和Instagram的用戶介面持續並大幅改變，推出一連串新的功能和APP，包括Facebook Marketplace、限時動態、Facebook Watch、動態時報和Instagram連續短片，我也相信Facebook的虛擬實境部門（Oculus）非常創新。

- **龐大的整體潛在市場？**有1兆美元的整體潛在市場幾乎已經解答這個問題，而且這是根據5,000億美元的全球品牌行銷、3,000億美元的直接行銷，和3,000億美元的廣告支出所計算出來的。

- **有吸引力的顧客價值主張？**電影《社群網戰》（*The Social Network*）在2010年上映，紀錄片《智能社會》（*The Social Dilemma*）在2020年上線，這兩部片幾乎總結這10年來Facebook對社會、文化和政治衝擊

的辯論。但投資人必須把注意力放在Facebook是否對兩個最重要的顧客（消費者和廣告主）維持有吸引力的價值主張。我的看法可能是錯的，但我相信Facebook做到了。Facebook和旗下品牌（Instagram、Messenger和WhatsApp）提供消費者簡單、但經常被忽略的東西：社群、連結、資訊和娛樂，而且全都是免費的。過去5年來我所做的消費者調查，Facebook和Instagram一直是最受歡迎的社群媒體，顧客滿意度相當高。Facebook和旗下品牌能提供廣告主廣大的影響範圍（唯有Google能媲美），還有針對性（應該只有Google能媲美）。我5年來對廣告主所做的調查，Facebook是兩大網路廣告平台的一員（另一個就是Google）。我堅信Facebook的顧客價值主張在過去25年來我追蹤的科技公司中是最強的一家公司。

- **絕佳的經營團隊**？在經營團隊那一堂課中，我強調祖克柏和Facebook是持續專注長期目標團隊的最佳範例。我對Facebook重挫的看法是，這是公司專注於長期目標的最佳範例：不讓短期股價修正和暫時的投資成長預期減弱的風險，導致產品開發的計畫放緩。還要記住，2018年中導致短期獲利大幅減弱的大舉投資，有很大一部分（但不是全部）是Facebook為了進一步支持未來成長而進行的選擇性投資。

　　所以沒錯，Facebook過去與現在都是優質股票，在2018年中時被嚴重錯殺，創造絕佳的進場機會。如果說2018年被錯殺的優質股票是Facebook，2019年就是Netflix。

2019年被錯殺的Netflix

　　Netflix在2019年可以說是兩度被錯殺的優質股票（見圖10.2）。首先，Netflix那一年初股價就被錯殺，從2018年6月20日的417美元，跌到12月24日的234美元，重挫44％。之所以會有這麼劇烈的修正，是因為6月季報時，新增訂戶人數低於過高的預期。新增訂戶人數不如預期是因為世界盃足球賽轉播、沒有強檔的新節目名單、夏季的季節性因素，以及預測一個成立不久、全球性、長期成長的業務本來就是件很難的事。然後Netflix的股價又從2019年5月3日的385美元，重挫34％到2019年9月24日的255美元。造成股價下挫的直接原因也是3月和6月的季報中，新增訂戶人數不如預期，另外還有兩個其他因素，就是訂閱費大增與「迪士尼死星」（也就是Disney+）即將上線，導致客戶流失增加。

　　這兩次修正（44％和34％）符合被錯殺的定義，只不過在下跌44％之前，股價在6個月內已經漲了一倍。所以，第二次的跌勢比較是「真正的」錯殺，就看你怎麼判斷了。

　　總之，這時就是挑選有利時機的時候了。如果你在第一次谷底買進Netflix（2018年12月24日的234美元）並持有一

圖 10.2　Netflix 兩度被錯殺

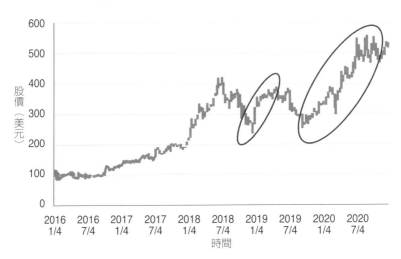

年，就會有42%的報酬率。雖然一年的報酬率很不錯，但其實只比S&P 500指數好一點而已，這段期間S&P 500漲幅為37%。問題在於第一次谷底（2019年12月24日）後的12個月，Netflix即將面臨第二次大錯殺。你必須抱久一點，績效才會顯著超越大盤。你可以再計算第二年的績效，然後發現績效超越大盤很多，但這就會進入新冠疫情，這個疫情讓少數公司受惠（例如Netflix），卻使市場上大多數股票重挫。所以和大盤比較並不公平。公平的比較應該是從Netflix第一次修正的谷底，到新冠疫情前S&P 500指數的高點，也就是2020年2月19日。從第一次的谷底到那時，Netflix股價漲了65%，S&P 500指數則漲了44%。或許沒有顯著超越大盤，但如果你仔細挑選在谷底進場時機，就會有很好的績效。

　　但是如果你在第二次的谷底買進Netflix（2019年9月24日的255美元），然後持有到2020年2月19日，你會得到51％的報酬率，大幅超越S&P 500指數在那段期間14％的漲幅。同樣的，我們仔細挑選到谷底進場，超越大盤**非常多**。如果你在股價修正20％後進場（2019年7月23日的307美元），到了2020年2月19日，就只有26％的報酬率，不過卻是S&P 500指數這段期間漲幅（13％）的2倍。

　　簡單的重點是，2019年大部分的時候，Netflix是被嚴重錯殺的股票，只要是在被錯殺的時候買Netflix，就能創造明顯超越大盤的報酬。那一整年，我都維持Netflix的「買進」評等，而且「長期持有」10年，因為我相信「買進」的核心理由基本上沒有改變。而且這兩次被錯殺時，我都將Netflix列為首選標的。我把Netflix形容為那一年被錯殺最嚴重的優質網路股。在這段期間，我是否懷疑過、恐慌過？當然。特別令我擔心的是Netflix訂閱費漲太兇，我也擔心會出現第二個Qwikster的悲劇。我納悶Netflix股價要多久才能從漲價的震撼中恢復，而且經營團隊在被問到很難回答的漲價問題時，傲慢的態度也讓我不太滿意，但我還是堅持看好。

　　Netflix是優質公司嗎？你已經知道我的答案了，但我們還是來看看Netflix的評量表：

- **高營收成長**？沒錯。Netflix從2013年開始就一直創造20％以上的年營收成長率，到2018年前的過

去5年平均成長率為27％，2019年前的5年平均為29％，2020年前的5年平均為30％。沒錯，5年平均成長率愈來愈高。因為新增訂戶增加快速，而且具有訂價能力，Netflix的整體營收成長不斷加速。雖然自由現金流趨勢一點也不好，但都是有原因的，而且營業利益率一直在上升。

■ **持續且成功的產品創新**？Netflix可以說是發明串流影音，但並不包括發明背景音樂。但是過去幾年來公司的主要創新，一直都是更多的原創內容，尤其是不同語系的原創內容。Netflix也有其他的創新，例如立即推出一整季的影集，此舉引發後來的「追劇」行為（有好有壞），這明顯是相對新穎，而且以消費者為主的創新。

■ **龐大的整體潛在市場**？沒錯。根據美國電影協會（Motion Picture Association, MPA）的《主題報告》（*Theme Report*），全球的電影院、家庭和行動娛樂市場在2019年已高達1,000億美元。這暗示Netflix的整體潛在市場市占率已經達到25％，因為公司2020年的營收是250億美元。但是就和〈整體潛在市場愈大愈好〉那一堂課中對Spotify的分析一樣，Netflix和串流影音有能力大幅擴張整體潛在市場。另一個看待Netflix目前2億訂戶（也許總用戶是5億）的方法是，和全球（扣除中國）30億部智慧型手機比較，

這暗示的或許是目前全球潛在用戶群的滲透率是
15％左右。是的，龐大的整體潛在市場，而Netflix
的滲透率還很小。你也可以計算所有的娛樂支出，
例如電玩花費（Netflix的確要和《要塞英雄》競
爭），然後計算出整體潛在市場是4,000億美元。

■ **絕佳的經營團隊**？一點也沒錯。在〈經營團隊很重
要〉那一堂課列出幾個經營團隊的條件，Netflix符合
幾乎所有要素：由創辦人帶領的公司、長期導向、
卓越的產業願景、專注於產品創新，以及有能力對
員工和投資人坦誠失誤和面對的挑戰（同時穿著沒
扣釦子的藍綠色上衣）。

所以是的，Netflix一直都是優質股票，而且在2019年
時兩度被嚴重錯殺，創造出買進優質股票的絕佳機會。
Netflix是2019年最重要的被錯殺優質股票。到了2020年，
被錯殺的則是Uber。

2020年被錯殺的Uber？

在經過2018年大幅修正後，2019年的Facebook是一
檔很好的股票，股價漲了將近60％，在2020年6月創下新
高。同樣的，2019年第二次大幅修正後，Netflix在5個月內
飆漲50％，然後在2020年4月再創新高。

　　所以，到了2019年底時，我在找2020年被錯殺的優質股票時，我決定就是Uber。我在2019年11月的投資人會議上，提出全新的同類型最佳科技股「投資組合」：Facebook、亞馬遜、Netflix、Google和Uber。比「尖牙」（FANG）多了一個U！聽起來有貓王的味道。我把Uber列為「長期持有」的首選建議，不論是在當時或是事後看來都很有爭議。

　　近期，為了這次法說會，至少有一件事要考量。上市閉鎖期已經在11月初時結束，排除一個很大的陰影。但我的提議是根據Uber是被錯殺的優質股票。

　　Uber被錯殺了嗎？也許是。2019年11月中的股價是26美元，比5月上市價還要低超過40％。當然，我當時不知道幾個月後因為新冠疫情導致的崩盤，股價還會跌得更多，大盤也是。但是Uber在2019年可以算是被錯殺的股票，當時仍被認為是擁有「幻想的評價」的新上市賠錢股。技術上來說，我不認為上市價格修正20％到30％是被錯殺。上市和6個月閉鎖期之後的期間，通常會供需失衡，導致股價比平常更沒有彈性，而且不可靠。但是40％的跌幅很大，而且市場對於這個品牌的看法仍相當負面。

　　Uber當時是優質公司嗎？不算是。至少Uber這間公司的品質完全不如Facebook、亞馬遜、Netflix或Google那麼強，因為這幾間公司的標準太高了。Uber還是有希望，以下就是幾個原因：

- **高營收成長**？部分算是。Uber的2018年營收成長率是42％，到了2019年11月，全年成長率就將近25％，我認為2020年營收成長大約有35％。Uber當時沒有持續超過20％成長的歷史，以2018年的成長率42％來看，比前一年大幅下滑，所以只有部分算是高營收成長。

- **持續且成功的產品創新**？部分算是。這個判斷有點讓人難以相信，但2019年Uber對Uber Rides和Uber Eats的客戶推出相當新的顧客忠誠度方案，而且大舉投資自駕車技術。公司當時也正在大舉投資，以設法縮短Rides的乘客和司機的等待時間，以及Eats的多店疊單解決方案*。

- **龐大的整體潛在市場**？沒錯。在〈整體潛在市場愈大愈好〉那一堂課的「Uber和DoorDash」那一段中，Uber的整體潛在市場高達數兆美元，因為公司的核心共乘業務和網路餐點外送業務在2019年就已經在全球開始營運了。Uber當時已經證明是一間平台公司，而且有能力擴大服務範圍，例如從網路餐點外送擴大到網路生鮮雜貨和一般零售產品外送。

- **絕佳的經營團隊**？這還有待觀察。兩位共同創辦人

---

* 編注：指外送員可以在同一趟行程裡領取多間商家的訂單。

中，崔維斯・卡拉尼克已經不再參與公司的經營。
而執行長科斯羅薩希兩年前才加入公司。*所以當時
要判斷這點還太早，不過我相信Uber選擇科斯羅薩
希是很好的決定。

　　總之這就是我在2019年11月的說明會中，將Uber列
為2020年被錯殺的優質股票的原因。從2019年11月中到年
底，Uber漲了14％，年底收盤價是29.74美元，看起來是個
聰明的投資建議。然後Uber到2月中時飆漲38％到41.05美
元，因為投資人對2月初公布的12月季報的預期，公布前到
公布後都大漲。我的判斷簡直就是天才！結果新冠疫情爆
發，Uber股價一個月狂瀉64％，跌到14.82美元，我看起來
像個白痴，我從推薦Uber的天才，變成推薦Uber的蠢才。

　　雖然股價修正，不過我還是堅持這個評價。而且第二次
清楚的錯殺創造2020年的進場機會，Uber的股價後來從3月
底到年底漲到51美元，飆漲244％。這裡就沒有被指責選錯
進場時機的風險了。那一整年，即使新冠疫情造成基本面大
幅修正，Uber還是上漲71％，而且創下新高（見圖10.3）。

　　所以是的，Uber可以說是2020年被錯殺的優質股票，
但是「優質」的部分不完全正確。

　　而找出優質公司然後在股價被錯殺的時候買進，在投資
Uber的過程中的確有幫助。

圖 10.3　UBER：危機入市

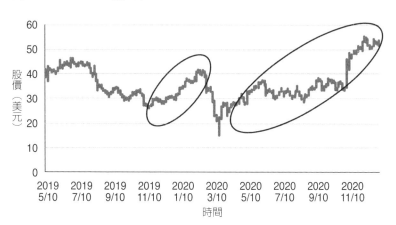

有資料佐證嗎？

　　我不認為有什麼萬無一失的辦法。我不相信有毫無疑問的事。我已經發現股市是個機率的生意，但是你的決定可以大幅降低機率的衝擊。

　　投資被錯殺的優質股票並不能保證可以打敗大盤，但是這個策略可以大幅提高打敗大盤的機會。成功投資科技股最重要的因素就是投資優質公司，這裡完全呼應彼得‧林區的看法。2021 年初的市場，四檔最優質的網路股就是亞馬遜、Facebook、Google 和 Netflix。我百分之百同意，而且

＊　譯注：科斯羅薩希是在 2017 年成為 Uber 執行長，這一段是作者在 2019 年時的觀點。

多年來即使其中幾間公司不受投資人青睞，甚至股價被錯殺，也沒改變心意。但我也完全清楚市場可能是錯的。我也相信網路股有許多其他潛在的優質公司，例如Airbnb、Chewy、DoorDash、Etsy、Lending Tree、Roku、Shopify、Snap、Spotify、The Trade Desk、Trupanion、Wix和Zillow。

　　帶動優質公司的基本面線索與四大因素，大部分（不是全部）是我從追蹤科技股、尤其是追蹤網路股的經驗所得到的心得，所以這些原則的應用可能只限於科技股，尤其是網路股。我拿20％營收成長法則對比S&P 500指數，然後在第4堂課〈營收最重要〉中提供資料分析，所以這個規則的應用範圍應該更廣，但是四大因素則是從我的經驗中得到的結論。

　　為了測試我的「錯殺」理論，我回頭檢測在優質的「尖牙股」修正20％到30％時買進，是否能超越大盤。詳細資訊見表10.4，而答案是「可以」。從2016到2020年，在尖牙股修正20％後買進，一年的績效有78％的時間會超越S&P 500指數，兩年的績效100％會超越S&P 500指數。而在這段期間，在尖牙股修正30％時買進，持股一年的績效有60％的時間會超越S&P 500指數，持股兩年的績效100％會超越大盤。雖然我承認樣本數很小，但結果就是這樣。

　　同樣的，在2016到2020年間，當尖牙股的股價相對於成長率很便宜時，也就是本益成長比（即本益比除以每股盈餘成長率）低於1時，報酬超過S&P 500指數的漲幅，比在

股價與每股盈餘成長率一致或略高時買進更好。這些結果並不完美。分析 Netflix 確實會顯示在本益成長比大於 1 時，股價超越大盤的幅度遠高於本益成長比小於 1 時的情況。在這兩個情境中（本益成長比小於 1 和大於 1 時），這四檔股票

表 10.4　買進被錯殺的優質科技股報酬率

亞馬遜	日期	亞馬遜股價	S&P 500 指數
高點	2015年12月29日	694.0	2,078.4
修正20%	2016年2月2日	552.1	1,903.0
跌20%後持股1年	2017年2月2日	840.0	2,280.9
跌20%後持股2年	2018年2月2日	1,429.9	2,762.1
1年報酬率		52%	20%
2年報酬率		159%	45%
修正30%	2016年2月9日	482.1	1,852.2
跌30%後持股1年	2017年2月9日	821.4	2,307.9
跌30%後持股2年	2018年2月9日	1,339.6	2,619.6
1年報酬率		70%	25%
2年報酬率		178%	41%
高點	2018年9月4日	2,039.5	2,896.7
修正20%	2018年10月29日	1,538.9	2,641.3
跌20%後持股1年	2019年10月29日	1,762.7	3,036.9
跌20%後持股2年	2020年10月29日	3,211.0	3,310.1
1年報酬率		15%	15%
2年報酬率		109%	25%
修正30%	2018年12月21日	1,377.4	2,416.6
跌30%後持股1年	2019年12月20日	1,786.5	3,221.2
跌30%後持股2年	2020年12月21日	3,206.2	3,694.9
1年報酬率		30%	33%
2年報酬率		133%	53%

（接下頁）

表10.4　買進被錯殺的優質科技股報酬率（續）

Facebook	日期	Facebook 股價	S&P 500 指數
高點	2018年2月1日	193.1	2,822.0
修正20%	2018年3月27日	152.2	2,612.6
跌20%後持股1年	2019年3月27日	165.9	2,805.4
跌20%後持股2年	2020年3月27日	156.8	2,541.5
1年報酬率		9%	7%
2年報酬率		3%	-3%
高點	2018年7月25日	217.5	2,846.1
修正20%	2018年7月30日	171.1	2,802.6
跌20%後持股1年	2019年7月30日	197.0	3,013.2
跌20%後持股2年	2020年7月30日	234.5	3,246.2
1年報酬率		15%	8%
2年報酬率		37%	16%
修正30%	2018年10月10日	151.4	2,785.7
跌30%後持股1年	2019年10月10日	180.0	2,938.1
跌30%後持股2年	2020年10月10日	264.5	3,477.1
1年報酬率		19%	5%
2年報酬率		75%	25%

Google	日期	Googke 股價	S&P 500 指數
高點	2018年7月26日	1,285.5	2,837.4
修正20%	2018年11月19日	1,027.4	2,690.7
跌20%後持股1年	2019年11月19日	1,312.6	3,120.2
跌20%後持股2年	2020年11月19日	1,758.6	3,581.9
1年報酬率		28%	16%
2年報酬率		71%	33%
高點	2019年4月29日	1,296.2	2,943.0
修正20%	2019年6月3日	1,038.7	2,744.4
跌20%後持股1年	2020年6月3日	1,439.3	3,122.9
跌20%後持股2年	-	-	-
1年報酬率		39%	14%
2年報酬率		-	-

表10.4　買進被錯殺的優質科技股報酬率（續）

Netflix	日期	Netflix 股價	S&P 500 指數
高點	2015年12月4日	130.9	2,091.7
修正20%	2016年1月15日	104.0	1,880.3
跌20%後持股1年	2017年1月13日	133.7	2,274.6
跌20%後持股2年	2018年1月16日	221.5	2,776.4
1年報酬率		29%	21%
2年報酬率		113%	48%
修正30%	2016年1月27日	482.1	1,882.9
跌30%後持股1年	2017年1月27日	142.4	2,294.7
跌30%後持股2年	2018年1月26日	274.6	2,872.9
1年報酬率		56%	22%
2年報酬率		201%	53%
高點	2016年4月15日	111.5	2,080.7
修正20%	2016年5月12日	87.7	2,064.1
跌20%後持股1年	2017年5月12日	160.8	2,390.9
跌20%後持股2年	2018年5月11日	326.5	2,727.7
1年報酬率		83%	16%
2年報酬率		272%	32%
高點	2018年6月20日	416.8	2,767.3
修正20%	2018年8月15日	326.4	2,818.4
跌20%後持股1年	2019年8月15日	295.8	2,847.6
跌20%後持股2年	2020年8月14日	482.7	3,372.9
1年報酬率		-9%	1%
2年報酬率		48%	20%
修正30%	2018年11月14日	286.7	2,701.6
跌30%後持股1年	2019年11月14日	289.6	3,096.6
跌30%後持股2年	2020年11月13日	482.8	3,585.1
1年報酬率		1%	15%
2年報酬率		68%	33%

的績效都會超越大盤。以亞馬遜來說，當本益成長比小於1時，有89%的時間都會打敗大盤，但是當本益成長比大於1時，只有74%的時間打敗大盤（見表10.5）。

這個分析最大的重點就是，買進並持有最優質股票，因為如果你持有的時間夠長（1年），這些股票的表現會一直超越大盤。而在尋找買進或加碼時機時，這會有幫助。

有句古老的格言說：「買低賣高。」以我分析科技股的經驗可以改成：「買進優質股票，尤其是在被錯殺的時候買進。耐心等待，長期就有可能超越大盤。」如果這句話太長，只要記住：尋找被錯殺的優質股票。

表10.5　本益成長比＜1時，買進被錯殺的優質股票有優勢

	1年預估績效超越 S&P 500指數的幅度		超越大盤的幅度		
	中間值	平均	總天數	超越大盤的天數	超越大盤的幅度
亞馬遜					
本益成長比 > 1	30%	29%	168	124	74%
本益成長比 < 1	31%	32%	624	557	89%
Facebook					
本益成長比 > 1	7%	5%	498	339	68%
本益成長比 < 1	17%	16%	294	250	85%
Google					
本益成長比 > 1	7%	7%	744	598	80%
本益成長比 < 1	13%	13%	48	48	100%
Netflix					
本益成長比 > 1	36%	47%	151	136	90%
本益成長比 < 1	40%	38%	641	499	78%

何時該賣股票？

　　當基本面大幅惡化時，這就是我的答案。說得精確一點，就是當營收大幅減緩時（一年內大減50％以上），或是當營收成長大幅低於20％。當然，有很多很好的公司股票並不會穩定創造20％以上的營收成長率。S&P 500指數裡98％的股票不會全都是不好的。

　　但我們專注在高成長科技股，如果他們的營收成長遠低於20％，那麼就不符合高成長股。你也要小心營收大幅減緩的公司。就像剛才Snap和Twitter的例子可以看到，當營收成長減速，評價倍數就會降低。雖然評價倍數降低，還是有可能有好表現，但是在這種情況下股價比較難超越大盤。而Snap和Twitter有趣的地方在於，當成長率穩定時，評價倍數也穩定，股價往往就會超越大盤，尤其是Snap。

　　比對Snap的營收成長展望（也就是華爾街對營收成長預估的共識）與股價可以提供一個清楚的面貌（見圖10.4）。當營收成長展望從Snap在2017年初上市時的80％，到了2019年初時大減到只有30％時，Snap的股價重挫。當營收成長展望穩定在30％的高水準時，股價就開始大幅超越大盤。

　　Twitter也一樣。比對Twitter的營收成長展望與股價也提供明顯的面貌（見圖10.5）。當Twitter在2013年底上市時，營收成長展望大幅下滑，股價也下跌。當營收成長展

圖 10.4　Snap 先重挫再大漲！

── 股價（美元，左軸）　── 未來12個月的營收成長年增率（右軸）

望穩定下來，並且開始恢復到將近20％時，股價就開始大幅超越大盤。稍早我提到Twitter的微笑曲線，截至2021年初，那個微笑非常寬廣。

　　爲了更完整說明要避開或賣出營收大幅下滑的股票，我們就來看看五間公司的例子，包括Tripadvisor、Yelp、TrueCar、Criteo和Shutterstock。這五間公司的股價在過去的5到10年都顯著落後大盤。

　　也許Tripadvisor的情況最清楚，這間網路旅行社最知名的就是由用戶提供旅遊地點、飯店、餐廳和當地活動的評論。Tripadvisor在2011年底從Expedia分拆出來，然後兩年半內受到高營收成長和相對高獲利能力水準帶動，股價飆漲

圖10.5　Twitter 股價的微笑

股價（美元，左軸）　　未來12個月的營收成長年增率（右軸）

將近4倍。之後股價就倒起不起，從2014年中的每股110美元，崩跌到2017年底的30美元，成長率從20％大幅減緩至不到10％（見圖10.6）。

這裡有幾個重要的因素：

1. 來自Google的激烈競爭，因為Google也提供用戶評論功能。

2. 營收集中的風險，Priceline/Booking和Expedia有時候占Tripadvisor營收至少50％，當這兩間公司開始刪減在Tripadvisor的行銷支出時，就變成大問題。

3. 產品不夠創新。最後這一點見仁見智，Tripadvisor從2000年開始就由其中一位創辦人（史帝芬・考佛

圖 10.6 Tripadvisor 的跌勢

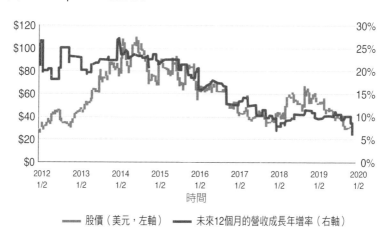

——— 股價（美元，左軸）　　——— 未來12個月的營收成長年增率（右軸）

〔Stephen Kaufer〕）經營，這是上市網路公司中最長
壽也最持久的公司。Tripadvisor在全世界的每月用戶
也有將近5億，是全世界最受歡迎的網站之一。所以
它還是有平台的潛力。

　　但是這裡重要的歷史選股見解是，隨著公司的成長放
緩，尤其是當成長率降到20%以下，股價就開始下跌。

　　另一個例子是網路地區商家評分網站Yelp。這間公司與
股票和Tripadvisor有很多共同點（見圖10.7）。Yelp於2012
年初以15美元上市，然後在接下來的兩年內飆漲6倍，公
司產生持續的超高營收成長（從2011年到2014年的成長約
在60%到70%之間），而且獲利能力也非常高。然後營收

圖 10.7　Yelp 需要一些幫助

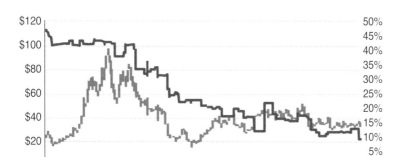

成長開始持續明顯減緩，到了2015年下滑到46％、2016年30％、2017年19％、2018年11％，2019年8％。

　　和Tripadvisor一樣，營收成長減緩使得Yelp的本益比下滑，以及股價長期下跌，從2014年初將近100美元，到2018年的30美元。這裡有幾個因素：

1. 和Tripadvisor很相似，來自Google和其他公司的競爭非常激烈。
2. 好幾個帶動成長的方案不是失敗（例如進軍國際），就是花比預期更長的時間（為水管工之類的地區服務供應商創造交易功能）。
3. 可能還有產品創新不足。

　　Yelp依然有很大規模的業務，消費者至少有3,000萬、超過50萬個付費商家，以及累積超過2億則評論，所以公司還是有潛力。但是這裡重要的歷史選股見解是，當公司的成長大幅下滑，股價就會受挫。

　　如果要我只根據公司所在地來選擇到哪一間科技公司工作，那我會選擇網路買車市集TrueCar。公司總部位於聖塔蒙妮卡（Santa Monica）的布羅德路（Broadway），直接面對海灘，離聖塔蒙妮卡碼頭（Santa Monica Pier）的距離也很近，地點很好，景觀也很棒。

　　話說回來，TrueCar從2014年上市以來，就是股價劇烈波動的公司，而且大部分的時候都是下跌的（見圖10.8）。我以分析師的身分分析公司上市時的情況，就像Yelp上市時的做法。TrueCar於2014年5月以9美元上市，2014年3月季報的營收成長率是75％，2014年又公布兩次財報後，TrueCar股價漲到24美元，但是後來連續兩年股價劇烈修正，因為公司的營收成長展望快速減緩，降至接近10％。在新執行長的管理下，公司的營收成長展望穩定下來，然後有所改善，使得股價飆升回到20美元之上。但是TrueCar的營收成長展望在2019年又開始減弱至個位數，然後股價在2019年滑落到上市價9美元以下。截至2021年初，股價還是差不多在這裡。

　　TrueCar的挑戰包括：

圖 10.8　TrueCar 跌不停

— 股價（美元，左軸）　　━ 未來12個月的營收成長年增率（右軸）

1. 中古車和新車市集的產業有非常多競爭者。
2. 或許顧客價值主張對經紀商和消費者來說都不夠好。

　　TrueCar 的股價和 Tripadvisor 與 Yelp 一樣，都是跟著營收成長走。當營收成長大幅減緩，股價就會落後大盤。

　　我再簡單提兩間公司，來凸顯營收成長大幅減緩與股價面臨挑戰有關。第一間是廣告科技公司 Criteo。市場投資人很難透過「廣告科技」業賺錢，The Trade Desk 是少數的例外。雖然如此，Criteo 的確提供市場一個差異化與有效量身訂做的再行銷廣告解決方案。Criteo 在 2013 年 10 月以 31 美元上市，2014、2015 和 2017 年多次來到接近 55 美元的高點。但是當營收成長展望從 2015 年的 30% 降到 2017

的20％，到了2019年不到10％時，股價也重挫，跌破20美元。Criteo股價在2020年底至2021年初時終於開始大幅回升，但是營收成長顯著減緩而對股價造成的挑戰仍然沒變（見圖10.9）。

最後是圖庫公司Shutterstock，2014到2019年的股價不是持平就是下跌，因為預期成長展望從25％惡化到不到10％（見圖10.10）。Shutterstock的股價在2020年大幅反彈，而且到2021年初，距離（2014年初）歷史高點99美元只有一點點差距。但是股價多年落後大盤，很難不認為這和公司的營收成長顯著減緩有關。

這些只是我追蹤當成長展望惡化，導致股價下跌的幾個案例而已。那麼，你何時該賣出或避開這種股票呢？當基本

圖10.9　Criteo股價下挫

━━ 股價（美元，左軸）　　━━ 未來12個月的營收成長年增率（右軸）

圖 10.10　別閉上眼睛 Shutterstock

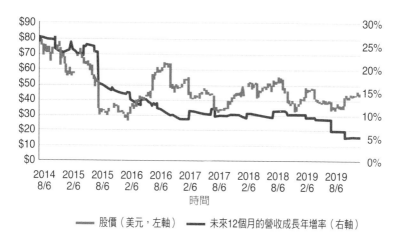

面大幅惡化，而以科技股來說，特別是當公司的營收成長顯著低於20％，而且／或是公司的營收大幅減緩（大約一年內大減50％）的時候。

本章摘要

尋找被錯殺的優質股票。 高成長科技股投資人想要賺錢最好的一種方式,就是找出品質最好的公司,然後在股價被錯殺時買進或加碼。投資優質的公司,也就是由龐大的整體潛在市場帶動的高營收成長、不停的產品創新、有吸引力的顧客價值主張,以及絕佳的經營團隊,就可以降低基本面的風險。在股價被錯殺時買進(修正20%到30%,而且/或是當股價相對於每股盈餘成長率很便宜時)可以降低評價/本益比風險。

判斷股價被錯殺的方式,有兩大原則:

- 當一檔股票修正20%到30%時
- 股價相對於每股盈餘成長率很便宜時,也就是說,當本益比的倍數比預期未來每股盈餘成長率還要低的時候(就是本益成長比PEG < 1)。

這兩個大原則也需要一些判斷。例如,當股價已經飆漲100%之後修正20%,不算是被嚴重錯殺。但是這些原則可能有助於找出被錯殺的股票。我的經驗是,每一間優質公司的股價總有一天會被錯殺,這時就提供有耐心的長期投資人很多機會。即使是過去5年來我追蹤的最優質股票(Facebook、亞馬遜、Netflix和Google),在這段期間全都曾被錯殺過。

判斷優質公司的方法。 從經驗豐富的科技股分析師角度來說，我認為優質公司最好的基本面線索，就是一直創造高營收成長（20%以上）。帶動高營收成長的主要基本面動力有四個：不停的產品創新、龐大的整體潛在市場、有吸引力的顧客價值主張，以及絕佳的經營團隊。這都需要很多判斷，但是我已經發現，這些都是在判斷公司長期基本面展望時最重要的因素。

賣出股票的時機。 我觀察到主要的賣出指標就是公司的基本面大幅惡化。說得清楚一點，就是當營收明顯減緩的時候（一年內下滑50％，而且不是新冠疫情這種總體經濟衝擊驅動），或是當營收成長大幅下降到20％以下，並且要根據同店銷售成長率和總體經濟衝擊進行調整。這些都是高成長科技股的指標，但是有非常多科技股的營收成長顯著減緩時，股價就從超越大盤變成落後大盤，像是Booking、Criteo、eBay、Snap、Shutterstock、Tripadvisor、TrueCar、Twitter、Yahoo!、Yelp等等。科技股投資人應該小心營收成長顯著減緩的公司。成長會推升股價，而（顯著）減緩會毀了股價。

10堂課摘要

接下來就是這10堂課的重點

第1堂課：選到壞股票，你會淌血

如果你投資股市，偶爾會有虧損。身為一個好的選股人，不只要是好的基本面專家，能正確預測營收和獲利，也必須是好的心理學家，能正確猜測在那樣的營收和獲利下，市場會給予的評價倍數。大部分的時候幾乎無法把這兩件事猜對。

而且總是會有衝擊市場的事件可能會破壞你設定好的選股計畫，像是2020年初新冠疫情的襲擊。

還有，你也有可能選到壞股票。

1/1000的打擊率就是，1,000次只會中1次。市場會改

變、競爭者會相互競爭、經營團隊會犯錯、穩賺不賠的東西可能很快會讓你慘賠。如果你想投資股市，就必須做好虧損的準備。

第2堂課：即使選到最好的股票，你也會淌血

就算是同類型最好的股票，也無法避免特定公司的龐大賣壓。2015到2020年表現最好的三檔股票是Facebook、Google和Netflix，全都曾經遭遇重大的修正（20%到40%）。以Netflix來說，12個月內就重挫過兩次。儘管基本面有時候比其他科技股和S&P 500指數中95%的股票要好得多，這些股票仍舊經歷過大幅下跌，然後才反彈，並繼續大幅超越大盤。

即使是同類型中最好的股票也無法避免大盤拋售。2018年底時因為貿易戰、全球經濟成長減緩與升息的疑慮，大盤出現修正，讓亞馬遜跌掉1/3的市值，儘管亞馬遜的財測和成長展望都沒有改變。所以，要有耐心。

第3堂課：不要在季報公布前後殺進殺出

季報公布前後成功交易，需要非常精準的解讀基本面，並正確評估短期的市場預期，對散戶（和大部分專業的）投資人來說，都是不容易的事。在季報公布前後殺進殺出也可

能會被誤導，因而錯失長期的基本面和股價趨勢。從2015年到2018年，亞馬遜飆漲386％，這段期間公布的16次財報中，有4次公布後的單日漲幅超過10％，也有4次公布後的單日大跌超過5％。

投資續抱幾乎肯定會比在季報前後殺進殺出賺得更多。

不管在季報公布前還是公布後，投資基本面強勁的股票，並忽略短期波動。

第4堂課：營收比獲利更重要

長期下來，基本面確實會帶動股價，而對科技股而言，最重要的基本面就是營收、營收，以及營收。能夠持續創造超過20％營收成長率的公司，就有可能提供很好的投資報酬率，幾乎不會受到短期的獲利能力前景影響，這是20％營收成長率法則。

營收成長率持續在20％以上很罕見（S&P 500指數中，只有大約2％的公司辦得到），往往可能反映出有很大的市場機會、不停的產品創新、有吸引力的價值主張，以及最厲害的經營團隊。當你在尋找好的長期投資標的時，這就是你要找的資訊。

首先你可以找出連續4到6季都創造超過20％營收成長的公司。

雖然如此，營收成長大幅減緩的公司，例如3到4季

內營收成長率減半，很可能不是很好的「長期持有」標的（除非成長率下滑是由於重大的總體經濟衝擊所造成，例如新冠危機）。能夠成功執行成長曲線方案的公司，而且營收成長也加速，那麼股價就有可能大幅超越大盤。

但是成功的科技股投資並不表示可以忘記獲利。沒有獲利的成長，長期下來也不會創造價值。

第5堂課：少了產品，一切免談

產品創新很重要，持續的產品創新是推升基本面的最大動力之一，尤其是推升營收成長，而營收成長又會推升股價。成功的產品創新可以創造全新的收入來源（亞馬遜的雲端運算）、取代現有的營收來源（Netflix的DVD與串流），並且增加現有的營收來源和提升主要顧客指標（Spotify的podcast，以及Stitch Fix的「直接買」功能可能也是）。

成功的產品創新也可以觀察到。現在有一些最棒的產品創新都是以消費者為導向。你就是消費者，你可以試用這些服務，如果發覺很喜歡，那可能就是很好的股票。

此外，當你看到一間公司的創新被別人拚命模仿（例如Snap的新功能被Facebook模仿），那麼被模仿的公司很可能是有創新能力的公司。最後，產品創新會反覆出現，產生一、兩次讓人印象深刻的產品創新的經營團隊，很可能有能力繼續產生更多創新。

第6堂課：整體潛在市場愈大愈好

整體潛在市場很重要。整體潛在市場愈大，高營收成長的機會就愈大。這種公司很罕見，但是要尋找有潛力「跟Google一樣」的公司，也就是已達到規模經濟還能再創造高營收成長的公司。大原則是，在龐大的整體潛在市場中市占率不到10%的企業，可能是值得科技股投資人考慮的理想標的。

整體潛在市場可以擴大，只要排除使用障礙並增加新的使用案例，整體潛在市場就可以變得更大。這些年來，Lyft和Uber就是這樣，透過降價、增加平台中駕駛的人數、減少等待時間，還有使車資和小費的支付變得非常輕鬆，Uber和Lyft擴大共乘的使用案例與吸引力。公司可以採取兩個特定的步驟來擴大整體潛在市場：擴大營運的地理範圍，以及創造新的營收來源。

有時候很難確定整體潛在市場，尤其是在產業變化的時候，這時需要創新的方法來衡量市場機會。Spotify就是這樣，公司想進軍兩個行之有年的市場（唱片業和廣播廣告業），而這麼做可能還意味著面對的市場其實比原先聽到的市場大得多。

龐大的整體潛在市場有助於帶動成長並產生規模經濟，這有內在效益，包括經驗曲線、單位經濟效益優勢、競爭護城河，以及網路效應。

第7堂課：跟著價值主張投資

　　跟著消費者價值主張投資。過去10年來股價表現最好的公司中，有好幾間公司都把顧客滿意度放在投資人短期疑慮前面優先考量，亞馬遜可以說是箇中翹楚。這家公司一直都願意大舉投資，以提供更有吸引力的價值主張，即使這樣會犧牲短期獲利（例如Prime）。

　　以投資人為主的公司不是個好投資。eBay和Grubhub都不夠重視用創新去滿足消費者需求，我相信部分原因是公司非常想維持高獲利的商業模式，因此，這兩間公司最後都給長期投資人不一致的報酬。

　　雖然打造和維護有吸引力的消費者價值主張可能會很花錢，但最終都能帶動正向的商業模式效應。有些在顧客忠誠度方面很簡單直接，但是有吸引力的價值主張可能也會創造訂價能力飛輪，而亞馬遜與Netflix就是因此受惠，特別是Netflix。

第8堂課：經營團隊很重要

　　經營團隊真的**很重要**。經營團隊的品質也許是投資科技股最重要的因素，因為長期來說，股價主要是受到基本面帶動，而基本面主要是受到經營團隊帶動。當你找到對的經營團隊，很可能就選對股票。

　　知道要尋找的經營團隊特質是什麼。由創辦人領導的公司（幾乎所有最大型的科技股都是由創辦人所帶領）、長期導向（例如祖克柏有1年、5年、10年目標）、絕佳的產業願景（海斯汀實際上發明串流）、瘋狂般的專注於顧客滿意度（閱讀亞馬遜的致股東信）、深入的科技背景和經營的經驗、極力專注於產品創新，以及有能力對員工和投資人坦誠失誤和挑戰。

　　與投資基金不同的是，經營團隊過去的績效是未來績效的指標，當你擁有的經營團隊已經有很成功的紀錄，就絕對不要放手。

第9堂課：評價不是選股過程中最重要的因素

　　評價不應該是選股過程中最重要的因素。採取行動前要提出最重要的問題絕對是：目前的評價大致上是否合理？

　　高成長科技股有時可能看起來很貴，但是不表示這是不好的股票，最好是根據成長調整的基礎來看本益比。高獲利的成長股和優質股票應該有很高的本益比倍數。

　　至於獲利穩健的公司，本益比與公司未來的每股盈餘成長預估一致或略高一點，大致上也算合理。

　　優質股票如果股價未反映高成長率，對長期投資人來說可能是非常好的投資標的。Priceline和Facebook有很長一段時間的股價相對於成長率很便宜，為這兩檔股票創造很棒的

「長期持有」機會。

以獲利很低的公司來說，你可能預期會看到超高的本益比（超過40倍），但這可能還是很好的投資標的，亞馬遜和Netflix就證明這點。採取行動前的主要問題是：重大的投資是否會壓縮目前的獲利？是否有理由相信長期營業利益可能比目前的水準還要高得多？

為沒有獲利的公司提供評價是很大的挑戰，但是四個邏輯測試問題，有助於判斷評價是否大致合理：

1. 有任何一間商業模式類似的上市公司已經獲利了嗎？
2. 如果公司整體而言不賺錢，那麼公司裡是否有個部門正在賺錢？
3. 是否有任何原因導致規模經濟無法帶動獲利？
4. 是否有具體的步驟可以讓經營團隊帶動公司的獲利能力？

第10堂課：尋找被錯殺的優質股票

高成長科技股投資人想要賺錢最好的方式，就是找到最優質的公司然後買進，或是在股價被錯殺時加碼。投資優質的公司（特色是由龐大的整體潛在市場所帶動的高營收成長、不停的產品創新、吸引人的顧客價值主張和絕佳的經營團隊）可以降低基本面風險。買進股價被錯殺的公司（股價

修正20%到30%，而且／或是股價相較於成長率很便宜的股票）可以降低評價／本益比風險。

　　優質公司偶爾會遇到被錯殺的時候，這就提供耐心的長期投資人很好的機會。即使是我追蹤的優質股票（Facebook、亞馬遜、Netflix和Google），過去5年來都曾被錯殺好幾次。

　　賣出股票的主要指標，就是基本面大幅惡化。說得精確一點，就是當營收大幅減緩（經同店銷售成長率和總體經濟衝擊調整後，一年內大減50%），或是當營收成長大幅低於20%（同樣也要經同店銷售成長率和總體經濟衝擊調整）的時候。

課後補充

我要以一些簡短的課外教訓與思維來結束,能讓你
以更好的方式選股,並談談最近和科技股有關的一
些議題。

給迷因股票交易者的建議

我在寫這本書時發生一件很好玩的事。實際上不是好
玩,而是非常有趣。2021年1月時,GameStop的股價飆漲
1,900%,從17美元漲到348美元,又在隔月修正90%到41
美元。這真是我看過起伏最大、雲霄飛車般的走勢,雖然我
已經看過很多這樣的股價走勢。

GameStop的反彈是一次激烈的軋空,買進選擇權的人
帶動迷因股票(meme stock)的概念流行,這種股票很受千

禧世代散戶歡迎，而且走勢是跟著風潮、而不是基本面起伏。在Reddit的論壇「華爾街賭注」（WallStreetBets）上建議很多交易量大的當沖，一個很受歡迎的目標是要做多市場上被放空最嚴重的股票，而GameStop就是其中之一。有些評論也會建議很完善的投資主題，聚焦在GameStop的整體潛在市場成長、商業模式改變、新經營團隊，而非常成功的網路寵物用品零售商Chewy創辦人萊恩・科恩（Ryan Cohen）積極的參與。

我沒有對GameStop提供的投資建議，但我對投資方式有個建議。當沖或純粹的動能交易沒有什麼錯，可能會很好玩，而且可以賺很多錢，但短期也有可能虧很多錢。這有點像拉斯維加斯。拉斯維加斯本身沒什麼錯，我和大家一樣喜歡拉斯維加斯，搞不好還更喜歡。

但我要建議迷因股票的交易者好好考量投資方法。投資公開市場可能會賺到不錯的報酬，雖然不是一夕致富，但一年下來有很多賺錢的好機會。你可以自己做研究，可以自己判斷。本書提到的一些高成長科技股是我的世代，甚至可能是你的世代波動最大的股票。學習這些股票很有趣，是真的！尋找下一個亞馬遜、下一個蘋果、下一個Netflix、下一個Google或下一個特斯拉是很刺激的事，如果你的看法正確，會有很好的報酬。此外，其中有些公司的經營者或是創業者還真的要「登月」呢！如果你有耐心，就能避開或趁著重大的市場衝擊，讓基本面帶動股價、決定你投資的股票表

現，而不必受制於每天的價格波動，因為價格波動通常和特定的公司行動沒有關係。

以上只是個建議。

有關新冠疫情下的同店銷售成長率

從人的角度來說，新冠疫情是一場悲劇，但對一些高成長科技股來說，疫情提供許多好處。這話聽起來很冷血，但卻是事實。要很清楚，許多高成長科技股受新冠疫情衝擊而有明顯的負面影響，Airbnb、Booking和Expedia等旅遊業者的需求都大減，營收較前一年減少高達80％。就像Expedia的執行長彼得‧科恩（Peter Kern）說的，2020年6月的季報是「現代史上旅遊業最糟的一季，而Expedia當然也無法倖免。」幾乎所有網路廣告商在2020年上半年都出現營收大幅下滑，Google在2020年6月的季報甚至公布成立以來首次營收衰退（比去年同期衰退2％）。Uber和Lyft等共乘公司6到9個月內的業務全都蒸發，因為搭車的需求徹底消失。新冠疫情對許多高成長科技股帶來負面衝擊，有些公司還因此完成沒有成長。

但有一群高成長科技股直接受惠於疫情帶來的危機，那就是在家工作或在家生活類的公司，包括亞馬遜、Chewy、DoorDash、eBay、Etsy、Netflix、派樂騰、Wayfair、Zoom，以及一些因為產品或服務的需求大增的公司。需求大增，

公司的基本面就飆升，尤其是營收和獲利。DoorDash 2020
年6月季報就達到成立以來首次出現稅前息前折舊攤銷前獲
利，如果不是疫情推升需求，公司可能還要再過一年才會開
始獲利，所以的確有一些疫情下受惠的科技股。

　　還有一種因為疫情而受惠的高科技股，至少在危機期
間，這些公司可以維持高成長。這些公司的稀有價值變得更
高。在全球GDP成長3％的時候，公司營收成長20％以上，
本來就已經很厲害了，但是當全球經濟衰退3％的時候，還
能創造20％以上的營收成長就更厲害了。有些領先業界的
科技公司，例如亞馬遜、Facebook、Netflix、Shopify，在
2020年能維持20％以上的成長，這樣的成長率使這些公司
對投資人更有吸引力。

　　所以在從新冠疫情復甦的世界裡，該如何投資高成長
的科技股？這本書是提供選股的課程，不是特定個股的建
議，但是這些課程中有兩個重點，那就是在疫情復甦期間如
何看待成長股，而且也希望能適用於疫情後的世界。

　　第一，同店銷售成長率對2021年幾乎所有科技公司都
很重要，對在家工作和在家生活類的公司來說有很大的挑
戰，而對在疫情期間需求受到嚴重衝擊的公司來說會很容
易。我們應該要預期第一類公司的成長應該會大幅下滑，而
第二類公司的成長則會顯著增加或恢復正常；第一類公司的
預期獲利大減，可能會暫時壓縮本益比，而第二類公司的預
期獲利大增，可能會暫時推高本益比。所以要比較營收成長

率與同店銷售成長率資料。顯著的營收成長加速很好，但是如果比前一年的同店銷售成長率減緩的速度更快，那就更好了。同樣的，顯著的營收成長衰退很不好，但是如果衰退的幅度和前一年的增加幅度差不多，就沒什麼意義。

第二，在疫情復甦期間，高成長科技股的稀有性價值會降低，因為許多公司已經在復甦期出現高成長。餐飲、運輸、旅遊、現場活動和其他垂直產業都會在走出危機後出現很強勁的成長。尋找成長股的投資人會有很多選擇。高成長科技股相對的優勢（稀有性價值）會暫時受限，這會減弱這些股票的吸引力。

上面那兩段話的關鍵字是「暫時」。股市是一種反應機制，在新冠疫情期間，這種反應機制更是被強化。2020年2月和3月，股市在23個交易日內重挫34％，然後又在103個交易日內反彈52％，回到2月時的高點。反彈的時間比崩盤的時間還要長，但是有鑑於全球疫情和經濟衰退的情況，3個月仍是非常短的時間。當時發生什麼事？市場先是積極預期並反應危機，然後是復甦。在一群在家工作與在家生活的股票中，有一些是2020年表現超越大盤的股票，但是大多數股票績效最好的時候是在短短3到6個月的期間內發生的。

預測很危險，但我強烈猜測新冠疫情反彈持續的時間，會和危機期間一樣長（3到6個月）。2022年以後，市場就會專注於公司基本面的持續性。也許行動前要提出最重要的問題是：新冠危機和復甦會讓公司長期的結構變得更穩

健，還是更虛弱？這是投資人應該專注的主要問題。

這些教訓適用一般股票嗎？

　　讓我搞清楚，一個負責追蹤一個世代僅有一次的長期成長機會（網路）的分析師，在這利率異常低的期間（從2010到2020年）決定從少數非常成功的公司（大多頭：亞馬遜、Facebook、Google、Netflix）中找出適用於整體的選股策略。這些課程真的適用嗎？好問題！我試著回答看看。

　　網路是很驚人的長期成長機會，現在全世界最大的公司都和網路有關，像是阿里巴巴、亞馬遜、蘋果、Facebook、Google、微軟和騰訊。截至2021年3月8日為止，這些是全球市值最大的8間公司中的其中7間公司。那麼另一間是誰？是沙烏地阿拉伯石油公司（Saudi Arabian Oil Company），它**不是**網路公司。但是現在看起來很明顯的東西，在1995、2000、2005甚至2010年都不明顯。對網路的市場機會、商業模式和經營團隊感到懷疑，正是過去25年來的情況。

　　我到現在還清楚記得，2001年有一天在紐沃克機場（Newark Airport）遇到以前在管理顧問公司時的老闆，當時正值網路泡沫破滅。當我說我是網路股分析師，他回答：「這一定很有意思！那你之後要做什麼？」我也記得出席2002年聖地牙哥舉行的黃頁產業協會大會（Yellow Pages industry association），其中一位主題演講者把網路廣告形容成是「漢堡加薯條的套餐」。黃頁廣告對地方企業來說是漢堡，其中有些企業會想要搭配一些網路（薯條），但是現在沒有人懷疑牛肉在哪裡。

我的重點是，很棒的長期成長機會，通常只有在事後才知道很棒，這表示有些人質疑一些可能有長期成長機會的產業，像是虛擬實境、加密貨幣、自駕車、機器人、太空商業、延長人類壽命、大麻，這些人的質疑後來可能會被證明是錯的，正如以前質疑網路的前景是錯的一樣。全新、很好的長期成長機會將帶來高成長投資機會，而這需要好好分析。

這個網路成長機會還沒那麼快結束。新冠危機很可能就此加速市場採納網路服務和應用，讓同產業中最好的經營團隊有更多機會利用高成長營收機會。具有領導地位的網路公司還有很長的成長跑道，網路業還是有選到好股票的機會！

極低的利率環境絕對是過去20年來帶動高成長科技股前進的動力。如果一家企業大部分的獲利都是在遙遠的未來，也就是公司尚在初期而且／或者短期內大舉投資的公司，低利率會強力推升他們長期獲利的價值，高利率則會壓低他們的長期獲利。這就是在升息恐懼下，高成長、高本益比倍數、獲利有限的股票會重挫的原因。

我不知道未來的利率會如何發展，不過我確實知道利率已經相對低了一段時間（10年以上），因為通膨的憂慮很

少。但是過去20年來，通膨減弱的一個主要原因是，科技對全球經濟的影響日增，尤其是網路科技。

網路使很大一部分的經濟規模徹底縮水，像是零售、通訊、資訊、旅遊、廣告、娛樂等。因為網路提高價格透明度、排除使用障礙，並且增加我們的選項。亞馬遜、阿里巴巴、eBay、Etsy、Shopify、Walmart.com，還有許多公司使購物變得更便宜、更方便。Google和其他公司使得資訊的取得變得非常容易；Facebook和其他公司使得小型企業更容易在地區、全國甚至是全世界行銷產品；Airbnb、Booking與Expedia使得旅遊資訊研究和預訂變得更有效率；影音訂閱服務，像是Netflix、Hulu、Disney+、YouTube、Spotify和Apple Music，都大幅降低消費者的娛樂成本。

還有其他經濟規模縮水的例子，但你已經知道我的意思了。網路科技並不會消失，所以造成經濟規模徹底縮水的情形應該還會再持續一段時間，甚至可能變得更嚴重。未來5到10年，利率可能會大幅上升，衝擊到高成長股的評價，但這不是必然。說到底，我強烈認為，公司的基本面會比利率的波動更重要。

最後，從績效最好的股票中尋找選股教訓會有一些問題，但這本書也從許多失敗或表現平庸的股票中學到教訓，像是Blue Apron、Zulily、Groupon、eBay、Pandora、Grubhub。我相信成功與失敗的原因和方法適用於所有的成長股，或看似成長股的股票。

故得證。

接下來討論監理機關

在我寫這本書時還發生一件事。大型科技公司（主要是蘋果、亞馬遜、Facebook和Google）遭受強烈的抨擊。五個由兩黨同意的法案被送交眾議院，目標是「抑制大型科技業」。聯邦貿易委員會的新主席上任，她被任命的部分原因就是她有一篇突破性的文章〈亞馬遜的反壟斷矛盾〉（Amazon's Antitrust Paradox），大肆批評這家公司，而且一位聯邦法官駁回48個州檢察官對Facebook提出的反壟斷訴訟，48個州相當於全美國96%的土地！顯然這些公司已經變得非常有爭議，至少對政治人物和監理機關來說是如此。對消費者來說，調查一直顯示消費者非常信任這些公司，尤其是亞馬遜，對蘋果和Google也是，但顯然這是投資人必須面對的新情況。

說句公道話，這種情況並不新鮮，法規已經制定好幾年來審視這些公司，而且以我的淺見，這是很合理的。這些公司顯然已經變成非常強大的平台。如果你在找非常積極執行商業手段的公司，也許可以從這些公司中找到。我不知道這是否表示這些公司違法、應該要被罰款，或是應該被分拆，畢竟我不是律師。

但我是學習網路歷史的學生，而且可以說是經驗最豐富

的學生，尤其是亞馬遜、Facebook 和 Google 的歷史。我也很擔心現在一些立法和監理機關突然採取的行動，是因為不完全了解網路的歷史。當眾議院司法委員會在 2020 年中公布一份報告指出：「愈來愈多證據顯示，網路平台的霸權，已經嚴重削弱美國經濟的創造力和創業精神」，還有「事關我們的經濟和民主」，我認為這樣的結論太誇張了，所以我寫了一篇簡短的報告，詳述我認為那份報告缺少的東西。還有一件小事，我不能接受公開紀錄中把我的名字寫錯，那份報告中引述我的研究，但是註腳把我的名字寫成 Marc S. Mahaney，我的天啊！

　　你買這本書不是要來看我的政治觀點，所以我只說三個重點。第一，報告中說亞馬遜、Facebook 和 Google 是透過反競爭的手段來達到稱霸市場的地位，這並非事實。就像我在第 7 堂課中詳述的，亞馬遜扳倒原本的網路零售之王（eBay），並且奪得沃爾瑪和其他超市的市占率，主要是因為亞馬遜有比較好的產品創新、提供更優異的消費者價值主張、以及持續維持長期投資。這幾個特色至今仍是如此，但未來可能會改變。此外，在 Facebook 和 Google 之前也有其他社群網站和搜尋引擎。Facebook 和 Google 給消費者和廣告主的服務就是比較好，這一點至今仍是如此，但未來可能會改變。

　　第二，這些公司為美國經濟、民主和社會創造很多優勢。沒錯，他們不是利他的非營利組織，而是競爭型的資本

主義企業，但他們的影響基本上是讓價格更便宜。而且這些公司減少日常生活的阻礙，例如購物、娛樂、資訊收集和通訊。這些公司讓發表意見、發送消息和發現資訊與意見變得更容易。這些都是正面的影響。

第三，這些企業依然在高度競爭的產業中。新冠疫情摧毀許多小型企業，但也創造數量破紀錄的新企業，尤其是網路公司與網路零售公司。現在要建立一間新的亞馬遜公司，和舊亞馬遜公司競爭它所提供的各種業務會有多難？非常非常難，而且要在任何一種產業的網路零售業競爭也很難。但是像Chewy、Etsy和Wayfair都成功了，因為他們專注於提供有吸引力的消費者價值主張、不停的產品創新，以及卓越的執行能力。Shopify和抖音的戲劇性崛起，也顯示絕佳的創新和專注於顧客，還是能幫助大型的新進業者進軍網路零售和網路廣告市場。

我要說的就是這樣。

總結

我非常幸運，過去25年來追蹤網路股是很刺激的事，也會讓人感到謙遜。我犯了很多選股錯誤，其中好幾個錯誤已經在前面詳述，其中有兩個我特別印象深刻。

2006年7月，Yahoo! 公布的6月季報非常糟糕，營收不如華爾街的預期，公司9月季報的展望疲弱，而且宣布市

場期望已久的搜尋引擎改善計畫（暱稱「巴拿馬計畫」）會延遲。隔天Yahoo!股價重挫22％，跌到52周低點。當時Yahoo!是我的「買進」推薦清單中的第一個。我是花旗銀行的年輕分析師，一心想要成名，所以非常積極推薦將Yahoo!「長期持有」，結果很丟臉。我和花旗的業務人員一起上晨間節目，我很彆腳的支持Yahoo!股票以及我的判斷。然後又花3個小時在電話上向客戶說明我當時認為Yahoo!發生的情況，並且為我的判斷道歉。那天早上，我的研究部主管麥特‧卡本特（Matt Carpenter）打電話問我感覺如何。說實話，我感覺很糟。他回答：「很好，這表示你在乎，現在去想想該如何以更好的方式選股。」一年後，Yahoo!時任執行長泰瑞‧薩默爾（Terry Semel）因為公司在不成功的批評聲浪辭職。在那之前，我把Yahoo!調降為「持有」，因為我學到不要對我的選股判斷太熱情，應該更加專注基本面。

第二件事是比較近期的事。2020年2月，我和兒子高中籃球隊的其他家長，一起舉辦簡單的晚餐會。我通常不會在社交場合聊股票，而是聊時事、好書和最新的時尚趨勢（沒有，我開玩笑的）、高中籃球（真的，不是開玩笑的）。但有人問我Uber的事，所以我解釋為什麼這是我當時的首選。Uber的股價當時已經超過35美元。幾周後，新冠疫情真正開始肆虐美國，我看到Uber的股價短暫崩跌到15美元。我知道一些親近的朋友可能因為我的建議買了Uber，然後在很短的時間內賠錢，這對我而言比股票崩盤更心痛。

又是一次讓人謙遜的教訓，再次提醒了我，投資有可能會淌血，而且有時候是公司或分析師都無法控制的原因。Uber後來強勢反彈，全年的表現超越大盤，但是因為我沒有給朋友充分的風險警告而令他們失望，那種感覺我始終揮之不去。

　　在投資的時候，謙遜是很好的態度，如果你沒有，很可能會在市場中慘賠。

　　有很多尊重和承認也會有幫助，就像知名投資人班傑明・葛拉罕（Benjamin Graham）說的：「短期來說，市場是一個投票機。」而且票數總是不斷在改變。你要預期股價會出現大幅波動，而且和公司基本面完全沒有關係，承認這種情況就是會發生。

　　但還要承認這句話的另一個部分，那就是長期來說，市場是一台「體重計」。我在科技股上看過無數次這種情況。優質股票（以營收成長、獲利品質、經營團隊、價值主張、產品創新與整體潛在市場來看）長期下來是績效最好的股票。這種股票會被錯殺好幾次，不論是公司的原因或是大盤的原因，但是股價都會跟隨基本面反應。當後者（基本面）變強，前者（股價）就會上漲。長期下來，市場會跟著基本面反應。所以，試著找出優質股票，確認價值大致合理，以及／或是買進被錯殺但絕對會漲回來的優質股票。

　　在我的職業生涯中，我面對不少人質疑科技股，尤其是網路股。市場對於高成長科技股帶有隱含的偏見，他們相信這些不是優質股票，只是流行而已，他們相信這些高本益比

只是下一波創新者瞄準的目標而已，但是其中一小部分的公司已經脫穎而出，被發現是優質公司或優質股票。結果，亞馬遜後來變成獲利非常高的公司，而且股價不只漲了10倍，是10倍的好幾十倍。還有其他的例子。所以，散戶的投資組合中，高成長科技股的比重一直都有限制，但還是要配置一些。

最後，我的次子正在念大學，最近也對股市開始感興趣。他最近對我說，他和朋友正在找有關投資的書籍。卡特，我真心希望這本書會對你有幫助。

至於本書的其他讀者，我記得我的導師喬爾·勒維（Joel Levy）說的話。我在花旗銀行工作時，他是研究部門的主管。喬爾在那間公司工作30年，卻因為胰臟癌英年早逝。我最喜歡他常說的一句話就是：「讓人思考、讓人歡笑、讓人賺錢。」

希望本書給你一些新的想法，以及思考投資科技股與高成長股的方法，希望你喜歡我在這本書中說的故事，希望這本書可以幫助你投資成功與賺錢，如果這三件事都實現了，那麼我的好運就會持續下去。

致謝

　　我要非常感謝幾位協助我出版本書的人。是的，本書任何的錯誤絕對都是我的失誤，但很多人很慷慨的提供意見和寶貴的想法給我。首先是我的同事Shweta Khajuria、Ben Wheeler、Jian Li和Spencer Tan，我很幸運過去幾年來能和他們先在加拿大皇家銀行資本市場、然後在Evorcore ISI的網路研究團隊（Internet Research Crew）共事。他們讀過這10堂課的文章，並提供許多意見和建議。我要特別感謝Jian Li幫忙，藉由製作本書中很多的圖表來提供想法。過去10年來，Marc Harris大多數時間是我的研究主管和朋友，他也提供很多建設性的批評，還有一個很朗朗上口的書名。將近25年來，我因為和許多法人、散戶與產業專家辯論和討論而受惠，其中好幾個人看過初稿的全部或部分內容，並提供非常有用的評論，包括Hero Choudhary、Jimmy

Wu、Ashim Mehra、Heath Terry、Nick Lawler、Bob Lang、Glen Kacher、史賓賽・雷斯科夫、瑞奇・巴爾頓、莉絲・拜爾、巴里・麥卡錫、Russell Goldsmith、Lanny Baker、Chris Connor、Brooke De Boutray和Glenn Fogel。 還 有，吉姆・克雷默提供的靈感，以及在初期很多關於本書架構的好主意。史考特・蓋洛威一開始給我很多鼓勵並協助我開始動筆，布萊德・史東也是。Adam Lashinsky在2018年邀請我去科羅拉多州亞斯本（Aspen）的財星科技會議（Fortune Tech Conference），談談我的科技股選股教訓，可以說是他開啓這本書的契機。最後，我要感謝我的出版經紀人James Levine，還有麥格羅・希爾（McGraw Hill）出版社非常專業的編輯群Stephen Isaacs、Judith Newlin和Patricia Wallenburg，非常感謝你們。

作者簡介

馬克 · 馬哈尼

　　傳奇分析師，從1998年開始就在華爾街分析網路股。他曾任職摩根士丹利、美國科技研究、花旗銀行、加拿大皇家銀行資本市場，現在則任職於 Evercore ISI。《機構投資人》雜誌連續15年評選他爲頂尖網路股分析師，其中5年名列第一，他也獲得《金融時報》和 StarMine 評選爲第一名的財報預估與選股分析師。此外，馬哈尼的單一年度選股績效，也獲得 TipRanks 評選爲 1% 的頂尖華爾街分析師。

　　馬克現在與4個兒子住在加州拉法葉市。

財經企管 BCB769

精準選股
華爾街傳奇科技分析師的 10 堂投資課
Nothing But Net: 10 Timeless Stock-Picking Lessons from One of Wall Street's Top Tech Analysts

作者 —— 馬克‧馬哈尼（Mark S.F. Mahaney）
譯者 —— 呂佩憶

副社長兼總編輯 —— 吳佩穎
書系副總監暨責任編輯 —— 蘇鵬元
封面設計 —— Bianco Tsai
校對 —— 黃雅蘭

出版者 —— 遠見天下文化出版股份有限公司
創辦人 —— 高希均、王力行
遠見‧天下文化 事業群榮譽董事長 —— 高希均
遠見‧天下文化 事業群董事長 —— 王力行
天下文化社長 —— 王力行
天下文化總經理 —— 鄧瑋羚
國際事務開發部兼版權中心總監 —— 潘欣
法律顧問 —— 理律法律事務所陳長文律師
著作權顧問 —— 魏啟翔律師
社址 —— 台北市 104 松江路 93 巷 1 號
讀者服務專線 —— （02）2662-0012 | 傳真 —— （02）2662-0007；（02）2662-0009
電子郵件信箱 —— cwpc@cwgv.com.tw
直接郵撥帳號 —— 1326703-6 號　遠見天下文化出版股份有限公司

電腦排版 —— 立全電腦印前排版有限公司
製版廠 —— 東豪印刷事業有限公司
印刷廠 —— 中原造像股份有限公司
裝訂廠 —— 中原造像股份有限公司
登記證 —— 局版台業字第 2517 號
總經銷 —— 大和書報圖書股份有限公司 | 電話 —— （02）8990-2588
出版日期 —— 2022 年 5 月 31 日第一版第 1 次印行
　　　　　　2024 年 10 月 4 日第一版第 3 次印行

國家圖書館出版品預行編目(CIP)資料

精準選股：華爾街傳奇科技分析師的10堂投資課/馬克.馬哈尼(Mark Mahaney)著；呂佩憶譯. -- 第一版. -- 臺北市：遠見天下文化出版股份有限公司, 2022.05
384面；14.8×21公分. -- (財經企管；BCB769)
譯自：Nothing but net : 10 timeless stock picking lessons from one of Wall Street's top tech analysis
ISBN 978-986-525-619-7(平裝)
1.CST: 股票投資 2.CST: 投資技術 3.CST: 投資分析
563.53　　　　　　　　111007319

定價 —— NT 500 元
ISBN —— 978-986-525-619-7（平裝） | EISBN——9789865256234（EPUB）；
　　　　　9789865256241（PDF）
書號 —— BCB769
天下文化官網 —— bookzone.cwgv.com.tw

天下‧文化
BELIEVE IN READING